国家社会科学基金
NSSFC
The National Social Science Fund of China

博士论文
出版项目

政府在创新驱动发展中的职能与行为研究

Government's Functions and Behaviors in Innovation-Driven Development

杨思莹　　著

中国社会科学出版社

图书在版编目（CIP）数据

政府在创新驱动发展中的职能与行为研究／杨思莹著. —北京：中国社会科学出版社，2022.3

ISBN 978 – 7 – 5203 – 9809 – 1

Ⅰ.①政…　Ⅱ.①杨…　Ⅲ.①区域经济发展—政府职能—研究—中国　Ⅳ.①F114.46

中国版本图书馆 CIP 数据核字（2022）第 039712 号

出　版　人	赵剑英
责任编辑	黄　晗
责任校对	刘　娟
责任印制	王　超

出　　　版	中国社会科学出版社
社　　　址	北京鼓楼西大街甲 158 号
邮　　　编	100720
网　　　址	http://www.csspw.cn
发　行　部	010 – 84083685
门　市　部	010 – 84029450
经　　　销	新华书店及其他书店

印刷装订	北京君升印刷有限公司
版　　次	2022 年 3 月第 1 版
印　　次	2022 年 3 月第 1 次印刷

开　　本	710 × 1000　1/16
印　　张	17.25
字　　数	241 千字
定　　价	95.00 元

出 版 说 明

为进一步加大对哲学社会科学领域青年人才扶持力度，促进优秀青年学者更快更好成长，国家社科基金 2019 年起设立博士论文出版项目，重点资助学术基础扎实、具有创新意识和发展潜力的青年学者。每年评选一次。2020 年经组织申报、专家评审、社会公示，评选出第二批博士论文项目。按照"统一标识、统一封面、统一版式、统一标准"的总体要求，现予出版，以飨读者。

全国哲学社会科学工作办公室

2021 年

摘　　要

由于种种原因，在一些领域中政府创新政策却没能达到理想效果，由此引发了理论界对创新活动中政府职能与行为的争论，并且主要形成了创新政策有效论和创新政策无效论两种截然不同的观点。厘清创新活动中的政府角色与职能，对于澄清当前学术界创新政策之争，完善中国特色社会主义创新理论具有重要的理论意义；同时对于指导中国创新驱动发展战略实施具有重要的实践意义。

从理论上讲，创新不仅是市场选择的结果，也是政府推动的结果。政府在创新体系中扮演着重要的角色，本书用守夜人、引路人、资助人、铺路人、协调人和服务人对政府角色加以概括。结合现有理论与实践研究，本书还提出了创新活动中的"政府支持悖论"，分析了政府支持悖论的形成原因，丰富了创新驱动发展中的政府职能与行为研究。

在前述分析的基础上，本书从省域、城市与企业三个层面实证检验了政府参与和支持创新活动的效果。研究发现，省级层面的政府科技支出能够有效提升区域创新效率，并且政府对企业创新的支持更加有效，而对高校、科研机构的创新支持缺乏效率。从官员行为角度来看，晋升激励和经济权力激励能够显著提升创新效率，而寻租激励导致的腐败行为对创新效率具有显著的抑制作用；晋升激励和经济权力激励也会抑制政府科技支出，导致创新效率损失；而寻租激励则会提升政府创新偏好，促进创新效率提升。从净效应来看，晋升激励和经济权力激励对创新效率的净效应为正，寻租激励的净效应为负。在城市层面，本书以国家高新区政策和创新型城市试点政策为例考察我国城市创新政策的有效性问题。研究发现，高新区设立和创新型城市试点政策均显著提升了城市创新水平，并且创新政策的要素集聚效应是其推动城市创新水平提升的重要原因。为了探究政府创新政策的微观机制，本书将研究视角进一步下沉，基于制造业上市公司数据考察了政府补贴对企业创新决策与全要素生产率的影响。研究表明，政府补贴有效促进了企业全要素生产率提升，并且企业研发投入会弱化政府补贴的作用效果，即企业研发投入越高，政府补贴对企业全要素生产率的提升作用越弱。政府补贴也会挤入企业研发，进而促进企业全要素生产率提升。

本书论证了政府在创新驱动发展中的角色与职能定位，并从省级、城市与企业三个层面实证检验了政府支持创新活动的政策效果。研究结论肯定了政府在创新活动中的重要作用，一定程度上澄清了当前研究对于政府创新政策有效性问题的争论，为政府支持创新活动提供了理论依据与实践借鉴。

关键词： 创新驱动发展；政府职能；政府行为；创新政策

Abstract

Due to a variety of reasons, the government innovation policies in some fields failed to achieve the desired results, which triggered the debate of function and behavior of the government in the innovation activities, and mainly formed two completely different views: the innovation policy effective theory and the innovation policy invalid theory. To clarify the role and function of government in the innovation activities is of great theoretical significance for clarifying the current academic debate on innovation policies and improving the innovation theory of socialism with Chinese characteristics. At the same time, it has important practical significance to guide the implementation of China's innovation – driven development strategy.

In theory, innovation is not only the result of market choice, but also the result of government drive. The government plays an important role in the innovation system. This paper summarizes the role of government in terms of *night watchman*, *guide*, *sponsor*, *paving man*, *coordinator* and *servant*. Combined with the existing theoretical and practical research, this paper also puts forward the *paradox of government support* in innovation activities, analyzes the causes of paradox of government support, and enriches the research on government functions and behaviors in innovation – driven development.

On the basis of the above analysis, this paper empirically tests the effect of government participation and support in innovation activities from three levels: provincial level, city level and enterprise level. The results show that the government expenditures at the provincial level on science and technology can effectively improve the regional innovation efficiency, and the government support for enterprise innovation is more effective, while the innovation support for colleges and universities and research institutions is inefficient. From the perspective of officials behavior, promotion incentive and economic power incentive can significantly improve innovation efficiency, while corruption caused by rent – seeking incentive has a significant inhibitory effect on innovation efficiency. Promotion incentive and economic power incentive also inhibit government expenditures on science and technology, resulting in the loss of innovation efficiency. The rent – seeking incentive can enhance the government innovation preference and promote the innovation efficiency. In terms of net effect, promotion incentive and economic power incentive have positive net effect on innovation efficiency, while rent – seeking incentive has negative net effect. At the city level, this paper examines the effectiveness of China's urban innovation policies by taking the national policy of high – tech zones and the pilot policy of innovative cities as examples. It is found that both the construction of high – tech zones and the pilot policies of innovative cities significantly improve the level of urban innovation, and the factor agglomeration effect of innovation policies is an important reason for promoting the urban innovation level. In order to explore the micro mechanism of government innovation policies, this paper further sinks the research perspective and examines the impact of government subsidies on enterprises'innovation decisions and total factor productivity based on the data of listed manufacturing companies. Research shows that government subsidies can effectively promote the improvement of enterprises'TFP (Total Factor Productivity), and enterprise R&D investment will weaken the effect of government subsidies, which means the higher the R&D investment, the weaker the effect of government subsidies on the improvement of enterprises ´ TFP. Government subsidies also crowd into research and development, and then promote the enterprise´TFP.

This paper demonstrates the role and function orientation of government in innovation – driven development, and empirically tests the effect of government supporting innovation activities from three levels: provincial level, city level and enterprise level. The conclusion confirms the important role of government in innovation activities, clarifies the current debate on the effectiveness of government innovation policies to some extent, and provides theoretical basis and practical reference for government supporting the innovation activities.

Key words: Innovation – driven Development; Government Functions; Government Action; Innovation Policy

目　　录

Contents

第 一 章

绪　　言

第一节　研究背景

一　现实背景

当前，中国经济发展进入新常态，经济增长动力不足，同时又面临着资源与环境的双重制约，导致中国面临着巨大的结构调整压力。从劳动力角度来看，1999 年中国进入老龄化社会，[①] 人口老龄化问题正逐步加剧，适龄劳动人口比重下降，导致劳动力价格的上涨和中国制造业国际竞争力的走低。从资源角度来看，中国经济发展面临着越来越严重的资源约束。[②] 如中国石油储藏量仅占世界总量的 2.3%，而人口相当于世界总人口的 18.8%，石油可开采年限只有 20.6 年，大大低于世界平均年限 42.8 年。因国内市场需求压力加大，2020 年中国原油进口量 5.4239 亿吨，是世界最大的原油进口国。此外，传统产业占比相对于发达国家较大，并且发展水平处于国际产业链的中低端，资源消耗大、利润低，由此造成环境污染、

---

① 童玉芬：《人口老龄化过程中我国劳动力供给变化特点及面临的挑战》，《人口研究》2014 年第 2 期。

② 李政、杨思莹：《科技创新、产业升级与经济增长：互动机理与实证检验》，《吉林大学社会科学学报》2017 年第 3 期。

生态破坏等一系列问题。2018 年，中国空气质量达标的城市仅占全部城市总数的 35.8%，环境污染成为影响中国经济健康发展的重要瓶颈，高能耗、高污染的发展模式难以持续。因此，以效率为基础，以创新为动力，提高经济发展质量，推动经济转型升级是解决当前中国资源与环境约束的重要途径。

从经济增长动力来看，中国经济保持中高速增长仍旧压力重重。2010 年至 2016 年中国经济增幅连续六年走低，2017 年中国经济增速小幅回升，国内生产总值达到 827122 亿元，比上年增长 6.9%，之后经济增速又进一步降低。与此同时，中国经济增长过程中的一些结构性问题逐渐凸显，倒逼中国经济平衡发展、转型发展。习近平总书记在党的十九大报告中指出，"我国社会主要矛盾已经转化为人民日益增长的美好生活需要和不平衡不充分的发展之间的矛盾"。在新时代背景下，实现经济社会的平衡发展、充分发展和可持续发展，应当坚持创新驱动发展战略，着力推动中国经济转型升级，培育经济增长新动能。

从国际形势来看，中国仍处在全球产业链分工的中低端。中国是制造业大国，但一直是"创新小国""供应链小国""品牌小国"。受科技创新水平限制，中国产品在国际市场上竞争优势微弱。当前，中国在国际市场上产品竞争主要以低价格为主，高端价格竞争产品虽有一定的发展，但占出口总额的比重仍旧小于 10%。① 加快推进科技创新，实现中国制造由低端或中低端向中高端和高端迈进，形成以技术品牌为核心的出口竞争优势，是中国应对国际竞争形势，实现由制造业大国向制造业强国转型的必经之路。

由此可见，当前经济发展面临着"内忧外患"，倒逼中国实现经济转型升级。而实施创新驱动发展战略是推动经济转型升级的根本途径。科技创新能够缓解经济发展的资源与环境约束，是产业转型升级

① 陈丽丽：《中国出口产品的国际竞争力和竞争路径：演进和国际比较》，《国际贸易问题》2013 年第 7 期。

与经济质量提升的重要驱动力。为此，中国不断加大科技创新投入水平，创新能力不断提升。2005 年至今，中国研发经费支出的年均增速接近 20%，远超同期经济增长速度。2019 年中国研发经费支出总规模为突破 2 万亿元，增速达 12.5%，研发投入强度为 2.23%，是仅次于美国的研发经费投入第二大国。人才投入方面，中国是创新人才投入第一大国，2018 年研发人员投入总量为 419 万人年，居世界第一位。充分利用这些创新资源，提高创新活动的集约化水平，是实施创新驱动发展战略，提高中国经济发展水平的重要前提。

就创新水平而言，虽然近年来中国创新能力不断提升，但与发达国家仍有一定差距。如 2020 年全球创新指数（GII）排名中国居第 14 位，是唯一进入全球创新指数前 30 名的中等收入经济体，17 个科技集群进入世界科技集群百强，数量居世界第二位；中国科学技术发展战略研究院的《国家创新指数报告 2019》表明，2017 年中国创新指数综合排名位居第 15 位。但是需要指出的是，当前中国创新模式仍然较为粗放，高投入、低产出的创新格局仍未实现根本性改变，低效率问题仍然是制约中国实现创新驱动发展的一个突出问题。[①] 在研发投入保持较高增长速度的情况下，应当注重向创新效率要产出，并且中国在这方面的挖潜空间很大。[②] 因此，在不断加大创新投入的同时，如何进一步提高创新效率，提升创新质量与水平，是当前中国所面临的重要问题。

政府是创新型国家建设的重要参与者，作为创新活动的重要主体，政府行为会对创新质量和创新效率产生重要影响。[③] 例如，一

---

① 颜莉：《我国区域创新效率评价指标体系实证研究》，《管理世界》2012 年第 5 期。

② 葛丰：《中国研发经费增速升至 10% 以上要加大研发投入，更要提升创新效率》，《中国经济周刊》2017 年第 49 期。

③ Guan J. C., Yam M., "Effects of government financial incentives on firms' innovation performance in China: evidences from Beijing in the 1990s", *Research Policy*, Vol. 44, No. 1, 2015, pp. 273 - 282.; Dipietro W., *Why corruption is likely to stifle creativity and innovation*, Academy of Business Disciplines 2001 Proceedings Paper, 2001.

个国家或地区创新体系与创新战略是经济发展过程中无法内生形成的，政府在创新体系建设、创新战略制定等方面扮演着重要的角色。同时，为了克服市场机制在创新资源配置过程中的失灵，政府需要以科技支出的形式加以弥补，以降低创新活动的外部性所导致的创新投入不足等问题。总之，考虑到市场机制在基础科学领域以及一些创新成本较高、创新风险较大的科技领域资源配置的无效性，政府应当在创新发展过程中有所作为，起到对市场配置资源的引导和补充作用。合理发挥政府职能，提高政府在创新型经济建设中的作用，是完善区域创新体系建设、提高地区创新质量和效率的重要保障。

从中国创新发展的实践来看，早在1988年，邓小平就提出了"科学技术是第一生产力"的论断，随后，按照邓小平理论和党的基本路线，国家提出了科教兴国战略，强调科学技术在国家发展中的重要性。2006年1月，胡锦涛在全国科学技术大会上做了《坚持走中国特色自主创新道路　为建设创新型国家而努力奋斗》的重要讲话，提出到2020年将中国建设成为创新型国家的重要目标。2007年10月，党的十七大报告进一步指出，提高自主创新能力，建设创新型国家是国家发展战略的核心，是提高综合国力的关键。至此，创新型国家建设上升为国家战略的核心。建成创新型国家目标是中国在经济与科技发展领域不断探索后，立足于当前经济发展的现实需要所提出的重要战略目标，为中国经济、科技现代化建设与发展提供了重要的理论指南、行动指南。创新型国家建设目标提出后，2012年党的十八大又强调要坚持走中国特色自主创新道路、实施创新驱动发展战略，这是对创新型国家建设目标的进一步总结和发展，为创新型国家建设提供了更为科学有益的方法论。2014年6月，习近平总书记在中国科学院以及中国工程院院士大会上进一步指出，要走中国特色自主创新道路，坚持自主创新、重点跨越、支撑发展、引领未来的方针，从制度建设、人才培养以及科技发展方向等方面为创新型国家建设指明了方向，并明确提出了加快创新型国家建设步伐的要求。2016 年 5 月，党中央、国务院印发《国家创新驱动发展战略纲要》，提出了创新驱动发展的"三步走"战略目标，第一步便是在 2020 年进入创新型国家行列，基本建成中国特色国家创新体系；第二步是到 2030 年跻身创新型国家前列；第三步是到 2050 年建成世界科技创新强国。

可见，在中国创新型国家建设历程中，国家不断完善顶层设计，从战略规划、制度建设与目标制定等方面为创新型国家建设提供了日益完善的战略指导与制度环境。中国政府在推动创新型国家建设和创新驱动发展战略实施中做出了巨大的努力，成为引领中国创新型经济发展的重要力量。即便如此，在推动区域创新发展过程中，对于如何更好地发挥政府职能，中国仍旧处在探索阶段。那么政府在创新驱动发展战略实践中具有怎样的职能？当前中国创新型国家建设和创新驱动发展战略实施过程中，政府职能是否得到有效发挥？哪些因素影响了政府职能发挥？本章将对上述问题展开系统性研究。

二 理论背景

推动经济实现创新发展，必须为科技创新构建良好的环境，提高区域创新效率和创新质量。由于市场机制的固有缺陷以及创新产出外部性等原因，区域创新系统建设对地方政府力量具有内在的依赖性。政府是区域创新系统建设的主导者，政府支持是区域创新系统高效运转的重要保证。[1] 政府掌握着经济社会发展的大量资源，并通过配置这些资源来弥补市场机制在某些领域资源配置中的失灵。为了提高创新能力，中国各地区政府因时因地制宜，制定了推动创新型经济发展的区域战略，不断完善科技创新政策措施，以推动地区科技创新水平提升。作为区域创新生态系统建设的主导者，政府

---

[1] 李政、杨思莹、路京京：《政府参与能否提升区域创新效率?》，《经济评论》2018 年第 6 期。

在基础知识与共性技术供给、创新环境建设、创新效率提升、创新战略引领等方面具有基础性与导向性作用。可以说，有为政府与高效政府为区域创新系统的高效运转提供了重要的制度保障。然而，当前研究对政府是否应当参与创新活动以及政府参与创新活动的效果仍旧存在分歧。

一些研究认为，政府参与创新活动能够促进企业、行业或区域创新水平提升，如在微观层面，Doh 和 Kim（2014）基于韩国中小企业数据研究发现，政府研发补贴与区域内企业专利获取呈显著的正相关关系，政府支持对企业创新具有显著的促进作用;[①] 与此类似，Guo 等（2016）基于中国工业企业数据研究发现，获得政府研发补贴的企业具有更高的创新产出水平和新产品销售收入，并且2005年创新基金管理模式由集中管理变为分散化管理后，创新基金对企业创新产出的作用得以强化。[②] 赵中华、鞠晓峰（2013）也发现，政府补贴对军工企业创新产出具有显著的促进作用。[③] 在宏观层面，李政、杨思莹（2018）发现，政府财政科技支出有利于促进区域创新效率提升，并且政府应当提高对企业创新活动的支持力度。[④] 就其作用机制而言，Aerts 和 Schmidt（2008）、Hussinger（2008）、张杰等（2015）发现，政府补贴会激励企业加大研发支出规模，提高创新活跃度，进而对企业创新产出产生积极

---

① Doh S., Kim B., "Government support for SME innovations in the regional industries: The case of government financial support program in South Korea", *Research Policy*, Vol. 43, 2014, pp. 1557 – 1569.

② Guo D., Guo Y., Jiang K., "Government-subsidized R&D and firm innovation: Evidence from China", *Research Policy*, Vol. 45, 2016, pp. 1129 – 1144.

③ 赵中华、鞠晓峰：《技术溢出、政府补贴对军工企业技术创新活动的影响研究——基于我国上市军工企业的实证分析》，《中国软科学》2013 年第 10 期。

④ 李政、杨思莹：《创新活动中的政府支持悖论：理论分析与实证检验》，《经济科学》2018 年第 2 期。

作用;① 余泳泽（2011）发现，政府支持有利于区域创新体系的形成与发展;② 白俊红、卞元超（2015）认为，政府支持会促进产学研协同创新体系的形成。③ 此外，Kleer（2010）还发现，政府研发补贴会引导私人投资方向，优化投资结构，促进创新活动开展，提高企业乃至于产业与城市创新水平。④

然而，也有研究发现，政府参与对创新活动的影响并不显著，甚至会抑制创新活动开展，导致创新效率损失。⑤ 如从微观层面来看，王俊（2010）基于大中型企业面板数据研究发现，政府补贴对企业创新产出的影响并不显著;⑥ 陈庆江（2017）基于制造业上市公司数据研究发现，虽然政府科技支出对企业创新产出具有一定的促进作用，但其对企业创新效率的影响并不显著，并且会抑制企业

———————————

① Aerts K. , Schmidt T. , "Two for the price of one? on additionality effects of R&D subsidies: a comparison between Flanders and Germany", *Research Policy*, Vol. 37, No. 5, 2008, pp. 806 – 822; Hussinger K. , "R&D and subsidies at the firm level: an application ofparametric and semi-parametric two-step selection models", *Journal of Apply Economics*, Vol. 23, No. 6, 2008, pp. 729 – 747. ; 张杰、陈志远、杨连星、新夫：《中国创新补贴政策的绩效评估：理论与证据》，《经济研究》2015 年第 10 期；巫强、刘蓓：《政府研发补贴方式对战略性新兴产业创新的影响机制研究》，《产业经济研究》2014 年第 6 期。

② 余泳泽：《政府支持、制度环境、FDI 与我国区域创新体系建设》，《产业经济研究》2011 年第 1 期。

③ 白俊红、卞元超：《政府支持是否促进了产学研协同创新》，《统计研究》2015 年第 11 期。

④ Kleer R. , "Government R&D subsidies as a signal for private investors", *Research Policy*, Vol. 39, 2010, pp. 1361 – 1374.

⑤ 肖文、林高榜：《政府支持、研发管理与技术创新效率——基于中国工业行业的实证分析》，《管理世界》2014 年第 4 期；Guerzoni M. , Raiteri E. , "Demand-side vs. supply-side technology policies: hidden treatment and new empirical evidence on the policy mix", *Research Policy*, Vol. 44, No. 2, 2015, pp. 726 – 747.

⑥ 王俊：《R&D 补贴对企业 R&D 投入及创新产出影响的实证研究》，《科学学研究》2010 年第 9 期。

研发投入对创新产出的促进作用。[①] 毛其淋和许家云（2016）认为，只有适度的政府补贴才能促进企业创新，过高的政府补贴会抑制企业创新。[②] 在宏观层面，Hong 等（2016）研究发现，政府补贴抑制了行业创新水平提升;[③] 肖文、林高榜（2014）同样发现，政府直接或间接支持均不利于行业创新活动开展。[④] 之所以政府补贴未能够有效促进创新活动开展，原因包括诸多方面，如 Görg 等（2008）、Hottenrott 等（2014）以及 Boeing 等（2016）认为，政府补贴会抑制企业创新激励，挤出企业研发支出，抑制企业、行业或区域创新水平提升。[⑤] 黎文靖、郑曼妮（2016）[⑥] 则发现，政府补贴下的企业创新是一种无质量的规模扩张式创新，是企业为了获取政府补贴的一种策略性创新行为。Zhang（1997）、唐书林等（2016）认为，政府补贴的公有产权性质使得企业抱着一种有比没有强的心态去获取和使用政府补贴，并产生一种委托代理关系，政府难以有效监督企业

---

① 陈庆江：《政府科技投入能否提高企业技术创新效率?》，《经济管理》2017 年第 2 期。

② 毛其淋、许家云：《政府补贴对企业新产品创新的影响——基于补贴强度"适度区间"的视角》，《中国工业经济》2016 年第 6 期。

③ Hong J., Feng B., Wu Y., Wang L., "Do government grants promote innovation efficiency in China's high-tech industries?", *Technovation*, Vol. 57, 2016, pp. 4 – 13.

④ 肖文、林高榜：《政府支持、研发管理与技术创新效率——基于中国工业行业的实证分析》，《管理世界》2014 年第 4 期。

⑤ Görg H., Henry M., Strobl E., "Grant support and exporting activity", *The Review of Economics and Statistics*, Vol. 90, No. 1, 2008, pp. 168 – 174; Hottenrott H., Lopes Bento C., Veugelers R., *Direct and cross-scheme effects in a research and development subsidy program*, DICE Discussion Paper No. 152, 2014.; Boeing P., "The allocation and effectiveness of China's R&D subsidies: evidence from listed firms", *Research Policy*, Vol. 45, 2016, pp. 1774 – 1789.

⑥ 黎文靖、郑曼妮：《实质性创新还是策略性创新?——宏观产业政策对微观企业创新的影响》，《经济研究》2016 年第 4 期。

对政府补贴的使用效率，导致补贴难以达到理想效果。[①] 吴延兵
（2017）研究发现，财政分权体制下，中央政府难以有效约束地方政
府财政支出行为，也会导致政府参与城市创新活动难以真正促进创
新水平提升。[②] 余泳泽（2011）、肖文、林高榜（2014）认为，由于
逆向选择、信息不对称等原因，政府支持抑制了区域创新效率提升；
政府与企业创新偏好不对称也是政府科技补贴难以达到理想效果的
重要原因。[③]

　　综上可见，以往研究对政府支持创新活动效果仍有分歧。那么
为什么会存在上述分歧？如何客观评价政府行为对创新活动的影响
效果？当前中国情境下政府行为对创新活动的影响如何？什么样的
政府行为方式才能更好地促进区域创新驱动发展？什么因素影响政
府在区域创新活动中作用的发挥？厘清上述问题，对中国创新系统
建设中政府职能发挥以及优化政府创新资源配置具有重要的指导
意义。

第二节　研究意义

一　理论意义

　　创新是经济社会发展的长期动力，而政府是区域创新系统中的
重要主体。但当前对于创新活动中政府职能与行为逻辑仍旧缺乏足
够清晰的理论阐释与系统的实证研究，并且现有研究也存在明显分

---

① Zhang W., "Decision rights, residual claim and performance: a theory of how the Chinese state enterprise reform works", *China Economic Review*, Vol. 8, 1997, pp. 67 - 82.；唐书林、肖振红、苑婧婷：《上市公司自主创新的国家激励扭曲之困——是政府补贴还是税收递延?》，《科学学研究》2016 年第 5 期。

② 吴延兵：《中国式分权下的偏向性投资》，《经济研究》2017 年第 6 期。

③ 余泳泽：《创新要素集聚、政府支持与科技创新效率——基于省域数据的空间面板计量分析》，《经济评论》2011 年第 2 期；肖文、林高榜：《政府支持、研发管理与技术创新效率——基于中国工业行业的实证分析》，《管理世界》2014 年第 4 期。

歧。明晰政府在区域创新活动中的重要作用，厘清创新活动中政府
角色与职能，对于完善创新理论、澄清当前学术界关于创新活动中
"有为政府"和"无为政府"的争论具有重要的理论价值，对于完
善中国特色创新理论具有重要的理论意义。由此，本书重点关注创
新活动中政府的职能与行为，研究政府参与创新活动的有效性问题，
其理论意义主要体现在以下三个方面：

第一，政府是区域创新系统中的重要主体，研究创新活动中的
政府职能与行为，能够有效弥补当前区域创新系统理论研究的不足，
丰富区域创新生态系统理论和创新驱动发展理论。当前研究仍旧存
在对政府创新政策有效性的争论，对政府是否应当出台创新政策支
持创新、如何制定创新政策以及当前政府创新政策的有效性问题，
学术界一直存在争议。为此，本书在理论分析的基础上，运用省级
宏观面板数据、城市中观面板数据以及企业微观层面面板数据，实
证检验了政府参与区域创新活动的有效性问题，并运用多种方法检
验政府推动创新驱动发展的作用机制，能够在一定程度上澄清当前
研究关于政府创新政策有效性问题的争论。

第二，基于中国经济与科技发展的现实背景，研究社会主义市
场经济体制下的创新发展与政府职能，对于提炼和总结具有中国特
色的创新发展模式和创新型国家建设道路，丰富和发展创新理论具
有重要的理论意义。作为一个社会主义市场经济国家，中国的创新
道路既有西方国家创新发展过程中的一般性规律和特征，又有中国
特色的社会主义国家创新发展的特殊模式和经验，尤其在创新活动
中的政府角色与行为方面。中国创新型国家建设之所以取得如此大
的成就，很大程度上是由于中国坚持走中国特色自主创新道路，发
挥政府对创新型国家建设的战略引领和带动作用。本研究将在总结
中国创新型国家建设过程中一般经验的基础上，总结具有中国特色
的政府支持科技创新经验，提炼和总结具有中国特色的创新模式。

第三，中国创新驱动发展的实践是在马克思主义创新理论指导
下完成的，并逐渐形成了具有中国特色的创新发展道路和创新模式。

探究中国创新型国家建设过程中政府的职能与行为，并将其上升为中国特色创新理论，对于丰富和完善马克思主义创新理论具有重要意义。中国特色创新发展理论的思想源头是马克思主义经济理论，[①]是继承和发展马克思主义经济理论和创新理论的新的理论成果。可以说，中国创新发展道路是中国在坚持和发展马克思主义基本经济理论的基础上走出的一条社会主义国家创新发展道路。研究中国创新发展道路以及创新发展过程中的政府职能与行为，能够在一定程度上丰富和完善马克思主义创新理论。

二 实践意义

实施创新驱动发展战略是中国破解当前经济发展约束的重大战略，是中国逐步深化供给侧结构性改革、转变经济发展方式、增强经济发展内生动力和活力的重要举措。科技创新是实施创新驱动发展战略的中心环节，应当围绕科技创新构建区域创新生态系统。由于市场机制无法解决创新的外部性问题，完善的区域创新系统是市场机制及其支配下的经济系统在运行过程中无法内生形成的，因此，区域创新活动的开展对政府力量具有内在依赖性。即使是较为发达的西方国家也同样经历了政府为主导的区域创新体系建设历程。[②] 新中国成立以后，中国科技发展滞后于西方国家，加快科技发展，推动科技创新，应当发挥政府在国家创新体系中的主体作用。在此背景下研究创新驱动发展中的政府职能与行为，具有重要的现实意义。

第一，对于重塑科技创新活动中的政府行为，提高政府参与区域创新活动效果具有一定的实践参考价值。由于科技创新对经济增长具有长期推动作用，致力于推动经济增长和社会福利最大化的政府部门天然具有创新激励，并积极参与区域创新活动。然而，政府

---

① 李政：《走中国特色创新发展道路》，《中国社会科学报》2017 年 7 月 5 日。

② 余泳泽：《政府支持、制度环境、FDI 与我国区域创新体系建设》，《产业经济研究》2011 年第 1 期。

参与创新活动也要遵循科技创新活动的一般规律，否则会导致政府参与低效率甚至无效率和负效率。因此，本书不但考察了政府参与区域创新活动行为的有效性问题，而且还考察了不同政府参与方式对区域创新活动的影响效果。此外，为了使得本研究更具针对性，本书还针对中国创新型城市试点政策、国家高新区设立政策以及政府对微观企业进行补贴等具体政策案例，考察政府参与区域创新活动的有效性问题，并在此基础上提出相应的对策建议。因此，本书研究成果有利于重塑地方政府参与科技创新活动行为，构建以市场为基础、政府为主导、企业为主体，高校和科研机构等多单位参与的区域创新体系，推动企业、城市和省域提高科技创新水平，实现经济发展的动能转换。

第二，对中国创新型国家建设战略目标的实现具有一定的实践参考价值。2006 年 1 月，在全国科学技术大会上，中国提出了建设创新型国家的战略目标。2012 年党的十八大又强调要坚持走中国特色自主创新道路、实施创新驱动发展战略，这是对创新型国家建设目标的进一步总结和发展，为创新型国家建设提供了更为科学有益的方法论。此外，国家还出台一系列支持区域、产业和企业创新发展的政策、措施和行动纲领，制定了一系列科技发展规划，对中国科技创新发展起到了巨大的引领和推动作用。而本书关注中国政府重大创新政策落实举措，探索提高政府高效落实创新政策的方案与路径。因此，本书研究结论在一定程度上为中国创新驱动发展战略实施过程中合理发挥政府职能，推动创新驱动发展战略的稳步实施提供实践指南。

第三节　研究思路、研究内容与研究方法

一　研究思路

创新是推动经济增长与可持续发展的重要驱动力，提高中国经

济发展质量，推动经济协调发展、充分发展，就要坚持以创新为主要驱动力，提高中国创新能力和水平。在以往研究的基础上，本书首先总结国内外创新驱动发展的理论与实践现状，总结政府参与创新发展中的角色定位与行为模式；其次，研究政府参与区域创新活动效果，这不仅仅停留在对政府科技支出本身效果进行评价，还会深入探究政府不同参与方式对创新活动影响效果；再次，对于以往研究存在的争议，本书认为，应当考虑到不同研究视角对研究结论造成的影响，以及考察不同官员激励机制下政府参与创新活动的效果差异，为此，本书从宏观角度出发，考虑官员激励机制对创新活动的影响以及政府科技支出的中介效应；复次，针对以往研究中对于政府创新政策研究不足的问题，本书进一步以创新型城市试点和国家级高新区设立两项政策为例，分析创新型城市试点与国家级高新区对城市创新水平的影响及其作用机制；最后，本书基于制造业

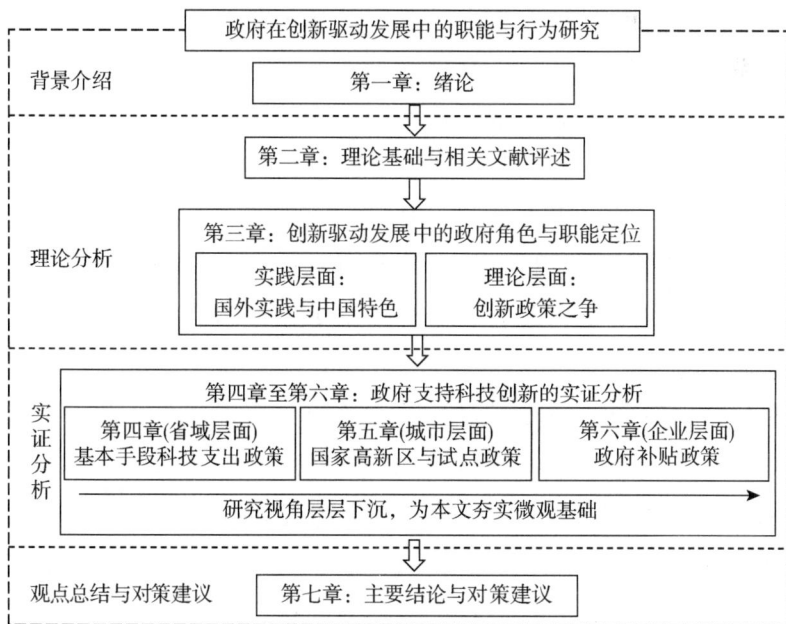

图 1—1　研究思路

上市公司面板数据，研究了政府补贴对企业研发与企业全要素生产率提升的重要作用，并且依据以上理论与多个层面的实证分析结果，给出本书的主要结论与政策启示。上述思路总结如图1—1所示。

二　研究内容

政府是创新活动的重要参与主体，但现有研究对政府职能界定不清，对政府参与创新活动效果仍旧存在诸多争议。为此，本书主要探讨创新活动中的政府职能与行为，以揭示为何政府应当参与区域创新活动、政府如何参与区域创新活动以及政府参与区域创新活动的效果等问题。具体来说，本书研究内容包括以下几个方面：

第一章，绪言。该部分主要介绍本书写作的现实背景及理论背景，同时介绍了本书的理论意义与实践意义。在此基础上引出研究思路、研究内容与研究方法以及创新点和不足之处。

第二章，理论基础与相关文献评述。第二章主要介绍了本书写作的理论基础，并在对现有文献进行评述的基础上，给出本书的主要观点与分析框架。在理论基础方面，本书在对基本概念进行界定的基础上，对比了政治经济学创新理论和西方经济学创新理论，并引入创新系统理论，以丰富本文研究的理论基础。在文献综述部分，本书分三个部分予以评述：（1）中国创新驱动发展的现状与问题研究；（2）政府行为影响创新驱动发展研究；（3）政府推动创新驱动发展的政策建议研究。最后，本书给出了以往研究的局限性以及可扩展的研究空间。

第三章，创新驱动发展中的政府角色与职能定位。这一章分为五个小节，第一节概括了创新活动中的政府行为效果之争，第二节以美国、日本和韩国为例，介绍了主要发达国家创新发展过程中的政府职能与行为模式；第三节从宏观、中观与微观三个层面概括了中国在实施创新发展战略过程中的政府职能与行为模式。在总结西方国家和中国创新发展过程中政府行为经验的基础上，本章第四节概括了创新驱动发展过程中政府应有的职能与角色定位。此外，关键核心技术一直是中国创新型经济发展的短板，第五节主要分析了关键核心技术攻关中的政府作用。

第四章，政府科技支出对区域创新发展影响的实证研究。该部分基于中国省级面板数据，分析了政府科技支出对区域创新发展的影响效果及其非线性特征，分为三个小节。第一节给出了政府科技支出对区域创新效率的影响机理，以及官员激励对政府科技支出与创新活动的影响。并且为了验证这一机制是否存在，第二节给出了具体的实证分析思路。第三节给出了政府科技支出对区域创新效率的影响效果，以及不同官员激励下的政府行为模式，及其对区域创新效率的影响。

第五章，城市创新政策对创新水平影响的实证研究。本章将研究视角下沉到城市层面，主要针对国家具体支持城市创新的两项重要措施，即以国家级高新区设立和创新型城市试点政策为例，分析了城市创新政策对创新水平的影响效果。第一节介绍了国家级高新区设立和创新型城市试点政策对城市创新水平影响的作用机制。第二节基于中国城市面板数据，实证分析了高新区设立对城市创新水平的影响及其作用机制。第三节针对国家 2008 年开始实施的创新型城市试点政策，实证分析了创新型城市试点政策对试点城市创新水平的影响及其作用机制。

第六章，政府补贴对企业创新发展影响的实证研究。本章进一步将研究视角下沉到微观企业层面，研究政府补贴对企业全要素生产率的影响，以及企业研发投入的调节效应和中介效应。并且对于不同所有制企业，本章进行了详细的分类讨论，探究政府补贴对企业研发投入和全要素生产率影响的异质性特征。具体来说，第一节给出了政府补贴影响企业全要素生产率的作用机制，第二节给出了本章的实证分析思路和方法，第三节分析了政府补贴对企业全要素生产率的异质性影响及其作用机制。

第七章，主要结论及对策建议。基于前述理论与实证分析，给出了本书的主要观点，即政府在创新活动中具有重要作用：（1）政府科技支出能够显著促进省级区域创新效率提升；（2）国家高新区设立与创新型城市试点政策能够有效提升城市创新水平；（3）政府补贴能够促进企业全要素生产率提升，并且会有效激励企业加大研发支出，间接促进企业全要素生产率提升。在总结主要结论的基础上，本书进一步给出了相应的对策建议。

三　研究方法

依据研究内容，本书通过基础理论总结、文献整理、数据收集、规律总结和对策建议的基本研究脉络，采取文献分析法、理论分析法、实证分析法等多种研究方法进行系统研究。

第一，文献分析与历史分析相结合的方法。本书主要深入研究和探讨创新活动中的政府职能与行为，其中内容涉及科技创新、政府职能、创新生态系统等基本概念和内涵、激励机制识别与制度条件、形成机理以及对策措施等主要问题。为了充分了解和掌握创新相关研究的理论进展和前沿问题，本书广泛查阅了国内外相关文献资料，通过对大量文献资料的阅读、整理和分析，梳理创新理论的发展脉络，总结世界主要创新型国家以及中国在创新发展过程中的政府实践经验，考察推动国家或区域创新发展的基本要素及其作用机理，为本书后续研究奠定了理论基础。

第二，理论分析与实证分析相结合的方法。在研究过程中，本书着重强调理论分析与实证分析相结合，避免自说自话的空谈。在理论分析方面，本书创新性地提出了"政府支持悖论"，讨论了政府支持对区域和企业创新活动影响的现有理论争议及政府支持创新活动的作用机制。在实证分析方面，本书基于中国面板数据，运用静态和动态面板计量模型、空间面板计量模型、倾向得分匹配双重差分模型、中介效应模型以及分位数回归模型等实证分析方法，从省级宏观层面、城市中观层面以及企业微观层面探究了政府参与创新活动的效果。

第三，案例研究与比较研究相结合的方法。案例研究和比较研究是本书在分析中重点采取的研究方法。如中国实行社会主义市场经济体制，从经济制度等诸多方面区别于西方资本主义国家。但是创新活动具有一般规律，为此，本书通过对比国外创新水平较高国家或地区政府在创新活动中的职能以及中国创新型国家建设经验，总结创新驱动发展过程中的政府角色与行为模式。在案例分析方法的应用上，本书以中国创新型城市建设和国家高新区设立两项政策为例，有针对性地剖析了中国政府支持和引导城市创新发展的有效性问题。

第四节　创新点与不足之处

一　创新点

本书主要考察了创新驱动发展中的政府职能与行为，探究政府支持创新活动的有效性问题。对比以往相关研究，本书贡献主要体现在以下三个方面。

第一，本书系统总结了创新活动中的政府职能，并基于省级、城市以及企业三个层面的面板数据进行实证检验，丰富了创新系统中政府职能与行为的研究。以往文献对创新驱动发展中政府的角色或职能进行了大量研究，但多基于某一视角，缺乏对政府职能的系统性研究和相应的实证检验。为此，本书在总结分析以往文献的基础上，基于西方国家政府支持科技发展的一般经验与中国创新型国家建设的基本实践经验，探讨了创新驱动发展战略中的政府角色与职能定位，并对此进行实证分析，丰富了现有研究。此外，以往研究关注了政府参与创新活动的整体效果。但是，政府参与区域创新系统建设的方式是多种多样的，既有对企业的直接支持，又有对高校、科研院所的支持与帮助；既有战略引领的方式，又有加强创新环境建设，构建创新生态系统的方式。那么政府不同参与方式对区域创新水平的影响效果如何？哪种参与方式能够更加有效地提升区

域创新水平？对于上述问题的回答能够弥补当前学术界对于政府参
与区域创新系统建设效果研究的不足，澄清当前研究的诸多争议，
为政府参与区域创新系统建设提供实践指导。

第二，对于以往文献关于政府参与活动效果的分析，本书进行
了系统梳理，指出了现有文献所存在的分歧，并给出了分歧产生的
主要原因。一方面，本书在分析以往文献的基础上，给出了评价政
府参与创新活动效果的科学视角。以往研究考察政府参与对企业创
新行为的影响，如考察政府补贴的效率得失问题，但是这种微观层
面研究忽视了政府补贴的初衷，即追求补贴的社会总效用而非单个
企业的经济效益。政府补贴单个企业可能具有一定的效率损失，而
对区域创新而言，可能会产生一定的促进作用。这是因为微观层面
研究将区域创新系统割裂成多个互不相关的企业，这种"割裂式"
的研究方法忽视了创新系统内部知识与技术关联与溢出效应，难以
判断政府行为对区域创新活动的整体影响。① 因此，应当从多个角度
对政府参与创新活动效果进行评价，既要分析政府支持企业创新的
微观效率问题，又要考察政府科技支出的宏观效应。另一方面，本
书将官员激励纳入政府参与创新活动效果的讨论范围。以往研究忽
视了对官员激励的探讨，也是当前学术界对政府支持创新效果产生
分歧的重要原因。作为政府行为的主导者，官员所面临的激励在很
大程度上影响政府行为，并进一步影响政府参与创新活动效果。因
此，在对政府参与创新活动效果进行考察时，不能忽视政府官员激
励这一主导政府行为的关键因素。本书将官员激励纳入政府参与创
新活动效果的考察中，考察了不同官员激励条件下政府财政科技支
出效果的非线性特征，并且深入分析了官员激励影响创新效率的作
用机制，深化了现有文献对政府参与创新活动的研究。

第三，将科技创新水平的理论与实证研究引入到城市层面，丰

---

① 李政、杨思莹：《创新活动中的政府支持悖论：理论分析与实证检验》，《经济
科学》2018 年第 2 期。

富了城市创新系统相关研究。考虑到数据的可获得性,以往文献对政府科技政策效果的研究多基于省级层面或基于企业微观层面进行理论与实证分析,忽视了城市中观层面的研究。企业微观层面的研究难以判断政府政策的总体效应,容易低估政府参与创新活动的行为效果;并且相对于省级层面乃至于国家层面,城市层面的创新政策往往更加科学和具有针对性,且能够高效实施。① 因此,应当加强对城市创新体系建设及其效果的研究。本书考察了国家高新区设立以及创新型城市试点政策对城市创新水平的作用机制,丰富了城市创新体系相关研究。研究结论上,本书在肯定了国家高新区设立和创新型城市试点政策有效性的同时,也发现了高新区设立和创新型城市试点政策对城市创新水平影响的城市异质性特征,为政府进一步总结经验、提高政府支持创新活动效率提供了理论依据与实践指南。针对政府创新支持政策是否有效,以往研究进行了广泛讨论,并仍存在分歧。② 本书以小见大,对高新区设立和创新型城市试点两类政策有针对性地进行分析,因此本书结论能够在一定程度上澄清政府创新政策的效果之争。

二　不足之处

当然,本研究也存在一定的不足之处,主要体现在以下两个方面。

第一,受限于数据的可获得性,本书无法对政府角色进行更为清晰地量化与实证分析,而仅仅基于政府财政科技支出数据探究政府科技支出效果,并且基于政府支持创新主体的选择,考察政府支持企业、高校和科研机构何者更为有效的问题,而没能进一步量化

① 沈沁、游士兵:《集聚效应、内生增长与创新型城市建设》,《江汉论坛》2017年第4期。

② Liang X., Liu A. M., "The evolution of government sponsored collaboration network and its impact on innovation: a bibliometric analysis in the Chinese solar PV sector", *Research Policy*, Vol. 47, 2018, pp. 1295 – 1308.

政府不同角色。探究政府不同角色与职能对区域或企业创新活动的影响效果，无疑对澄清学术界关于政府职能边界的争论、有效发挥创新驱动发展中的政府职能具有更加重要的意义。因此，无法对政府职能进行细致的量化并对其效果进行实证分析，这是本书的一个不足之处。

第二，本书对政府参与创新活动的效果进行了宏观、中观与微观三个层面的实证分析，但是对于政府参与区域创新活动方式、支持企业创新活动效果等方面，仍旧缺乏相应的具体案例分析。这也是本书的另一个不足之处。

第 二 章

理论基础与相关文献评述

第一节 创新驱动发展的理论基础

一 概念界定

创新是推动经济社会发展的长期动力，人类社会发展史在很大程度上是一部科技进步史。创新是一个相对宽泛的概念，主要包括科技创新、理论创新、制度创新、管理创新等。其中，科技创新是核心。党的十八大以来，习近平总书记高度重视科技创新，实施了一系列创新战略和创新工程，围绕以科技创新为核心的全面创新提出了一系列重要论断，为中国科技创新事业发展提供了重要的理论指南与实践指南。而本书所涉及的创新，主要是指科技创新。

一直以来，经济学视域中的创新始终缺乏一个科学、全面、系统的概念界定。在本质上讲，创新就是扬弃，即运用创造出来的新事物代替原有的旧事物，以更好地适应和满足需要的过程。那么借鉴这一概念，从经济学角度来讲，创新是用新事物代替旧事物，以更加充分地利用现有要素，实现资源的优化配置，最大化社会福利的过程。但是这一概念仍旧显得模糊，难以清晰地反映出创新的含义。也有研究将创新简单地概括为发明、创造或者专利生产等，即将创新描述为新事物从无到有的过程，并且现有多数实证分析都是基于这一概念，将创新简单地用专利产出水平或论文产出水平等指标加以测算，而忽视了其社会价值创造的最终结果。熊彼特（Schumpeter）旗帜鲜明地批判这一类概念，认为创新绝非简单地发明和创造，而是一种新的要素组合。从本质上来讲，经济发展就是"执行新的组合"的过程，即运用知识、技术等无形要素改造资本、劳动和物资资源等有形生产要素的组合形式，以节约生产成本、提高生产效率的过程。熊彼特所强调的创新主要包含五种形式，即引进一种新产品、运用一种新技术、开辟一个新市场、找到或控制新的原材料或原料供应渠道以及运用一种新的要素组织形式。总之，创新就是引入一种新的生产函数，将生产要素和生产条件以一种从未有过的新的形式加以组合，经济发展就是由于新组合的引入打破了旧组合条件下的均衡，并实现了新的均衡。[①] 当然，创新的目的是企业家对经济利益和对自我价值实现的追求。虽然也有研究指出，熊彼特对创新含义的界定过于宽泛，但事实确实如此，创新是一个非常宽泛的概念。[②] 由于创新过程的复杂性，现有研究难以对创新给出一个清晰简洁的概念，因此，熊彼特对创新的定义一直沿用至今，且被广泛接受。熊彼特独到的创新理论奠定了其在创新经济学领域的绝对权威，这也是熊彼特创新理论受到如此推崇的重要原因。

而对于创新驱动发展，是人类在经济发展过程中对以创新为主要驱动力，推动经济社会发展的一种发展模式的概括，是以科技创新为主要驱动力，对现有的生产要素加以组合，以提高生产效率和产出质量，挖掘经济潜能，拉动经济增长的过程。迈克尔·波特在总结国家经济发展阶段时，最早使用了创新驱动这一概念。他指出，一国经济发展可以分为要素驱动阶段、投资驱动阶段、

---

① ［美］约瑟夫·熊彼特：《经济发展理论》，郭武军、吕阳译，华夏出版社2015年版。

② 方在农：《从熊彼特的创新理论说起》，《自然杂志》2006年第2期。

创新驱动阶段和财富驱动阶段，其中创新驱动阶段也是一国经济发展的较高阶段。与此类似，《全球竞争力报告》将经济发展阶段分为要素驱动阶段、效率驱动阶段和创新驱动阶段，其中创新驱动阶段是经济发展的最高阶段。由此可以看出，创新驱动发展是一国经济发展的高级阶段，这也是各国争相进行科技创新的重要原因。当今世界主要国家的经济竞争和政治竞争，在很大程度上是以科技实力为核心的创新竞争，科技创新成为培育一国经济实力、政治实力的重要保障。

创新驱动发展理论是创新经济学的重要组成部分，在 20 世纪 80 年代以来也逐渐被国外主流经济学所重视。所谓的内生增长理论，与创新驱动发展理论在本质上都是重视科技创新对经济增长的重要意义。推动经济实现创新驱动发展，其实质就是加速经济发展的动力结构调整，即放弃原有的依赖于能源资源高投入、高消耗为主导的发展模式，转而以科技创新为主要驱动力，提高资源利用效率，推动产出质量提升，降低经济增长过程中的负面产出，提高全要素生产率和经济发展质量的过程。一般来讲，创新驱动发展是对原有经济增长方式和生产方式进行改造更新，甚至是进行革命式变革，打破陈旧的生产关系，建立一种新的、适应生产力发展的生产关系，并推动生产力更快发展。

创新驱动型经济发展具有区别于要素驱动和投资驱动等发展模式的明显特征。首先，在创新驱动发展阶段，经济增长的主要动力来源于科技创新。这并非意味着传统的要素投入对经济增长驱动作用的失灵，而是在一定的要素投入前提下，科技创新改变了原有的要素使用低效率状态，使得经济增长速度更高、潜力更大、更具有可持续性。同时，科技创新也可以弥补部分要素短缺的资源弱势，以科技优势缓解经济增长过程中的资源约束，提高经济发展动力，如工业机器人对传统劳动力的替代、新材料对传统材料的替代等。其次，创新驱动发展要求经济增长过程中保持一定的科技创新投入。与传统增长模式相比，创新驱动发展模式下的研发支出明显提高，这是由于研发人员及研发费用支出是提高科技创新能力的核心要素，是保证经济增长中创新活动得到有序开展的重要条件。充足的研发创新支出是实现创新驱动发展的必要条件，而非充分条件。保障一国创新水平的提升，既需要充足的研发创新支出，又需要高效配置研发支出，合理调整基础研究与应用研究支出比例，提高研发活动的整体水平。而市场调节为基础、政府调控为保障的双轨制资源配置格局则是促进研发要素合理配置的重要体制保障。再次，创新驱动发展阶段往往是经济实现高质量发展的重要阶段。传统经济增长模式下，经济增长过度依赖能源资源高消耗，导致空气、水资源等污染较为严重。而在创新驱动发展阶段，经济增长多依赖于科技进步和全要素生产率提升，经济增长对传统能源与资源依赖程度明显降低，新能源、新材料等新兴产业创新发展改变了对传统石化能源、重金属冶炼等产业的依赖，经济增长过程中的环境污染问题明显减轻，经济发展质量明显提高。最后，创新驱动发展阶段，人的多样化需求得到更加充分的满足。供给侧与需求端相互作用，共同推动科技创新朝着更加实用、更加亲民的方向发展，使得人的物质文化需求都得到更加充分的满足。如科技创新为智能手机、电脑以及互联网等产业的发展提供了良好的科技基础，使人们足不出户便能够获得千里之外的商品，市场分割程度大大降低，人们对产品的需求不再受地域限制，提高了人们的生活水平。与此同时，创新驱动发展阶段也对人的知识素养等提出了新的、更高的要求，由于人们面临着更加多样化的产品，而一些产品的使用需要满足一定的知识与技能门槛。这就需要人提高自身素养，以适应创新驱动发展阶段的产品多样化特征。

二 马克思的创新思想

学者普遍认为，马克思最早提出了创新思想。如约翰·伊特韦尔（John Eatwell）指出："马克思恐怕领先于其他任何一位经济学家把技术创新看作经济发展与竞争的推动力。"① 谢勒（Scherer）指出："马克思不同于 19 世纪中期其他的经济学家，他察觉到资本主义基本的天才在于它能够把资本积累和不断的技术创新结合起来。"② 熊彼特是学术界普遍接受的、最早系统提出创新理论的经济学家，但其本人也认为，他的创新理论源于马克思的创新思想，并且只是马克思研究领域中的一小部分。由此可见，马克思是最早提出创新思想的思想家、哲学家、经济学家。

一些学者认为，马克思创新思想的雏形可见于《共产党宣言》。如"资产阶级除非对生产工具，从而对生产关系，从而对全部社会生产关系不断进行革命，否则就不能生存下去"③ 等论断。之后马克思关于创新的论述与此类似，多基于资本主义社会背景，内容涵盖了技术创新、制度创新、管理创新等多维创新，而其对创新的论述，也多体现在其文本中的"科学""技术进步""变革"甚至"革命"，等等。马克思的创新发展思想集中体现在其生产理论和资本积累理论，特别是有关生产力和生产关系的论述中，如生产力决定生产关系，而"劳动生产力是随着科学和技术的不断进步而不断发展的"④。马克思指出，"生产力中包括科学"，这表明马克思认识到科技创新对生产力发展的巨大推动作用，认识到"一般社会知识，已经在多么大的程度上变成了直接的生产力"⑤。

马克思的创新思想中，创新主体主要包括劳动工人和企业家。⑥

① 约翰·伊特韦尔、默里·米尔盖特、彼特·纽曼：《新帕尔格雷夫经济学大辞典》，经济科学出版社 1996 年版。

② 谢勒：《技术创新：经济增长的原动力》，姚贤涛、王倩译，新华出版社 2001 年版。

③ 《马克思恩格斯选集》（第一卷），人民出版社 2012 年版。

④ 《马克思恩格斯选集》（第二卷），人民出版社 2012 年版。

⑤ 《马克思恩格斯选集》（第二卷），人民出版社 2012 年版。

⑥ 汪澄清：《马克思与熊彼特创新思想之比较》，《马克思主义与现实》2011 年第 3 期。

在论述劳动价值论、剩余价值产生时，马克思从企业家对相对剩余价值追求的动机出发，讨论了资本家进行创新活动的目的，即追求剩余价值。[①] 一些资本家通过设备革新、科技进步、新机器的投入应用等方法，降低生产商品所需要的个别必要劳动时间，从而降低产品的个别价值，由此获得竞争优势和超额利润。即便如此，这也不意味着科技进步和技术变革源于资本家，即资本家并非是创新活动的唯一主体，工人在生产过程中的经验总结与发明创造是资本主义社会创新的重要来源。工人在劳动生产过程中产生了新的技术、新的工艺和新的生产工具，并将其转化为现实生产力，推动创新和生产力快速发展。可见，马克思认为，劳动工人是资本主义社会创新的重要主体。

马克思的创新思想先进之处在于，它并未仅仅局限于对科技创新的考察，制度创新和管理创新等同样是马克思创新思想的重要内容。如马克思从社会生产的角度论证了生产力与生产关系之间的辩证关系。在其著作中，技术创新属于生产力范畴，而管理创新与制度创新属于生产关系的范畴，生产力决定生产关系，而技术创新也在一定程度上决定了管理创新和制度创新。当然，依据生产关系反作用于生产力的相关理论，管理创新和制度创新也在很大程度上影响着技术创新。例如，马克思论证了分工、协作对生产力发展的重要作用，而任意一种分工与协作形式，都是在一定的生产技术条件下进行的，违背了这一前提，或者超越这一技术条件的分工与协作必然是低效率甚至无效率的。在社会制度方面，以产权制度为例，从原始社会的公有产权制度到私有产权制度，甚至直到资本主义私有制的消亡，都是建立在生产力发展的基础之上，[②] 而如前所述，科技进步是推动生产力发展的重要力量。

[①] 刘红玉、彭福扬：《马克思关于创新的思想》，《自然辩证法研究》2009 年第 7 期。

[②] 刘红玉、彭福扬：《马克思关于创新的思想》，《自然辩证法研究》2009 年第 7 期。

三　熊彼特创新理论及其发展

如前所述，创新的系统性含义是由熊彼特所提出的，并一直沿用至今。虽然以往一些伟大的经济学家没有系统给出创新的内涵，但其经济学说中却饱含着对创新活动的重视。如亚当·斯密（Adam Smith）认为，发明和技术变革是创造国民财富的重要因素，而劳动分工是"简化和节省劳动的所有那些机械的发明"的重要源泉。[①] 可见，斯密认为分工引起创新和技术进步，并创造国民财富。在斯密的理论中，分工是创造国民财富的驱动力量，而技术发明和创新则是分工作用于国民财富创造的重要中间变量。而与此相反，雷（Rae）认为，"劳动分工只是被看作来自发明进步之前的一个进程"，"发明的力量是产生国民财富的必须要素"。[②] 因此，布鲁尔（Brewer）将雷看作视发明为财富创造中心的第一人。约翰·斯图亚特·穆勒（John Stuart Mill）同样认识到了发明在财富创造中的核心地位，指出"现存一切美好事物都是创造性所结的果实"。[③]

不同于以往思想家和经济学家对创新较为零散的论述，熊彼特将创新研究系统化，构建了体系较为完善的创新理论。熊彼特本人也因此成为经济思想史中创新理论研究最重要的经济学家。[④] 如前所述，熊彼特不仅系统给出了经济学中广泛沿用的创新概念，而且其1912 年出版的《经济发展理论》一书标志着经济学中创新理论的诞生。在书中，熊彼特提出了所谓的"创造性毁灭"，用以描述创新对资本主义社会发展的重要作用。熊彼特认为，创新就是构建一种新

---

① 亚当·斯密：《国民财富的性质和原因的研究》，郭大力、王亚南译，商务印书馆 1972 年版。

② Roa, John：*statement of some new principles on the subject of political economy, exposing the fallacies of the system of free trade, and of Some other doctrines maintained in the wealth of nation*, Boston, 1834.

③ 约翰·斯图亚特·穆勒：《功利主义》，叶建新译，中国社会科学出版社 2009 年版。

④ ［英］G. M. 彼得·斯旺：《创新经济学》，韦倩译，格致出版社 2013 年版。

的生产函数，或者说是将一种从未出现过的生产要素与生产条件组合引入经济系统中，从而获得经济利润，促进经济发展。

熊彼特将企业家看作创新的主体，给予了企业家前所未有的重视与高度评价。熊彼特指出了企业家对创新，乃至于对资本主义社会发展的重要作用，企业家自身所具有的敢于创新、不断突破的精神和对自我价值的追求等构成了企业家创新的根本动力。创新是企业家精神的灵魂，而企业家是资本主义的灵魂。熊彼特将创新置于经济系统的循环流转中，指出创新是资本主义社会利润唯一的来源，追求利润和自我价值实现的企业家进行创新活动能够打破经济发展中原有的均衡状态，导致经济非均衡增长。

此外，熊彼特还基于创新理论重新构建了经济周期理论。熊彼特认为，由于企业家创新活动的间断性特征，资本主义社会发展面临着严重的不确定性问题，并出现经济周期。基于科技创新发展的波动性特征，熊彼特将资本主义发展历程分为三个长周期，即产业革命时期、蒸汽和钢铁时代以及电气、化学和汽车工业时代。虽然熊彼特创新理论在很长时期都没能融入主流经济学理论体系，但其对创新理论研究具有重要的贡献，成为研究创新理论难以避开的经济学家。随着现代统计与计量分析方法的逐渐发展，熊彼特的很多观点被西方经济学者所证实，熊彼特的创新理论由此也得到进一步发展，并逐渐形成了"新熊彼特主义"。

在熊彼特之后，创新与技术进步成为考察经济增长所必须要考虑的因素。在新古典增长模型（也叫索洛模型或外生增长模型）中，虽然创新或技术进步被看作决定经济增长的重要因素，但往往被视作外生给定的。该模型通过假定技术进步外生、储蓄全部转化为投资等，得出经济增长的路径相对稳定、储蓄率的提高会通过改变资本存量进而提升产出水平、较高的人口增长率会降低稳定状态下的人均资本水平和人均产出水平等结论。20 世纪 80 年代基于新古典增长理论建立起来的内生增长理论成为研究不同地区或国家经济增长差异和经济可持续增长的重要理论。内生增长理论将技术进步视为内生变量，指出了技术进步和创新是经济增长的重要原因，并且分工在很大程度上决定了技术进步和创新水平。

梳理熊彼特创新理论以及西方经济思想中创新理论发展脉络可以看出，科技创新在西方经济学中同样经历了由忽视到重视、由外生到内生的过程，通过提高创新能力来推动经济发展成为经济学理论的重要共识。在此基础上，不同经济学流派从各自角度讨论创新活动的一般规律和创新环境建设问题，以及创新对经济增长的作用机制问题。

四 中国特色社会主义创新理论

近年来，随着创新型国家建设步伐的加快，以及创新驱动发展战略的深入实施，中国科技创新逐渐走在了世界前端，取得了举世瞩目的成就。在这一背景下，国内外学者纷纷开始研究中国创新发展道路，中国模式、中国经验也逐渐成为指导发展中国家经济转型发展的重要参考。需要指出的是，中国的创新发展离不开马克思及其经济理论的指导，马克思创新思想及其经济理论是中国特色创新发展理论的思想源头。在马克思创新思想的引领下，中国将中国特色创新理论根植于社会主义经济与科技发展的实践，并在实践中不断探索、不断总结、不断发展马克思主义创新理论。因此，中国创新发展理论具有鲜明的中国烙印与中国特色。早在新中国成立初期，国家就将提高科技发展水平作为经济发展的重要目标和途径之一。如新中国成立初期，中国经济和科技发展处于起步阶段，毛泽东等党和国家领导人准确把握国际和国内形势，于1956年号召全党努力学习科学知识，为追赶世界科学先进水平而奋斗，并提出了向科学进军的口号。同年，中国制定了《十二年赶上世界先进水平的全国科学发展规划》，在中央政府自上而下的推动下，中国科学发展出现了一个高潮。改革开放前夕，邓小平提出要在全国构建一种尊重知识、尊重人才的氛围。1978年，邓小平在全国科学大会上指出"科学技术是生产力"，强调知识分子对经济社会发展的重要意义。1988

年 9 月，邓小平再一次提出"科学技术是第一生产力"。在邓小平等党和国家领导人的推动下，中国科学技术发展进入了新的时代。1995 年，江泽民在全国科学技术大会上提出了"科教兴国"战略，科学发展上升到国家战略层面。1999 年 8 月，江泽民在全国技术创新大会开幕式上指出："科技创新越来越成为当今社会生产力解放和发展的重要基础与标志，越来越决定着一个国家、一个民族的发展进程。如果不能创新，一个民族就难以兴盛，难以屹立于世界民族之林"，提出要把"以科技创新为先导促进生产力发展的质的飞跃"摆在经济建设的首要地位。2006 年，胡锦涛在全国科技大会上提出到 2020 年将中国建设成为"创新型国家"的宏伟目标，2007 年党的十七大报告中，提高自主创新能力，建设创新型国家被确立为国家战略的核心、提高综合国力的关键。2012 年 11 月，党的十八大报告提出实施创新驱动发展战略，强调科技创新是提高社会生产力和综合国力的战略支撑，必须摆在国家发展战略全局和核心位置。创新驱动发展的核心就是提高自主创新能力，实现经济增长由依靠资源要素消耗和投资为主向依靠技术进步、劳动者素质提高和创新转变。①

　　进入新时代，习近平总书记进一步确立了创新在中国经济社会发展中的重要战略地位，指出创新是国家强盛之基；立足于当前中国经济发展实际，全面、系统破解中国经济发展面临的问题，根本出路在于创新。为此，2015 年 10 月，习近平总书记在党的十八届五中全会上提出新发展理念，并将创新发展位列新发展理念之首，强调坚持创新发展，必须把创新摆在国家发展全局的核心位置。党的十八大以来，习近平总书记围绕创新发展做出一系列重要论述，既有创新发展的必要性和意义，也有创新发展的实现路径，涉及战略引领、体制创新、科技创新、产业升级等方方面面，构成了中国特色创新发展理论的主要内容。

---

① 吕薇：《区域创新驱动发展战略：制度与政策》，中国发展出版社 2014 年版。

总结起来，中国特色创新发展理论的基本内核包括以下三个方面：第一，创新是引领发展的第一动力，必须把创新摆在国家发展全局的核心位置，实施创新驱动发展战略。第二，坚持全面创新、全链创新和全球创新。所谓全面创新，就是要以科技创新为核心，坚持理论创新、制度创新、管理创新、文化创新、观念创新相互结合、相互促进，多领域、多主体、广角度、全覆盖地推动创新发展。全链创新是指将生产要素通过新的方式转换成具有更高价值特性的产品与服务的系统性过程。全链创新不仅仅局限于新知识与技术的发现，而是将创新渗透于价值创造的各个环节、各种要素，创新体现在从设计到销售的整个产业链条上。全球创新就是要面向全球市场、利用全球资源进行创新，谋划和推动创新要有全球视野、全球格局，注重在全球范围内的创新合作。第三，坚持自主创新战略，各创新主体在关键领域以拥有核心技术、自主知识产权或参与国际标准制定为目标导向，努力开展技术研发与攻关，提高创新能力和水平，争取在国际科技发展中具有更多的话语权。

第二节　政府参与创新活动的理论基础

一　市场失灵与宏观调控理论

政府支持是创新系统建设和创新活动得以顺利开展的重要保障，但当前研究对创新活动中的政府职能仍有争论，集中体现在政府创新政策的有效性问题，并由此引申到政府是否应该参与创新活动、是否应该制定创新政策的问题。即便是理论界存在诸多争议，但在现实经济发展中，没有任何一个国家或地区政府不参与创新活动，不出台创新政策。近年来，随着中国经济发展的资源与环境约束收紧，加之国外以科技为核心的经济竞争逐渐加剧，中国逐渐开始实施以创新为核心的经济发展战略，如"科技是第一生产力"的发展观、"科教兴国"战略、创新型国家建设战略目标以及创新驱动发展战略，乃至于供给侧结构性改革、中国制造 2025 等发展战略、模式和行动纲领。中国的科技创新发展道路离不开企业家、科技工作者的辛勤付出，同样也离不开政府的规划、支持和引导。中国政府参与科技发展的实践，是在中国特色社会主义政治经济学的指导下完成的，具有坚实的理论基础和理论依据。

从理论上讲，由于市场机制调节不能够有效解决外部性问题，也不能有效提供公共物品，导致市场机制在一些特定领域的资源配置存在着失灵问题。创新活动具有外部性强、风险性大和前期投入成本高等特征，同时创新产出具有公共产品的属性，导致市场机制无法有效配置创新资源，企业等创新主体缺乏创新激励，容易产生技术剽窃、技术模仿等搭便车行为，社会创新资源投入难以达到合意规模。而政府适度干预和调控在一定程度上能够弥补市场机制的缺陷，以补贴等形式将创新成果外部性内部化，激励企业等创新主体加大研发支出，使得创新活动能够接近，甚至达到比较合意的社会规模。

当前，中国实行社会主义市场经济体制，是一种特殊的现代市场经济体制，即同社会主义基本经济制度结合在一起的市场经济体制。社会主义市场经济同样是在国家宏观调控下运行的，其调控目标之一就是提高经济效率。在宏观调控体系下，政府承担的主要职责之一就是制定宏观经济政策和提供有关信息，对企业和个人的微观行为和决策予以规范与指导，矫正市场机制的缺陷，并且承担公共部门和公共行业的资源配置职能，克服市场失灵。如前所述，创新活动的外部性特征以及公共物品属性等都使得市场机制无法有效调节创新资源配置，需要政府适度参与创新活动，制定创新政策，调节创新资源配置，以提高创新水平，推动创新发展战略实施。

二　区域创新系统理论

科技创新不仅需要足够的研发人员和经费投入，而且需要良好的创新体系，保障科技创新活动有序开展。近年来，政府在区域创新系统建设中的作用逐渐被国内外研究所关注。Mason 和 Brown（2014）整合了以往研究关于创业生态系统的论述，提出了创业生态系统的定义：在当地的创业环境中，一组相互关联的创业参与者、创业组织、机构和创业过程通过正式和非正式的结合从而连接、调节和控制绩效。① Isenberg（2011a）提出了"适于经济发展的创新与创业生态系统战略"模型，以此研究创新与创业生态系统。② 他认为，创新与创业生态系统中包含六个要素：有益于创业的文化、良好的政策和领导力、合理经费的可得性、高品质的人力资本、风险友好的产品市场以及一系列的制度支持。③ 这六种要素缺一不可，构成了创新与创业活动得以顺利开展的保障。上述六种要素均与政府具有密切关联，例如地区创业文化的形成与政府弘扬和公益宣传密切相关，良好的政策是政府参与创新活动的主要手段，政府研发补贴能够保障创新主体创新活动获得较为合意的外部保障，高品质的人力资本是以政府为主导的教育体系发展的结果，风险友好的产品市场需要政府适度干预，而创新所需要的制度支持更是需要政府从宏观、中观与微观角度加以构建。

创新系统是由与创新全过程相关的机构、组织和实现条件构成的网络体系，它包括技术、经济、社会三个领域，由主体、环境和连接三个部分构成，具有输出技术知识、物质产品和效益三种功能。Godinho（2005）从资源基础、参与者行为、外部交流、经济结构、相互关联、创新、发散以及制度环境八个角度对国家创新系统进行

① Mason C. , Brown R. , *Entrepreneurial ecosystem and growth oriented entrepreneurship*, OECD, Hague, 2014.

② Isenberg D. , *The entrepreneurship ecosystem strategy as a new paradigm for economy policy*：*principles for cultivating entrepreneurship*, Babson Entrepreneurship Ecosystem Project, Babson College, Babson park：MA, 2011a.

③ Isenberg D. , *When big companies fall*, *entrepreneurship rises*, Harvard Business Review, http：//blogs. hbr. org/2013/03/when-big-companies-fall-entrep/, 2011b.

了定量描述，并对国家创新系统进行了分类。[①] Barbaroux（2012）从区域协同创新的角度分析创新系统，认为协同创新能力包含异质创新资源选择和连接能力、知识管理能力和自适应治理能力，应从这些角度分析区域协同创新。[②]

基于以上分析，政府在区域创新系统建设中的角色可以概括为几种，即创新战略的制定者和创新方向的引领者、创新环境的塑造者、创新主体利益协调者、基础知识与共性技术的供应主体以及重点领域与特殊行业创新项目的组织者甚至承担者。政府战略引领实质就是政府发挥自身的信息优势和协调职能，实施"最优干预"措施，保障区域创新活动有条不紊地开展，提高区域创新资源配置的整体效率。而良好的创新环境是创新主体开展创新活动、提高创新效率的重要保障，区域创新环境建设是政府承担的重要职能。此外，由于市场机制无法解决创新活动的外部性问题，使得市场机制在调节创新资源配置等方面存在着效率损失。[③] 因此，政府需要以资助等方式直接参与区域创新活动、弥补市场失灵、提高企业创新激励，成为配置创新资源的"看得见的手"。政府以财政科技支出的形式资助企业、高校和科研机构等创新主体，协调创新主体之间的利益关系，在这一过程中，通过资助基础研究部门开展基础研究，为产业部门开展应用型研究提供基础知识与共性技术，促进创新系统运行效率提升。

[①] Godinho M. M. , Mendonça S. F. , Pereira T. S. , *Towards a taxonomy of innovation systems*, http：//lib. jlu. edu. cn/database_ ww. asp, 2005.

[②] Barbaroux P. , "Identifying collaborative innovation capabilities within knowledge-intensive environments：insights from the ARPANET project", *European Journal of Innovation Management*, Vol. 15, No. 2, 2012, pp. 232 – 258.

[③] Szczygielski K. , Grabowski W. , Pamukcu M. T. , Tandogan V. S. , "Does government support for private innovation matter? firm-level evidence from two catching-up countries" *Research Policy*, Vol. 46, No. 1, 2017, pp. 219 – 237.

三　三螺旋理论

"三螺旋"是 Etzkonwitz（1995）用来解释大学、产业与政府三者在创新活动中作用关系的一个概念，[①] 之后被广泛应用。三螺旋理论认为，在创新系统中，政府与企业、高校等部门具有同样重要的地位和作用，同样是创新活动的主体；产业、大学与政府之间是一种相互协同的"互动"与"自反"的三重螺旋协同模式。[②]

如图2—1所示，大学、产业与政府部门相互关联，相互促进。由于基础知识与共性技术的直接经济效益小、外部性较强、研发风险较大，导致企业缺乏基础知识与共性技术研发的激励，基础研究与共性知识开发活动面临较大的资金缺口。而高校科研活动则以基础知识与共性技术研发为主，为企业开展应用型技术研发提供基础知识与共性技术。政府鼓励和支持基础研究和共性技术开发，增加基础知识与技术供给，为企业开展实用性研发创造知识条件，能够有效提升科技创新水平。由于高校研发活动距离市场端较远，并且研发活动的外部性强，研发产出具有公共物品属性，因此，高校研发资金一部分来自政府部门资助，政府往往以科研项目等形式直接参与高校、科研院所等创新主体的科技创新活动。一部分来源于急需该项技术的企业，即企业以项目形式委托高校或科研机构开展企业急需技术研发，以降低企业自行研发的成本。此外，人是研发活动最核心、最关键的要素，高校通过人才培养，为企业开展应用型技术研发提供人才与智力供给，满足企业研发的人力资本需求。

[①] Etzkonwitz H., Leydesdorff L., "The triple helix of university-industry-government relations: a laboratory for knowledge-based economic development", *EAST Review*, Vol. 14, No. 1, 1995, pp. 14 – 19.

[②] 张秀萍、卢小君、黄晓颖：《基于三螺旋理论的区域协同创新机制研究》，《管理现代化》2015年第3期；崔和瑞、武瑞梅：《基于三螺旋理论的低碳技术创新研究》，《中国管理科学》2012年第11期。

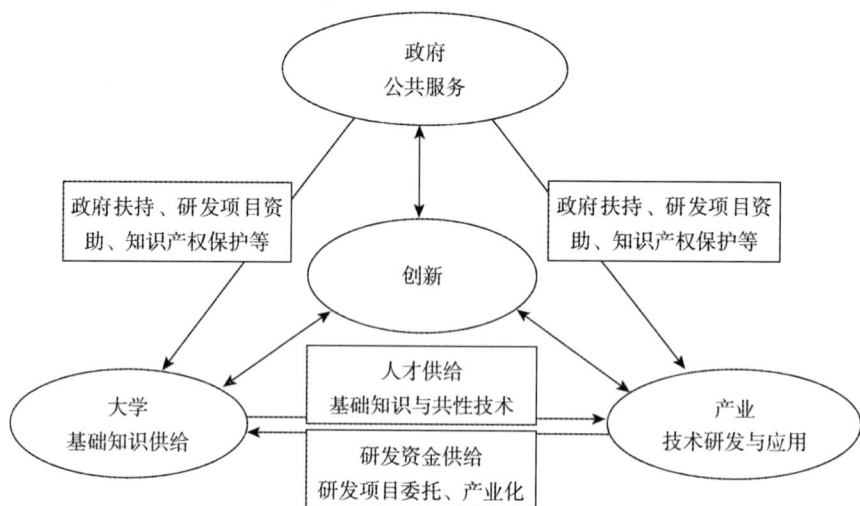

图 2—1 三螺旋理论结构

产业部门是应用技术研发部门，也是知识和技术成果应用部门。企业是产业的微观主体，市场竞争导致企业天然具有创新动力，然而受企业自身规模、融资约束等因素影响，企业往往无法达到技术创新活动的"最优规模"。[①] 此外，产权制度不完善、产权保护力度较弱的地区，创新活动外部性导致企业产生"依附"心理和搭便车行为，抑制企业创新激励。因此，政府应当关注企业创新的激励问题，[②] 对创新能力强、潜力大、融资困难的企业予以一定的补贴以提高其创新能力和效率，这也必然会对地理邻近和产业链内部企业创新活动产生溢出效应，提升区域和产业链整体创新效率。

由此看来，创新活动中的两个重要主体，即关注基础知识研究的高校和关注应用技术研究的产业部门，其创新活动均与政府活动密切相关。三者相互作用，形成了一种螺旋式的协同模式。

[①] 冯宗宪、王青、侯晓辉：《政府投入、市场化程度与中国工业企业的技术创新效率》，《数量经济技术经济研究》2011 年第 4 期。

[②] Howells J., "Rethinking the market-technology relationship for innovation", *Research Policy*, Vol. 25, No. 8, 1997, pp. 1209 – 1219.

第三节　相关文献评述

一　中国创新驱动发展的现状与问题研究

随着创新型国家战略目标的提出与创新驱动发展战略的深入实施，对中国科技创新发展及其经济效应的研究也在逐渐成为学术界的热点话题。一些研究分析了中国科技创新发展所取得的突出成就与中国模式，研究了中国实施创新驱动发展战略的中国特色与经验。如李政、杨思莹（2017）指出，近年来，通过科技创新、管理创新与制度创新协同发力，顶层设计与微观基础统筹并举，中国已经成为世界创新大国，创新能力与水平显著提升，创新型国家建设取得了巨大成就。[①] 通过探索与发展，中国走出了一条具有中国特色的创新发展道路，总结出了一套社会主义发展中国家创新转型发展新模式，并逐渐发展成为独具特色的创新驱动发展理论。王宏伟、李平（2015）研究认为，中国科技体制改革与科技创新发展具有内在关联，科技体制改革取得的重大成就为科技创新发展创造了良好的制度条件和保障。[②] 在具体成就方面，李政（2017）指出，中国创新驱动发展战略取得了巨大的成就，主要体现在以下几个方面：制度创新与管理创新水平不断提升，为创新型国家建设营造了良好的制度环境。[③] 如2006年2月，国务院发布《国家中长期科学和技术发展规划纲要（2006—2020年）》，为中国创新型国家建设提供了战略指导，2008年国家相继出台了一系列针对科技企业、产业与产品的

---

① 李政、杨思莹：《十年创新型国家建设：成就、经验与问题》，《学习与探索》2017年第1期。

② 王宏伟、李平：《深化科技体制改革与创新驱动发展》，《求是学刊》2015年第5期。

③ 李政：《走中国特色创新发展道路》，《中国社会科学报》2017年7月5日第4版。

税收优惠政策，包括对结构调整、产业升级、企业创新有积极带动作用的重大技术装备关键领域的进口税收优惠，对科技园、科技企业孵化器的税收优惠，对创新型企业所得税的优惠以及对科技开发用品免征进口税等税收优惠；企业成为科技创新的主体，创新型企业不断涌现，2018 年《福布斯》杂志发布的世界最具创新力企业百强榜中，中国有七家企业上榜，上榜数量仅次于美国，排在第二位；依据世界知识产权组织发布的《2018 年世界知识产权指标》，2013—2015 年专利申请数排名前十位的企业中，中国两家企业上榜，分别为国家电网有限公司排名世界第三位、华为公司排名世界第七位；2019 年 *Fast Company* 发布的《2019 年全球五十大最具创新力公司》中，中国科技平台美团网排名世界第一位。产业发展水平大幅提升，一些产业具备了较强的国际竞争力，如中国工业机器人保有量一直保持 15% 以上的增幅，中国"智造"整体水平不断提升，中国累计光伏容量过去十年保持了 89% 的年均复合增长率，光伏装机数量世界第一位，2015 年中国超过美国成为最大的新能源汽车生产国，晶硅组件产能和产量都占到全球 70% 以上，3D 打印在航天、生物等领域得到初步应用，与世界领先水平的差距进一步缩小，中国高铁实现了"中国制造"向"中国标准"的华丽转身，在世界市场上具有绝对优势。城市创新能力显著提高，创新型城市试点取得巨大成功，2020 年《全球城市 500 强报告》中，中国 39 个城市上榜，入选城市数量仅次于美国，居世界第二位；《2020 年全球创新指数报告》显示，深圳—香港—广州创新集群居世界第二位，北京居世界第四位，中国共有 17 个创新集群入选世界百强创新集群；2thinknow 发布的 2019 年全球城市创新指数排行榜中，北京、上海、台北、深圳、香港和广州 6 个城市上榜。国家创新能力显著提升，创新对于经济社会发展作用明显增强。经过十年创新型国家建设，中国创新能力和国际竞争力显著提升，对经济增长作用明显增强。从创新产出的纵向比较来看，2019 年中国发明专利申请授权量、技术市场成交额和高技术产品出口额均有较大幅度增长，从创新质量上来看，2010—2020 年，中国国际科技论文被引次数居世界第二位，较 2000—2010 年的引用次数排名提高了 6 个名次。

但在肯定成绩的同时，以往文献也看到了中国创新发展所面临的种种问题。王海兵、杨蕙馨（2016）认为，中国的创新驱动发展战略实施现状并不理想，全要素生产率增长率和技术进步率均为负值，政府错误干预创新活动以及非市场因素影响创新驱动发展战略的实施。[①] 李政、杨思莹（2014）研究发现，当前中国研发效率仍旧偏低，各地区研发效率差距较大，一些地区研发效率差距仍旧呈现出拉大趋势。[②] 李政、杨思莹（2017）认为，中国科技创新能力与水平仍有待于进一步提高，创新效率仍旧偏低，创新质量仍需改进；中国科技创新与经济发展脱节问题仍旧严重，促进经济与科技相结合仍旧任重道远；中国区域之间、产业之间、城乡之间创新水平差距较大，探索包容性创新发展道路是当前中国实现创新发展所面临的重要任务；中国创新发展的开放水平仍旧不足，积极参与全球科技合作与竞争是中国改善科技发展质量和效率的重要选择。[③] 洪银兴（2013）指出，当前中国经济实现创新驱动发展，仍旧需要解决创新投入不足、制度创新滞后以及创新环境有待于进一步改善等问题。[④] 魏江等（2015）指出，中国科技创新没能有效释放经济发展活力，并且企业创新动力不足的问题亟待解决，此外，中国创新发展面临着五大结构性矛盾，包括国家创新战略转型与创新政策体系滞后的矛盾、开放型创新与高端创新资源不可及的矛盾、创新能力的区域分布不均与知识溢出障碍的矛盾、新兴产业技术突破与共

---

① 王海兵、杨蕙馨：《创新驱动与现代产业发展体系——基于我国省际面板数据的实证分析》，《经济学》（季刊）2016 年第 4 期。

② 李政、杨思莹：《我国地区研发效率的演变和收敛性特征——基于随机前沿方法的分析》，《华东经济管理》2014 年第 9 期。

③ 李政、杨思莹：《十年创新型国家建设：成就、经验与问题》，《学习与探索》2017 年第 1 期。

④ 洪银兴：《论创新驱动经济发展战略》，《经济学家》2013 年第 1 期。

性技术研发滞后的矛盾以及多种混合所有制竞争与内资企业创新发展滞后与动力不足的矛盾，等等。[1]

二 政府行为影响创新驱动发展研究

实现创新驱动发展，必须为科技创新构建良好的生态系统，提高区域创新效率和创新质量。区域创新系统是国家创新系统的重要组成部分，而政府是区域创新系统建设的主导者，政府支持是区域创新系统高效运转的重要保证。[2] 然而，当前研究对政府行为对创新活动的影响效果仍然存在分歧。一些研究指出，政府制定创新政策、支持和参与创新活动对创新活动的开展具有重要的促进作用。这些研究多认为，市场机制存在内在缺陷，要求政府参与创新活动，弥补市场在配置创新资源方面的失灵。如余泳泽（2009）发现，政府政策支持对高技术产业创新效率具有显著的正向影响；[3] Hong 等（2016）、Greco 等（2017）指出，政府主持并参与基础知识与共性技术研发，为企业开展商业性、实用性研发活动创造了良好的知识环境，有利于提升区域创新效率。[4] 由于市场机制难以解决科技创新产出的外部性问题，导致企业乃至于整个产业和区域都难以达到科技创新的最优投入规模，政府支持有利于激励微观主体加大创新投入力度，提高创新活动的规模效率。补贴是政府将企业等创新主体

① 魏江、李拓宇、赵雨菡：《创新驱动发展的总体格局、现实困境与政策走向》，《中国软科学》2015 年第 5 期。

② 李政、杨思莹、路京京：《政府参与能否提升区域创新效率?》，《经济评论》2018 年第 6 期。

③ 余泳泽：《我国高技术产业技术创新效率及其影响因素研究——基于价值链视角下的两阶段分析》，《经济科学》2009 年第 4 期。

④ Hong J. , Feng B. , Wu Y. , Wang L. , "Do government grants promote innovation efficiency in China's high-tech industries?", *Technovation*, Vol. 57, 2016, pp. 4 – 13. ; Greco M. , Grimaldi M. , Cricelli L. , "Hitting the nail on the head: exploring the relationship between public subsidies and open innovation efficiency", *Technological Forecasting and Social Change*, Vol. 118, 2017, pp. 213 – 225.

创新活动外部性内部化的重要方式，政府补贴对企业科技创新的促进作用多通过激励企业加强技术研发而产生。[1] 企业研发活动和效率提升的外部性特征以及市场机制在解决外部性问题上的天然弱势导致企业在转型过程中对政府力量具有内在依赖性。政府补贴可以很好地弥补市场机制不足，通过构建一种"市场机制＋政府"的双轨制资源配置模式，多维度解决企业发展所面临的外部性问题。通过一系列制度安排和资金补贴，将企业创新等生产经营活动外部性内部化，有效弥补市场机制短板，提高企业研发激励；[2] 尤其是创新补贴能够激励企业加大研发投入，提高创新能力和水平，进而有利于企业全要素生产率提升。[3] 此外，政府补贴有利于缓解企业融资约束，推动企业规模扩张，提高企业发展的规模效率，并促进企业资本深化，对企业研发和创新活动产生积极影响。[4] 如任曙明、吕镯（2014）认为，致力于促进企业创新发展、提高企业经营绩效的政府补贴有利于缓解企业发展所面临的融资约束，促进企业创新活动的规模效率提升，提高了企业研发和创新水平。[5]

也有研究认为，政府创新政策或者政府支持创新活动对创新活动的促进作用有限，甚至抑制了创新活动开展。如 Patanakul 和 Pinto（2014）、Wang 等（2017）研究发现，腐败或政治关联等因素会影

---

① Wieser R., "Research and development productivity and spillovers: empirical evidence at the firm level", *Journal of Economic Survey*, Vol. 19, No. 4, 2005, pp. 587 – 621.

② Kleer R., "Government R&D subsidies as a signal for private investors", *Research Policy*, Vol. 39, 2010, pp. 1361 – 1374.

③ Skuras D., Tsekouras K., Dimara E., Tzelepi D., "The effects of regional capital subsidies on productivity growth: a case study of the greek food and beverage manufacturing industry", *Journal of Regional Science*, Vol. 46, No. 2, 2006, pp. 355 – 381; Carboni O. A., "R&D subsidies and private R&D expenditures: evidence from Italian manufacturing data", International Review of Applied Economics, Vol. 25, No. 4, 2011, pp. 419 – 439.

④ Bernini C., Cerqua A., Pellegrini G., "Public subsidies, TFP and efficiency: A tale of complex relationships", *Research Policy*, Vol. 46, 2017, pp. 751 – 767.

⑤ 任曙明、吕镯：《融资约束、政府补贴与全要素生产率——来自中国装备制造企业的实证研究》，《管理世界》2014 年第 11 期。

响政府参与创新行为，政府政策虽然能够对创新产生一定的积极影响，但是也会破坏正常的市场竞争规则，导致官僚体制和政府过度干预，不利于创新活动的有效开展。例如，在受补贴主体选择的过程中，具有政治关联的企业往往更容易获得政府补贴，而真正具有创新能力、需要政府补贴的创新主体却难以得到政府补贴，导致政府科技资源错配，抑制了企业创新激励，甚至导致区域创新效率损失。[1] 肖文、林高榜（2014）认为，由于政府补贴的公有产权性质和监督机制缺失、政府补贴行为初衷与企业创新偏好不一致、政府官员知识与信息局限、政府政策时滞、腐败行为扭曲政府补贴行为等原因，政府支持不但没能有利于企业创新活动的开展，反而抑制企业创新激励或创新效率，导致区域创新效率损失。[2] Howell（2017）研究表明，政府补贴对高技术产业和低技术产业部门企业技术进步均产生了负面影响。[3] 刘伟江、吕镯（2017）实证分析发现，受补贴企业全要素生产率普遍低于非补贴企业。[4] 之所以政府补贴未能提升企业全要素生产率，原因也是多方面的。如由于政府与企业研发偏好不一致[5]、企业申请资助时的有效信息隐藏和虚假信号传递等信息不对称因素[6]、政府补贴的公有产权属性以及跟踪评估与监督

---

[1] Patanakul P. , Pinto J. K. , "Examining the roles of government policy on innovation", *Journal of High Technology Management Research*, Vol. 25, 2014, pp. 97 – 107; Wang Y. , Li J. , Furman J. L. , "Firm performance and state innovation funding: Evidence from China's Innofund program", *Research Policy*, Vol. 46, No. 2, 2017, pp. 1142 – 1161.

[2] 肖文、林高榜:《政府支持、研发管理与技术创新效率——基于中国工业行业的实证分析》,《管理世界》2014 年第 4 期。

[3] Howell A. , "Picking 'winners' in China: do subsidies matter for indigenous innovation and firm productivity?", *China Economic Review*, Vol. 44, pp. 154 – 165.

[4] 刘伟江、吕镯:《补贴与全要素生产率——来自中国装备制造企业的实证研究》,《中南大学学报》(社会科学版) 2017 年第 4 期。

[5] 肖文、林高榜:《政府支持、研发管理与技术创新效率——基于中国工业行业的实证分析》,《管理世界》2014 年第 4 期。

[6] 安同良、周绍东、皮建才:《R&D 补贴对中国企业自主创新的激励效应》,《经济研究》2009 年第 10 期。

机制缺失①、寻租和腐败对政府补贴行为和企业研发决策的扭曲作用②等原因，政府补贴非但没能够激励企业加强研发创新，反而会对企业研发投资产生挤出效应，③或使企业形成政策依赖，抑制企业创新和全要素生产率提升。④如陈艳莹、王二龙（2013）研究发现，正规要素市场扭曲加剧了生产性服务企业对政府关系的依赖，使得企业过于依赖政府关系获取生产要素，从而导致企业经营目标短期化，抑制其全要素生产率提升。⑤

此外，也有研究认为，政府创新政策和政府支持对创新活动的影响是有条件的，这些条件多作为门槛变量、调节变量或者中介变量引入实证分析中，以证明政府支持对创新活动影响的复杂性。例如，杨洋等（2015）研究发现，政府补贴效果与被补贴企业所有权性质、要素市场运行等相关，政府对民营企业以及要素市场扭曲程度较低地区的企业予以补贴效果更加显著。⑥毛其淋和许家云（2015）研究发现，政府补贴效果受其补贴额度的影响，适度的补贴能够激励企业开展创新活动，而过高的补贴则会抑制企业创新。⑦徐保昌、谢建国（2016）认为，高质量的政府会提高政府补贴对企业全要素生产率的促进作用，而当政府质量较低时，补贴不利于企业

---

① 余泳泽：《创新要素集聚、政府支持与科技创新效率——基于省域数据的空间面板计量分析》，《经济评论》2011 年第 2 期。

② 肖文、林高榜：《政府支持、研发管理与技术创新效率——基于中国工业行业的实证分析》，《管理世界》2014 年第 4 期。

③ Acemoglu D., Akcigit U., Bloom N., Kerr W. R., *Innovation, reallocation and growth*, NBER Working Paper, No. w18993, 2013.

④ 闫志俊、于津平：《政府补贴与企业全要素生产率——基于新兴产业和传统制造业的对比分析》，《产业经济研究》2017 年第 1 期。

⑤ 陈艳莹、王二龙：《要素市场扭曲、双重抑制与中国生产性服务业全要素生产率：基于中介效应模型的实证研究》，《南开经济研究》2013 年第 5 期。

⑥ 杨洋、魏江、罗来军：《谁在利用政府补贴进行创新？——所有制和要素市场扭曲的联合调节效应》，《管理世界》2015 年第 1 期。

⑦ 毛其淋、许家云：《政府补贴对企业新产品创新的影响——基于补贴强度"适度区间"的视角》，《中国工业经济》2015 年第 6 期。

全要素生产率提升。① Moffat（2014）、Criscuolo 等（2016）研究发现，政府补贴对中高技术产业中企业全要素生产率的影响并不显著，对中低技术产业中企业全要素生产率会产生负面影响。② 李骏等（2017）实证结果表明，政府补助对国有企业全要素生产率影响并不显著，而会对非国有企业全要素生产率产生正面影响。③ 综上分析可见，以往研究对于创新活动中的政府行为与职能仍旧存在争议。厘清上述争议，对中国政府职能的有效发挥和创新驱动发展战略的深入实施具有重要的现实意义。

三　政府推动创新驱动发展的政策建议研究

国内对实现创新驱动发展的政策建议大多沿用以往思维模式，将重点放在政府主导型的政策改变上。这些传统建议多集中于以下五个方面。第一，重视创新人才的投入和培养，激发人的创造性。推动中国经济实现创新驱动发展，加快经济发展方式转型，必须依赖人。人是创新活动得以顺利开展最基本的要素，实施创新驱动发展战略，必须要靠具有创新精神和科学精神的人。因此，壮大人才规模，提高人口素质，是中国实施创新驱动发展战略的根本和前提。④ 应当在推动教育体制改革、提高教育发展质量的同时，制定良好的激励与约束机制，激发和保护企业家精神，激励人才创新。⑤ 第

---

① 徐保昌、谢建国：《政府质量、政府补贴与企业全要素生产率》，《经济评论》2015 年第 4 期。

② Moffat J. , "Regional selective assistance in Scotland: does it make a difference to plant productivity?", *Urban Studies*, Vol. 51, No. 12, 2014, pp. 2555 – 2571; Criscuolo C. , Martin R. , Overman H. , Van Reenen J. , "The causal effects of an industrial policy", CEP Discussion Paper, No. 1113, 2016.

③ 李骏、刘洪伟、万君宝：《产业政策对全要素生产率的影响研究——基于竞争性与公平性视角》，《产业经济研究》2017 年第 4 期。

④ 杨璐瑶、张向前：《我国"十三五"适应创新驱动的科技人才发展机制的制度分析》，《科技管理研究》2016 年第 7 期。

⑤ 李政：《新时代企业家精神：内涵、作用与激发保护策略》，《社会科学辑刊》2019 年第 1 期。

二，实现创新驱动发展要求有完善的经济与科技制度作为保障，包括创新驱动发展的顶层设计与微观经济制度，如宏观层面的产权制度、微观层面的科研工作者激励制度等。① 第三，转变对外开放方式。在更广领域实施对外开放战略，充分利用国外创新资源，走开放式创新发展道路。如建设中国高端创新人才集聚的"新型特区"；改变依国籍界定"自主创新"的倾向，在开放条件下，引进国外智力和人才创新，甚至引进外国人才为我创新，同样属于自主创新。② 第四，转变经济发展方式，要为产业结构转型寻求新的突破口，提升传统产业创新能力和技术水平。实施创新驱动发展战略，加快经济结构转型升级，这不仅要重视高新技术产业的创新发展，还要充分发挥传统产业的创新优势。一些传统产业实现创新驱动发展具有一定的产业基础，应当对于传统产业予以适当的技术指导与政策支持，引导传统产业实现技术改造与设备更新。③ 第五，促进企业科技创新，提升企业创新能力。通过补贴等政策措施充分调动企业研发的积极性，提高企业创新能力。④

以往研究普遍认识到，创新是经济概念而不仅仅是技术概念；创新有多种形式，因而单纯从技术本身去研究创新和创新驱动发展问题是不够的。创新的本质是知识的创造及其商业化。创新往往和技术进步有关，但又不完全依赖于技术。高科技会带来一些创新的机会，但更多的创新发生在已有技术的组合上。创新不仅是一个科研经费投入的问题，还是一个生态系统问题。制度创新解决的是科技创新、管理创新的动力问题，因此更具有根本的意义。研究创新

---

① 黄宁燕、王培德：《实施创新驱动发展战略的制度设计思考》，《中国软科学》2013 年第 4 期。

② 刘志彪：《从后发到先发：关于实施创新驱动战略的理论思考》，《产业经济研究》2011 年第 4 期。

③ 李政、杨思莹：《科技创新、产业升级与经济增长：互动机理与实证检验》，《吉林大学社会科学学报》2017 年第 3 期。

④ 洪银兴：《科技创新与创新型经济》，《管理世界》2011 年第 7 期；吕薇：《营造环境 转变方式 推进创新驱动战略实施》，《国家行政学院学报》2013 年第 6 期。

驱动发展问题应该更多地关注制度与创新生态系统问题，从知识创造和知识的商业化所需条件和环境等方面着手。

总体上看，以深化科技创新体制机制改革、营造创新的制度与政策环境促进创新驱动发展成为国内学者共识，这无疑是正确的结论。但仅此是不够的，实施创新驱动发展战略是一个系统工程，[①] 而政府是这一系统工程的重要参与者，甚至在某些方面、某些领域应当担负起主导者的角色。虽然以往一些文献关注了政府行为、政府职能在创新体系、创新环境中的重要作用，但几乎没有从理论与实证角度进行全面研究，也没有从创新经济理论出发进行深入的学理探讨。

四 对现有文献的评价

综上可见，现有理论与文献对创新驱动发展中的政府职能与行为效果仍有分歧。那么为什么会存在上述分歧？如何客观评价政府支持创新活动的效果？当前中国情境下政府支持创新活动效果如何？什么方式和程度的政府支持才能达到最优效果？对于上述问题，以往理论与文献并未给出一致的、有说服力的解释，主要体现在以下三个方面。

第一，对于政府是否应当参与创新活动，或者政府创新政策的有效性问题，以往文献可以总结出截然相反的两种观点，并且均给出了一定的理论解释。而以往研究对于政府参与区域创新活动的方式方法研究过于模糊，没能对政府不同参与方式给予细致的分类解析，并且没有能够给出合理有效的机制探讨。对于政府在创新系统中的职能，以往文献仅给出了一个总体的宏观解释，而没能细分不同政府角色与职能及其对创新活动的影响机制。探索政府参与创新活动效果，不能仅仅停留在"是否应当参与""参与是否有效"的问题表面，而应当进一步深究"为什么政府参与无效""如何参与有

---

① 　洪银兴：《论创新驱动经济发展战略》，《经济学家》2013 年第 1 期。

效"的问题。

第二，以往研究尚未关注到官员激励对区域创新活动的影响，而考察政府参与区域创新活动的效果绝不能避开官员激励这一驱动政府行为的关键因素。以寻租激励为例，在经济学视阈中，政府官员同样是理性经济人，追求自身利益最大化，在现行激励机制下，当个人利益与公共利益发生冲突时，一些官员可能会利用自身权力谋求非法私利，导致公共权力的非公使用，从而影响政府治理效率及其在区域创新系统运行中作用的发挥。由此可见，官员激励直接决定了政府参与创新活动的质量、效率与水平。考察官员激励，是理解政府参与创新活动效果的重要窗口。另外，官员激励直接决定政府创新偏好，即政府科技支出规模，从而影响创新效率。但是当前文献对这一传导路径存在与否尚缺乏深入探究。研究官员激励如何影响政府创新决策，进而探究其对创新效率的影响，对于创新驱动发展背景下地方官员创新激励机制设计尤为重要。

第三，从研究视角来看，对于政府参与创新活动效果的评价，既不能过于宏观、一概而论，也不能过于微观，忽视政府参与创新活动的目标是追求创新活动的社会收益，而非某个企业的短期收益问题。应当坚持多角度考察，综合判断。一般来讲，政府参与区域创新活动，在很大程度上是为了最大化企业创新的社会受益。而微观层面"割裂式"的研究方法明显缺乏系统性思维，忽视了企业仅仅是区域创新系统中的微观主体，不同企业间创新活动往往存在显著的关联效应与溢出效应。基于微观角度考察政府行为对创新效率的影响，明显忽视了企业间的知识与技术关联效应。此外，政府所关注的是其创新补贴所产生的社会总效益以及其对经济社会发展的、长远的战略性影响，而非单个企业短期的经济效益。政府补贴对于单个企业来说可能会产生一定的效率损失，但由于溢出效应或带动效应的存在，补贴对整个区域创新系统而言可能会产生"1 + 1 > 2"的整体效果。因此，不能忽视政府创新补贴的目标或初衷而将区域创新系统简单地割裂成多个互不相关的企业来考察政府补贴行为的效果。同时，宏观层面的研究虽然可以考察政府参与创新活动的整体效果，但其忽视了更为微观层面创新主体创新活动的异质性问题，如基于省级层面的研究忽视了省内各城市创新活动的异质性问题，而基于城市层面的创新活动也会忽视企业创新活动的异质性问题。因此，对政府参与创新活动效果的评估应当多角度展开分析，综合探讨政府参与创新活动的效率问题。

　　基于上述考虑，本书从宏观、中观与微观三个层面展开研究，多角度判断政府参与创新活动的效果，并且将官员激励纳入政府支持创新活动效果的考察范围，研究结论具有更强的理论意义与实践意义。

第 三 章

创新驱动发展中的政府
角色与职能定位

第一节　创新驱动发展中的政府行为效果之争

一　政府支持有效论

以往研究多依据凯恩斯主义经济学相关理论来支持"政府支持有效"假说。在凯恩斯经济学理论框架下，市场机制存在内在缺陷，无法有效解决外部性问题。科技创新成果具有外部性大、风险性高和流动性强等特征，这些特征会抑制企业创新偏好，使得企业难以达到最优创新规模，导致创新活动的规模效率损失。从宏观角度来看，企业之间的搭便车行为和创新决策时的博弈导致整个社会创新投入难以达到最优规模。如林毅夫（2017）认为，在没有外部激励的条件下，理性的企业家很难做出探索新技术的决策。① 这种创新惰性的"传染"抑制了区域创新活动的规模效率提升。因此，解决创新成果的外部性及其导致的企业创新惰性问题，弥补市场机制在创新资源配置领域的失灵，需要政府适度参与创新活动，将创新成果

---

① 林毅夫：《新结构经济学的理论基础和发展方向》，《经济评论》2017 年第 3 期。

的外部性内部化，从而使企业乃至于区域创新活动达到最优规模。

科技创新需要良好的创新生态系统，区域创新生态系统并非随着经济增长而自发形成，需要政府参与建设甚至发挥主导作用。如政府为创新主体开展创新活动提供制度供给、公共服务、基础设施环境以及基础知识供给，保障科技创新活动的顺利开展。一方面，科技创新需要与之匹配的软硬基础设施环境，如法制环境、基础知识与技术环境以及道路交通等，以减少企业创新过程中所面临的各种制度摩擦、信息不对称、基础设施障碍以及由此产生的交易成本，提高创新活动的投入产出比率。交通等基础设施建设、信息化建设可以打破创新要素流动约束，在促进创新要素自由流动、进而提升创新资源配置效率的同时，也会加速知识与技术传播，降低创新活动的信息不对称及其产生的时间成本和经济成本，提高创新活动效率。政府推动区域内信息化建设，还可以打破科技市场上信息不对称，为科技成果转化和创新产出迅速商业化提供良好的信息平台，可以减少重复研发，起到分担风险、降低成本的作用，以此提高区域创新效率。此外，政府支持高校、科研机构等基础研究部门和机构开展基础研究与共性技术研发，能够为企业开展科技创新活动提供良好的基础知识与技术环境。一般来讲，基础研究与共性技术具有外部性强、流动性高、风险大、直接经济效益小和前期投入高等特征，这些特征使得企业缺乏基础研究与共性技术开发的投入动力，需要政府弥补这一领域的研发资金缺口，为企业开展创新活动提供良好的基础知识供给，进而提升企业创新效率。①

另一方面，市场优胜劣汰的淘汰机制与创新活动的高风险、高外部性特征不相容，需要政府参与构建一种更为亲和、宽容的市场运行机制和框架，将容错补偿机制、企业家权益保障机制、创新成果的外部性补偿机制嵌入市场机制运行框架中，并将市场运行内置

---

① 李政、杨思莹：《创新活动中的政府支持悖论：理论分析与实证检验》，《经济科学》2018 年第 2 期。

于政府宏观经济引导与监管的体制框架下，构建一种"市场机制＋"复合型创新资源配置模式，弥补单一的市场机制资源配置模式的缺陷，保障企业家和科技工作者具有公平参与创新活动以及公平获得创新成果收益的权利。在这样一种复合型资源配置模式下，创新资源能够得到更为合理的配置，有利于提升创新活动效率。

二　政府支持无效论

从上述意义来看，政府对创新活动的支持非但理所当然而且不可或缺，政府支持是提高创新效率的重要保障。然而，一些研究认为，政府支持非但没能促进创新效率提升，反而导致创新效率损失。这一结论建立在以信息不对称理论、委托代理理论、挤出理论等为基础的理论框架下。[1] 如有学者指出，政府补贴过程中存在的企业事前逆向选择和事后道德风险会削弱政府补贴的作用。[2] Zhang（1997）、肖文和林高榜（2014）指出，政府科技投入的公有产权性质会产生委托代理问题，由于缺乏有效的监督管理和跟踪评价机制，政府科技投入往往难以达到理想效果。[3] 政府补贴资金使用低效率的一个原因是过度购买，即创新主体抱着"有比没有强"的消极心态获取和使用政府创新支出，即便政府补贴使得企业乃至区域科技创新接近甚至达到最优规模，但也难以获得与创新投入相匹配的产出水平。[4] 因此，政府支持往往导致创新规模的提升和创新效率的走

① 曾萍、邬绮虹：《政府支持与企业创新：研究述评与未来展望》，《研究与发展管理》2014 年第 2 期。

② 陆国庆、王舟、张春宇：《中国战略性新兴产业政府创新补贴的绩效研究》，《经济研究》2014 年第 7 期。

③ Zhang W. ，"Decision rights，residual claim and performance：a theory of how the Chinese state enterprise reform works"，*China Economic Review*，Vol. 8，1997，pp. 67 - 82. ；肖文、林高榜：《政府支持、研发管理与技术创新效率——基于中国工业行业的实证分析》，《管理世界》2014 年第 4 期。

④ 唐书林、肖振红、苑婧婷：《上市公司自主创新的国家激励扭曲之困——是政府补贴还是税收递延？》，《科学学研究》2016 年第 5 期。

低。此外，政府支持私人研发会导致一种激励扭曲，[1] 对创新主体创新投入产生一种挤出效应，[2] 即政府支持对企业或区域创新规模的提升作用有限，对创新活动的规模效率影响并不显著。[3] 此外，政府与创新主体动机不一致性也会抑制政府支持效果。如余泳泽（2009）认为，政府支持区域创新活动的目的是追求科技创新所产生的社会效益，而非经济效益；[4] 肖文和林高榜（2014）认为，政府支持更倾向于具有长远价值和对区域发展具有战略性影响的研发活动中，这些投入在短期内很难取得创新成果和收益，从而表现为政府支持的短期低效率。[5]

财政支出是政府参与创新活动的基本手段，而财政支出很容易受寻租行为影响。企业通过寻租获得政府补贴会对创新效率产生抑制作用。[6] 一方面，寻租直接挤出企业创新投入，企业将原本用于研发的支出用来行贿政府官员以获得政府补贴，直接提升企业创新成本，导致创新的规模效率损失；寻租改变了企业间原有的竞争机制，即由价格竞争、创新竞争转变为租金竞争，扭曲企业投资行为，抑制企业创新偏好。另一方面，寻租极易扭曲政府支出行为，导致创新效率低的企业通过寻租获得更多补贴而创新效率较高的企业难以获得政府补贴的困境，即寻租导致政府创新资源错配，降低创新

[1]　Acemoglu D., Akcigit U., Bloom N., Kerr W. R., *Innovation, reallocation and growth*, NBER Working Paper, No. w18993, 2013.

[2]　David P. A., Hall B. H., Toole A. A., "Is public R&D a complement or substitute for private R&D? a review of the econometric evidence", *Research Policy*, Vol. 29, 2000, pp. 497 – 529.

[3]　郭研、郭迪、姜坤：《市场失灵、政府干预与创新激励——对科技型中小企业创新基金的实证检验》，《经济科学》2016 年第 3 期。

[4]　余泳泽：《我国高技术产业技术创新效率及其影响因素研究——基于价值链视角下的两阶段分析》，《经济科学》2009 年第 4 期。

[5]　肖文、林高榜：《政府支持、研发管理与技术创新效率——基于中国工业行业的实证分析》，《管理世界》2014 年第 4 期。

[6]　Bardhan P., "Corruption and development: a review of issues", *Journal of Economic Literature*, Vol. 35, 1997, pp. 1320 – 1346.

效率。

此外，政府战略也并非一定会带来创新效率的提升。首先，政府一些战略的科学性仍有待商榷。即便政府在经济系统中具有绝对的信息优势，能够快速地处理各种经济信号，但是受限于自身知识局限、信息甄别能力和处理信息的准确性等因素影响，政府官员很难站在科技发展前沿和生产一线管理者的角度做出决策，其战略制定和执行效果也往往会因政府内部和外部因素而导致创新战略运行效率损失，影响创新活动效率。如余东华和吕逸楠（2015）认为，政府战略会刺激市场主体预期，引发投资潮涌，出现体制性产能过剩与资源浪费。① 国家在某些战略性新兴产业的激励政策导致产业产能过剩，用于产业规模扩张的投资会直接挤出产业创新投资，导致产业创新的规模效率损失。此外，政府政策的时滞效应是抑制政府支持创新活动效果的重要因素。受体制机制等因素影响，政府决策会出现内部时滞与外部时滞，即政府战略的制定和执行都会受限于其自身行政效率、专业知识局限等因素而出现严重滞后于市场的问题。②

三 政府支持悖论的形成与分析

综上分析可见，市场机制的内在缺陷和创新成果外部性等特征需要政府积极参与创新活动，并且由于创新对经济增长具有长期推动作用，致力于促进经济增长的地方政府天然具有创新激励，并努力弥补市场机制不足，提升创新效率。然而，也有文献指出，政府支持并未能够有效促进创新效率提升，甚至导致创新效率损失，这就形成了创新活动中的"政府支持悖论"，如图3—1所示。那么为什么天然具有创新激励的政府没能够有效促进创新效率提升？本章

---

① 余东华、吕逸楠：《政府不当干预与战略性新兴产业产能过剩——以中国光伏产业为例》，《中国工业经济》2015年第10期。

② 冯宗宪、王青、侯晓辉：《政府投入、市场化程度与中国工业企业的技术创新效率》，《数量经济技术经济研究》2011年第4期。

认为，主要有以下三个方面的原因。

第一，由于研究情境发生变化，样本所处的宏观经济环境、政府能力强弱、政府质量高低、国家或地区发展导向甚至实证方法的选择、研究样本性质等差异，都会得出不同甚至相反的结论。例如，在实证分析过程中，诸多混淆因素会影响政府支持与区域创新之间的关系，不同研究方法对剔除这些混淆因素影响的有效性不同，因此得出的结论也不同。再如，不同政府质量、不同发展阶段、不同战略导向或者不同政府支持程度下，政府对创新活动的支持效果也可能存在着一定差异。因此，应当多角度探讨不同情境下政府支持对创新效率的影响。

第二，研究视角不同。微观与宏观角度的研究结论有一定的差异：微观层面的研究容易低估政府参与创新活动效果，甚至得出政府参与无效的结论。如一些文献从微观角度研究政府支持对企业创新活动的影响，得出政府支持挤出了私人研发投资，[1] 并且政府创新资助缺乏有效监督与跟踪评价机制，导致创新效率损失（余泳泽，2009）。[2] 但是，基于企业层面的微观研究将区域创新系统分割成互不相关的个体，这种割裂式的研究方法容易低估政府支持创新活动的效果；而宏观层面的研究也容易忽视微观企业创新活动的异质性问题。因此，应当多角度评价政府参与创新活动效果。

第三，忽视了影响政府行为的关键因素，即政府官员及其面临的激励与约束机制。如前所述，官员是驱动政府行为的关键因素，政府官员所面临的经济利益与政治利益会直接作用于官员行为，并影响政府支出结构与支出效率。因此，考察政府参与和支持创新活动效果，不能忽视官员激励这一影响政府行为的关键因素。

---

① Acemoglu D., Akcigit U., Bloom N., Kerr W. R., *Innovation, reallocation and growth*, NBER Working Paper, No. w18993, 2013.

② 余泳泽：《我国高技术产业技术创新效率及其影响因素研究——基于价值链视角下的两阶段分析》，《经济科学》2009 年第 4 期。

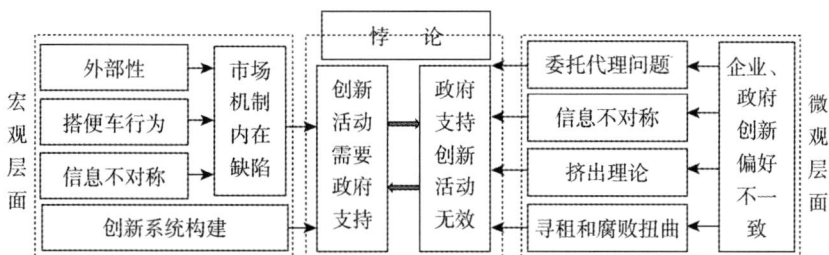

图 3—1　创新活动中的政府支持悖论

第二节　主要发达国家政府支持创新发展的实践经验

一　美国

美国一直以来是市场经济和自主主义的倡导者，反对国家干预与创新政策，指责中国等发展中国家在科技领域对本国弱势产业的扶持。但是就其行动而言，美国却是对创新活动干预最多的国家。[①]并非像市场失灵理论所主张的，政府干预或政府支持仅仅局限在基础研究等外部性强的领域；美国政府干预早已越过基础研究领域，深入到了应用研究和科技成果商业化等生产领域中。[②] 20 世纪 60 年代以前，肯尼迪政府认识到政府在科技创新中应当起到直接作用，并提出了一系列推动创新的行动计划。20 世纪 70 年代以来，随着石油危机、生产率下降等经济问题的逐渐凸显，美国政府进一步认识到国家在科技创新中的重要作用，逐渐开始实施了各类创新政策，

---

① Mazzucato M., *The entrepreneurial state：debunking public vs. private sector myths*, London：Anthem Press，2013；贾根良：《开创大变革时代国家经济作用大讨论的新纲领——评马祖卡托的〈企业家型国家：破除公共与私人部门的神话〉》，《政治经济学报》2017 年第 1 期。

② 贾根良：《开创大变革时代国家经济作用大讨论的新纲领——评马祖卡托的〈企业家型国家：破除公共与私人部门的神话〉》，《政治经济学报》2017 年第 1 期。

企业家型政府逐渐树立起来。如《国家1979技术创新法》的通过使得联邦政府资助技术创新行为得到了法律认可，而此时的国家资助还基本停留在对基础研究的资助层面，主要资助对象是大学和公共部门的基础研究。

随后，科技创新逐渐成为经济增长和社会发展的重要驱动力，并且成为国家竞争力的重要表现，美国政府开始对基础研究领域以外的应用型研究进行资助，并推动研究成果产业化。如美国国防部高级研究计划局（DARPA）每年使用超过30亿美元的预算资助科技创新活动，其目的在于进一步促进基础研究与军事应用技术融合发展。此外，DARPA还对计算机科学部门以及初创企业提供资助，促进新技术的研发与应用。[1] 小企业创新研究计划（SBIR）是美国资助企业研发的另一政府项目，代替国家科学基金等政府部门执行风险资本投资的职能，并且这一项目的作用在逐渐增强。此外，美国政府还设立了能源部高级研究计划局和国家卫生研究院（NIH）、国家纳米技术计划（NNI）等部门或行动计划，积极干预应用领域的科技创新与技术研发。

此外，美国还特别重视制度创新，推动美国科技成果产业化。如美国强调科技创新中的各个环节都需要政府支持，强调制度创新的重要意义。20世纪90年代，为了推动商用技术发展，美国进行了一系列旨在强化联邦政府资助研发项目成果商业化职能的制度设计，制定了诸如贝荷—道尔法、史蒂文森—怀德勒技术创新法、国家合作研究法等法律，大大促进了美国技术商业化发展。[2] 在此基础上，美国政府主导构建了一套完善的国家创新体系，支持国家科技创新发展。政府支持高校、科研机构研发，为商业研发提供基础知识供

---

① 史冬波：《企业家型国家：国家在促进创新中的新角色？——评 The Entrepreneurial State：Debunking Public vs Private Sector Myths》，《公共管理评论》2014年第1期。

② 陈劲、柳卸林：《自主创新与国家强盛——建设中国特色的创新型国家中的若干问题与对策研究》，科学出版社2008年版。

给与人才储备；以资助的形式鼓励企业开展应用技术研发创新，推动科技成果商业化、产业化。此外，完善的制度建设能够保障科技工作者、创新主体创新活动的合法权益不受侵害，完善的资本市场以及政府强有力的资助破解了企业等创新主体创新活动的资本约束，推动了创新主体创新水平的提升。

二　日本

当前，日本是亚洲创新强国，其创新发展历程也离不开政府推动。早在明治政府时期，日本便开始努力发展本国科技，其主要手段是引进西方技术，包括成立工部省，实施"殖产兴业"计划，引进西方技术、工艺与设备，聘请国外科技人员、工程师，并且大量引进西方科技著作、情报资料，等等。此外，向欧美等西方先进国家派遣留学生也是日本政府促进本国产业创新发展的重要举措。可以说，这一时期日本政府推动科技创新发展的举措成为一国开放型创新发展模式的重要典范，至今仍具有一定的借鉴意义。

"二战"以后，日本政府逐渐转变经济发展思路，最终确立了"科技创新立国"的发展思路和模式。从"二战"初期的"吸收型""模仿型"科技发展模式，到建成创新型强国，日本政府在每一个特定时期都制定了不同的创新政策，引领创新模式，使得国家在每个阶段都选择了适合本国国情的创新发展道路。[①] 如在"二战"后初期，日本百废待兴，科技发展基础较为薄弱，此时，日本政府选择了以模仿、追赶为主导的创新模式，帮助国内企业有目的性地从美国等西方先进国家引进所需技术，模仿国外先进发明与技术；并引导企业在技术引进的基础上进一步开展科技研发与创新，以实现技术赶超。在扶持领域方面，不同时期日本政府的扶持政策也各有侧

---

① 陈劲、柳卸林：《自主创新与国家强盛——建设中国特色的创新型国家中的若干问题与对策研究》，科学出版社 2008 年版。

重，如最初侧重于扶持资本密集型重化工业，而在 20 世纪 50 年代以后，造船、钢铁、石油化工产业以及家用电器产业成为扶持的重点。

20 世纪 60 年代，日本政府在技术引进的基础上，开始引导知识密集型产业发展，并且侧重对技术研发和创新的支持，注重在借鉴国外创新成果的基础上扬长补短，进行再开发。由此，日本以低廉的成本使本国科技发展水平大幅提高，大约在 20 世纪 70 年代，日本完成了对欧美等西方主要发达国家的追赶，在钢铁、汽车等工业领域，其科技发展已经处于世界先进水平。随后，20 世纪 80 年代，已经具备独立研发创新能力的日本逐渐转变创新模式，开始向自主创新模式转变，突出面向市场需求和市场竞争的科技研发与创新。20 世纪 90 年代，日本政府提出了"科技创新立国"的基本国策，颁布了《科学技术基本法》；为了推进以独创性为主的"前瞻型"创新模式，将知识产权作为企业、产业乃至于国家发展和竞争力提升的重要源泉，日本政府再一次提出了"知识产权立国"的国家战略，为国内创新发展构建了良好的战略环境与宏观制度环境。

三　韩国

同样作为东亚科技强国，在科技发展过程中，韩国政府有着与日本政府类似的特征，如在创新发展战略引导、创新模式选择等方面，韩国政府都扮演着重要角色。同时，韩国政府对创新制度的构建使得本国科技发展在一个相对稳定的法制环境中进行，保障了韩国科技事业的快速发展。

20 世纪 60 年代初，韩国经济发展缓慢，科技发展水平较低。朴正熙政府与企业财团相互配合，使得政府产业政策得以高效实施，促进了产业发展与创新。此时的韩国政府居于绝对主导地位，虽然采取私有化制度，但是政府与市场力量相互融合，政府在某些领域甚至代替了市场，成为企业活动的重要约束力量。① 此时韩国产业发展的突出特征是权威政府引导下的政企密切关联、共同推动产业发展。也正是在这一时期，韩国政府开始着手构建国家宏观科学技术管理体系。② 例如，1966 年韩国第一个综合产业研究机构——韩国科学技术研究院成立，次年又将原隶属于经济企划院的技术局设为独立的"科学技术处"。相对于其他发展中国家，韩国是较早设立科学技术事务管理机构的国家。

韩国创新型国家建设的一个突出特色是以政策和立法驱动国家创新水平提升。③ 如早在 1960 年，韩国就制定了《技术引进促进法》，保障企业开放式创新活动的开展。此后，韩国政府又颁布了《科学技术振兴法》《技术开发促进法》等法律法规，为韩国科技进步与自主研发创新提供了良好的法制环境，保障了创新主体的合法权益，提高了创新主体参与创新活动的积极性和主动性。

此外，作为创新活动的重要参与者，韩国政府尝试以国家力量熨平经济波动带来的创新投入的周期性波动。例如，2008 年国际金融危机使得 20% 的私有企业减少研发支出，为了降低私有企业研发支出减少对国家创新水平的影响，2009 年韩国政府将研发支持上调 11.4%，同时对研发创新、技术转让等与科技创新相关的活动减税，鼓励企业加大研发支出，促进科技成果转化。④ 为了弥补基础研究不足的弱势，韩国政府还加大了对基础研究的扶持力度，协调企业、高校与科研机构的资金需求与技术需求。如 2012 年韩国政府将 50% 的研发预算投入到基础研究领域，广泛联合高校部门、公共研究机

① 蒋绚：《制度、政策与创新体系建构：韩国政府主导型发展模式与启示》，《公共行政评论》2017 年第 12 期。

② 陈劲、柳卸林：《自主创新与国家强盛——建设中国特色的创新型国家中的若干问题与对策研究》，科学出版社 2008 年版。

③ 陈劲、柳卸林：《自主创新与国家强盛——建设中国特色的创新型国家中的若干问题与对策研究》，科学出版社 2008 年版。

④ 李东华：《韩国科技发展模式与经验》，社会科学文献出版社 2009 年版。

构设立研发中心，支持企业教学等，为产学研协同创新创造良好的交流环境，有效促进了不同研发主体间知识交流与人才流动。此外，近年来韩国政府承认公共研究成果的所有权，激发了高校与科研机构创新热情，同时，也使得产业部门与高校、公共研究机构具有更强的合作研发动力。

第三节　中国政府支持创新驱动发展的实践经验

一　宏观层面：构建有利于科技创新的顶层设计

科技创新活动不能完全由市场调节，政府在创新活动中具有不可推卸的责任。中国科技发展的实践是在完善和发挥市场机制调节的同时，有效发挥了政府的管理职能，政府与市场双管齐下，互为补充。在渐进式改革的三十多年历程中，中国在保证公有制主体地位的前提下将市场的力量引入到一个受政府监管与引导的经济体系中。[1] 科学和技术的外部性较强，存在较多市场失灵的领域，不能完全依靠市场机制配置资源。政府要在市场不能发挥作用，以及企业无力或是不愿意投入的领域发挥作用，起到对市场的引导和互补作用。此外，一国发展需要科学的战略规划作为指导，创新型国家建设亦是如此，而一国发展战略是市场无法内生形成的，发展战略的执行亦应由政府从宏观层面加以监督与指导。中国的创新型国家建设既能发挥政府宏观调控、战略制定与引领的作用，又能发挥市场在创新资源配置中的基础性作用，二者有效结合推动创新型国家建设。此外，与西方国家的顺应市场变化、自下而上的创新管理模式不同，中国创新管理模式展示出一种强调战略规划、凝聚共识、政

---

[1]　［英］琳达·岳：《中国的增长：中国经济的前 30 年与后 30 年》，鲁冬旭译，中信出版社 2015 年版。

府主导、自上而下的特征。这种管理模式的优点是有利于明确创新的战略愿景，降低创新环境的不确定性以及创新主体的创新风险。

此外，制度创新与管理创新是科技创新的重要保障。近年来，从创新型国家建设的顶层设计到创新型城市试点、再到创新型企业建设的微观基础，从中央政府到地方政府不断深化体制机制改革，加强战略规划与引导，将市场强大的激励机制引入国家战略引导的框架下，为创新型国家建设和创新驱动发展战略实施提供了良好制度环境与激励机制。如 2006 年 2 月，国务院发布《国家中长期科学和技术发展规划纲要（2006—2020 年）》，为中国创新型国家建设提供了战略指导；2008 年国家相继出台了一系列针对科技企业、产业与产品的税收优惠政策，包括对结构调整、产业升级、企业创新有积极带动作用的重大技术装备关键领域的进口税收优惠，对科技园、科技企业孵化器的税收优惠，对创新型企业所得税的优惠以及对科技开发用品免征进口税等税收优惠。2012 年企业享受研发费用加计扣除政策减免税超过 430 亿元，4.9 万家高新技术企业所得税减免额达 850 亿元；星火计划、火炬计划、技术创新引导工程等政策引导计划和专项成果不断实现突破；2007 年国家修订了《科技进步法》以及与科技创新相关的政策法规，国家科技计划体系、国家创新体系、军民两用技术创新体系、科技中介服务体系、区域创新体系和创新生态系统建设取得了新的突破；高等学校、科研院所不断深化科技管理体制改革，在科技成果评价、科研项目和资金管理、科技管理信息以及科技发明奖励等领域不断深化改革。在企业所有制改革方面，国家不断完善企业管理者、科研人员的创新激励与约束机制，修订了《中央企业负责人经营业绩考核暂行办法》等指导性文件。2015 年以来，国资委对央企实施市场化选聘经营管理者，推行职业经理人制度和兼并重组等试点，激发央企管理者的企业家精神；2015 年国家科学技术奖中，45 家央企荣获 96 个奖项，占奖项总数的 35.3%。可见，创新型国家建设的十年时间里，中国科技发展的制度环境质量与管理水平不断提升，科技创新、制度创新与管理创

新的协调性增强，国家创新体系与创新生态系统建设不断取得新的
进展。

二　中观层面：地方创新实践与中央战略的协同

中国在经济转型的背景下完善国家创新体系，富有中国特色的
制度建设既有利于地方发挥制度创新的能动性和区域特色，又强调
与中央的宏观协调相统一。在创新型国家建设与体制转型过程中，
中国不仅妥善处理了政府与市场的关系，而且平衡了中央与地方的
关系，形成了中央向地方提供战略指导与制度激励、地方向中央贡
献实践经验与智慧储备的互动关系。中国的科技制度改革在很大程
度上是自下而上的，是在地方试点有效的基础上，其实践经验逐渐
上升为中央政策，并在全国范围内推广的。摸着石头过河的渐进式
改革很大程度上是一种"地方试点—中央总结—地方推广"的过程。
例如，深圳创新型城市建设试点取得了巨大成功，在此基础上，中
央政府总结经验，并在 2009 年以来，不断扩大创新型城市建设试点
范围。各具特色的区域创新体系建设为国家创新体系建设提供了智
慧源泉，也使得中国国家创新体系具有高度的灵活性与包容性。由
此看来，地区多样化特征也是中国制度创新的重要因素，对中国创
新体系建设至关重要。

三　微观层面：培育创新驱动发展的微观基础

随着科教兴国战略的提出，以及创新型国家建设战略目标的制
定和创新驱动发展战略的推广，在政府战略引导下，中国科技发展
水平不断提升，培育了一批具有创新活力的企业，确立了企业在国
家创新体系中的主体地位。2013 年国务院办公厅发布了《关于强化
企业技术创新主体地位 全面提升企业创新能力的意见》，提出从创
新能力建设、协同创新机制等方面全面推进企业科技创新。从科技
经费投入来看，2014 年企业科技经费支出约为 20061 亿元，较 2013
年增长了 20.9%，增速超过了政府所属研究机构、高等学校等的科

技经费支出，企业科技经费支出占比达 77.3%①，高新技术企业总数达 7.9 万家②，从科技经费投入来看，企业已经成为科技创新的主体。从国家科技项目承担情况来看，2013 年，企业牵头承担了 52.3% 的国家重大专项课题、38.7% 的国家 863 计划课题、40% 的科技支撑计划课题。③ 2015 年的国家科技进步特等奖均由企业牵头的研发团队获得。2014 年中国发明专利申请受理量为 928177 项，其中企业发明专利申请受理量为 484747 项，占中国发明专利受理总量的 52.23%；2014 年中国高技术产品出口总额为 6605 亿美元，较 2005 年提高了 102.64%。2015 年《财富》"世界 500 强"排行榜中，中国有 106 家企业上榜，较 2006 年增加了 83 家；"世界品牌 500 强"排行榜中，中国内地入选的品牌共有 31 个，较 2006 年增加了 25 个。企业国际影响力不断提升，华为、中兴等科技型企业已成为全球领先的信息与通信技术解决方案供应商，2015 年华为专利申请量 3898 项，连续两年位居世界榜首，在全球智能手机市场稳居前三位，在中国市场份额位居首位。互联网企业腾讯公司具有完善的研发体系，公司员工 50% 以上为研发人员，研发成果居世界互联网公司前列，其旗下产品 QQ 的月活跃账户数达到 8.99 亿，微信和 We-Chat 的合并月活跃账户数达 8.06 亿。此外还有三一重工、海尔、联想等诸多创新型企业在世界市场上具有广泛的影响力和较高的市场占有率。

创新既影响创新主体的利益，也影响部门与地区的利益，建立一种有效的协调机制尤其重要。如何减少创新主体之间的利益摩擦，降低科技创新的交易成本，是摆在政府面前的一道难题。为了协调不同创新主体之间的利益关系，中国通常以会商的形式，建立协商平台，以新的方式协调各方利益，如企业、政府、高校、科研院所

---

① 数据来源于《2014 年全国科技经费投入统计公报》。
② 数据来源于《科体改革激发新动能》，《科技日报》2016 年 3 月 4 日。
③ 数据来源于《中国科学技术发展报告 2013》。

等创新活动的主要参与者。一个有责任的政府天然具有创新激励，并掌握着大量的创新资源，要求企业、高校与科研院所积极组织高质量的创新活动；而市场竞争环境不断加剧条件下，企业也具有强烈的创新愿望，但受其自身资源条件限制，企业难以独立进行可持续创新，需要借助政府、高校和科研院所的力量；高校和科研院所在基础科学领域具有独特的创新优势，但需要政府和企业在资金、设备等方面予以支持。由此形成了"政产学研"相结合的协同创新平台，政府成立专门机构（如高技术产业园、技术服务市场、科技创新孵化器、中试平台等）协调创新主体间利益，降低信息不对称程度，提高科技成果转化效率。

第四节　政府在创新驱动发展中的职能定位

一　守夜人：构建有利于科技创新的市场环境

发挥市场在资源配置中的基础性作用对于一般性资源的高效配置和利用具有重要意义，但是知识与技术作为一种外部性强、流动性大、风险性高的无形资产，非常容易被模仿甚至窃取。因此，应当加强政府对科技创新活动的保护，保障企业家、科研工作者享有平等参与科技竞争与创新竞争、平等享有科技创新回报的权利。构建一个高效率的市场机制，保障企业家和科技工作者的创新激励和热情，是当前中国深化供给侧结构性改革、释放市场主体创新活力的重要工作。一个能够促进企业家公平竞争、诚信经营的市场环境是能够激发和保护企业家创新精神的市场化环境。建设这样一个市场环境，要做到切实维护企业家公平竞争权益，市场规律和企业家成长规律必须从根本上得到尊重，同时还必须推动公平竞争市场制度的落实，加快确立竞争政策的基础性地位，进一步完善各类所有制经济企业家权利平等、机会平等、规则平等的市场环境，促进各种所有制经济依法依规平等使用创新要素、公开公平公正参与创新竞争、同等受到法律保护。此外，就激发企业家创新精神而言，最重要的是构建完善的产权制度，尤其是知识产权保护制度，保障创新主体创新活动的合法权益。完善的产权保护制度将促使企业家把更多的才能配置到生产性活动中；反之，不完善的产权保护制度则会促使企业家把更多的才能配置到非生产性活动中。因此，完善产权保护制度能够促进企业家创新精神的繁荣，不仅能降低潜在的企业家在创业过程中可能遭遇的诸如"掠夺"等不确定性风险，提高创业活动的预期收益；而且还将促使潜在的企业家把更多的资源投入到创新创业这类生产性活动之中，而非用于"掠夺"或防范"被掠夺"等非生产性活动。可见，政府通过构建完善的产权制度，保障企业家合法权益不受侵害，能够有效激发和保护企业家创新精神，激发企业创新活力，推动创新水平提升。

二　引路人：制定科技创新发展战略

发展战略是一个地区培育经济增长动力、促进资源优化配置的重要方式。政府战略引领实质就是政府发挥自身的信息优势和协调职能，实施"最优干预"措施，引导社会创新资源实现优化配置，保障区域创新活动有条不紊地开展，提高区域创新效率和水平。首先，发展战略的制定往往是以集约、高效为准则的。[①] 创新战略是无法在经济发展过程中内生形成的，需要政府从区域发展机遇、发展潜力以及发展基础等角度考虑制定，发展战略的执行亦需要政府在宏观与微观层面加以监督与指导。政府主导制定与执行的区域创新发展战略能够有效引导区域创新资源高效配置。其次，创新战略有利于协调各方利益，促进创新合作。区域创新战略是在明确战略愿景的基础上制定的，有利于凝聚共识，保障区域创新发展目标、方

---

① 吴晓飞、李长英：《国家级区域发展战略是否促进了地区创新？——以"黄三角"战略为例》，《科学学与科学技术管理》2016 年第 1 期。

向的科学性与适宜性；能够有效避免区域内部创新主体间以及不同区域间创新战略冲突与不当竞争，促进不同主体加强创新合作，以提高创新效率。① 再次，创新战略的制定有利于稳定预期，提高创新主体创新活动的积极性。政府制定区域创新战略，必将伴随着区域创新发展的顶层设计的不断完善，更好地保障企业家、科研工作者的合法权益，有助于稳定企业家、科研工作者的预期，增加其创新投资的信心，保障区域创新活动顺利开展。最后，创新战略以及与之伴生的产业政策的制定，有利于合理规划区域产业布局，提高产业发展规划的合理性与产业集聚水平，为区域创新发展提供良好的产业基础。如国家重视高新技术产业发展，通过设立高新技术产业开发区等不同类型的产业政策，推动高新技术产业集聚，能够有效汇聚并高效利用各种创新资源，发挥创新资源的集聚效应、规模效应，提高创新效率和水平。

三　资助人：激励企业加强研发创新

企业家在创新创业过程中必然存在知识或者技术成果的积累与共享，存在典型的正外部性。科技创新正外部性是指某一企业在科技创新活动中给其他经济主体带来额外收益的现象。创新主体的创新活动在为自己带来收益的同时，也提高了他人的福利水平。这种他人福利的提高符合社会效率原则，在很大程度上可以推动社会进步。但是，外部性的存在也导致科技创新过程中资源配置的低效率甚至是无效率，这是由于创新主体私人成本大于社会成本，而私人收益小于社会收益，最终会导致创新主体创新意愿下降，创新投入激励减弱，抑制创新水平提升。科技创新外部性的解决之道在于外部性的内部化。因此，应当构造一种创新成果的外部性补偿机制，使得企业家、科技工作者创新成果外部性内部化。政府参与区域创

---

① 李政、杨思莹：《十年创新型国家建设：成就、经验与问题》，《学习与探索》2017 年第 1 期。

新系统建设的一个重要原因是市场机制无法解决创新的外部性问题，使得市场在创新资源配置等方面存在着效率损失。[①] 因此，政府需要弥补市场失灵，成为配置创新资源的"看得见的手"。为此，政府往往会以补贴的形式参与区域创新活动。补贴作为政府对企业最直接、最普遍的支持方式，会对企业经营发展产生显著影响。例如，政府补贴是企业形成规模经济的直接驱动力。企业在经营过程中所面临的融资约束问题往往导致企业难以做出最优的投资决策，限制企业研发投入与投资效率提升。[②] 政府补贴能够缓解企业融资约束，填补企业资金缺口，激励企业加大研发支出，进而促进企业创新水平的提升。[③]

四　铺路人：构建有利于创新的基础设施环境

科技创新对地方基础设施建设具有内在依赖性，而政府作为基础设施建设的主体，发挥其基础设施建设职能，对于地区创新活动的有序开展具有重要的促进作用。[④] 政府加快区域交通、通信以及科技园区等基础设施建设，会打破知识与创新要素传播的时空距离障碍，提高区域内部以及区域之间创新要素的流动性，有利于知识溢

---

① Szczygielski K., Grabowski W., Pamukcu M. T., Tandogan V. S., "Does government support for private innovation matter? firm-level evidence from two catching-up countries", *Research Policy*, Vol. 46, No. 1, 2017, pp. 219 – 237.

② Benito A., Hernando I., "Firm behaviour and financial pressure：evidence from Spanish panel data", *Bulletin of Economic Research*, Vol. 59, No. 4, 2007, pp. 283 – 311; Badia M., Slootmaekers V., *The missing link between financial constraints and productivity*, IMF Working Paper, No. WP/09/72, 2007; 任曙明、吕镯：《融资约束、政府补贴与全要素生产率——来自中国装备制造企业的实证研究》，《管理世界》2014 年第 11 期。

③ Chen V. Z., Li J., Shapiro D. M., Zhang X., "Ownership structure and innovation：an emerging market perspective", *Asia Pacific Journal of Management*, Vol. 31, 2012, pp. 1 – 24.

④ 杨思莹、李政：《高铁开通与城市创新》，《财经科学》2019 年第 1 期。

出、传播与共享，① 增强创新主体知识获取和学习能力，提升创新效率和水平。同时，政府加快区域内信息化、网络化建设，能够有效降低科技市场上的信息不对称，加速区域内部创新成果交易和科技成果转化，提升创新效率和水平。此外，政府参与甚至主导高新技术产业开发区、科技园区、科技创新孵化器和中试平台建设等，为提高科技成果转化效率创造良好的环境。总之，政府加快创新环境建设，有利于打造高技术产业集群，吸引创新要素集聚，发挥创新要素的规模效应，提高区域创新活动的规模效率。②

五 协调人：构建有利于科技创新的协同创新体系

创新系统中包含各类创新主体，如企业、高校、科研机构等，并且在区域创新中分别扮演着不同的角色，起到了不同但重要的作用。加强不同主体创新合作，有利于不同主体之间协同互补，提高区域创新整体实力。然而，由于各创新主体在创新领域、创新偏好、创新投入能力等方面存在差异，导致其面临着不同的创新激励和约束机制，影响不同主体间的创新合作。为此，政府需要参与到协同创新体系中，协调各主体间利益关系，促成不同主体创新合作。例如，基础研究与共性知识开发过程中所产生的直接经济效益小、外部性强、投入成本高并且失败风险大，导致基础研究与共性知识开发活动面临较大的资金缺口。政府鼓励和支持基础研究和共性技术开发，增加基础知识与共性技术研发的资金支持和优惠政策，促进基础研发领域发展，并且为企业开展实用性、商业性研发活动创造知识条件，有效提升区域创新效率。政府往往会以科研项目的形式，

---

① Whittington K. B., Owen-Smith J., Powell W., "Networks, propinquity, and innovation in knowledge-intensive industries", *Administrative Science Quarterly*, Vol. 54, No. 1, 2009, pp. 90 – 122.

② Henderson R. M., Jaffe A., Trajtenberg M., "Geographic localization of knowledge spillovers as evidenced by patent citations", *Quarterly Journal of Economics*, Vol. 108, No. 3, 1993, pp. 577 – 598.

直接参与高校、科研院所等创新主体的科技创新活动，强化基础研究能力。整体来看，政府科学与技术支出能够有效协调区域创新系统内部各创新主体间的利益，促进产学研协同创新体系的正常运转。由此，政府构建了一个良好的组织学习网络，促进知识流动与应用，提高知识扩散与创新资源配置效率。此外，政府还会通过国有企业参与、科研项目设置等方式，直接主导区域创新活动，投资并参与先进制造业的科技研发，推动区域内产业创新水平和创新效率的提升。如中国高铁产业、光伏产业等高端制造业和高新技术产业的发展过程，也是政府参与甚至主导产业创新的过程。

六　服务人：为科技创新提供公共服务

创新主体在进行科技创新过程中不可避免地要与政府部门打交道，并享受着政府部门提供的公共服务。良好的公共服务是创新主体开展创新活动、提高创新效率的重要保障。作为一种纯公共物品，公共服务能且仅能由政府承担，并且提供公共服务也是政府参与区域创新活动的重要方式。政府通过提高公共服务质量，加强知识产权保护等措施，为创新主体开展创新活动提供良好的制度保障，[1] 如政府加强产权保护会提高企业自主创新的积极性与努力程度。创新主体在进行科技创新活动中，需要处理各种行政审批程序，高效率的政府服务会减少创新主体开展研发活动所面临的无效率管制，降低制度摩擦，有利于提升其创新效率；[2] 而低效率的政府会延长企业审批时间，不利于创新活动的及时开展。此外，科技创新需要良好的科教资源基础，政府支持科教事业发展，为科技创新提供了人力资源储备。因此，科技创新离不开政府提供的公共服务，完善政府

---

[1]　Buesa M., Heijs J., Baumert T., "The determinants of regional innovation in Europe: a combined factorial and regression knowledge production function approach", *Research Policy*, Vol. 39, No. 6, 2010, pp. 722–735.

[2]　Levy D., "Price adjustment under the table: evidence on efficiency-enhancing corruption", *European Journal of Political Economy*, Vol. 23, No. 2, 2007, pp. 423–447.

公共服务职能还有利于地区高素质人才集聚，提高地区科技创新质量和水平。

第五节 关键核心技术攻关中的
政府作用分析

一 政府推动关键核心技术创新的理论基础与现实依据

现有研究对于政府支持科技创新（创新政策）的理论探讨大多始于市场失灵理论，即便是马克思主义政治经济学，其对政府调控理论与产业政策等相关问题的分析也参杂着对市场失灵问题的探讨，并以此为前提指出政府在资源配置中的重要作用及其内在机制。市场失灵是指市场机制在配置资源过程中的无效率或低效率，即由于外部性、公共产品等原因，市场机制无法合理有效配置资源，突出表现为资源投入不足、过度投资等问题。具体到创新资源配置方面，由于创新活动具有外部性和公共产品属性等特征，导致经济主体缺乏创新激励，尤其对于小企业而言，更是缺乏创新激励和能力。经济主体创新的主观意愿缺乏和客观条件约束导致科技创新难以达到社会合意水平，因此政府应当采取积极措施支持和引导企业开展科技创新。此外，市场机制调解具有自发性、盲目性等问题，也会导致创新资源错配，降低创新资源使用效率。

相对于一般科技创新而言，关键核心技术创新具有更强的外部性特征和公共产品属性。这是由于关键核心技术多关系到整体产业发展和竞争优势培育，甚至关系国家产业安全和社会民生。并且关键核心技术往往具有攻坚难度和前期投入规模更大、风险性更高、对基础研究依赖性更强等特征，导致这一领域创新主体缺失。此外，创新活动具有产权难以清晰界定、技术创新潜在收益的非完全垄断等特征，极易导致创新跟踪、模仿等搭便车行为，由此不但降低跟踪者或模仿者的创新投入水平，同时也弱化了创新者的创新激励，导致创新投入规模低于社会合意水平。科技创新的规模报酬递增特征也为政府支持高水平研发活动提供了理论依据。由此可见，市场机制无法有效推动关键核心技术创新，政府应当引导和参与创新资源配置，包括与关键核心技术创新相关的公共产品供给、激励与约束机制构建、政策体系完善，等等。政府以补贴等形式给予创新主体一定的补偿，构建科技创新，尤其是关键核心技术创新的外部性补偿机制，以克服市场机制缺陷，激励企业等创新主体加大关键核心技术投入，对于中国构建以企业为核心的关键核心技术创新体系、凝聚关键核心技术攻关的国家合力具有重要意义。

基于市场失灵相关理论，政府制定和实施创新政策非但理所当然，而且不可或缺。但考虑到政策制定者"经济人"与"政治人"双重属性，以及政策制定和实施过程中的内外部时滞等问题，政府参与创新资源配置的双轨制资源配置模式往往会导致政府与市场机制的"双重失灵"。[①] 并且现有文献对于政府参与创新活动有效性问题的探讨也给出了截然相反的两种观点。[②] 例如，陆国庆等（2014）、Bai 等（2019）的研究结果均表明，政府补贴会促进企业科技创新，并且政府补贴具有显著的溢出效应，会带动产业或区域创新水平提升。[③] 但与此相反，肖文、林高榜（2014）基于行业面板数据分析表明，政府支持会对行业创新效率产生负面影响，[④] 原因

① 郑烨、王焕：《政府支持中小企业创新：理论基础、政策表征与作用路径》，《现代经济探讨》2017 年第 10 期。

② Liu D., Chen T., Liu X., Yu Y., "Do more subsidies promote greater innovation? evidence from the Chinese electronic manufacturing industry", *Economic Modelling*, Vol. 80, 2019, pp. 441 –452.

③ 陆国庆、王舟、张春宇：《中国战略性新兴产业政府创新补贴的绩效研究》，《经济研究》2014 年第 7 期；Bai Y., Song S., Jiao J., Yang R., "The impacts of government R&D subsidies on green innovation: evidence from Chinese energy-intensive firms", *Journal of Cleaner Production*, Vol. 233, 2019, pp. 819 –829.

④ 肖文、林高榜：《政府支持、研发管理与技术创新效率——基于中国工业行业的实证分析》，《管理世界》2014 年第 4 期。

包括补贴等激励政策的挤出效应、政府与企业创新偏好不对称和委托代理关系、企业事前逆向选择和事后道德风险、政策执行过程不透明和缺乏监督、政策制定者信息局限和项目选择偏差等。[①] 因此，理论研究中，政府对创新活动的支持和引导往往是一把"双刃剑"。

即便理论研究存在诸多争议，但在具体实践中无论是在发达国家，还是发展中国家，政府对科技创新的战略引导和政策支持都是普遍存在的，[②] 理论分歧并未打破各国创新政策实践的一致性。例如，英国于 2008 年开始实施高价值制造战略，加大高价值制造产业的投入力度，助力高价值创新产出的商业化；为了巩固机器人大国地位，日本于 2015 年开始实施机器人新战略，强化机器人领域产学官创新合作，实施千亿日元机器人扶持项目；2006 年德国首次提出高科技战略计划，并在此基础上于 2013 年进一步提出"工业 4.0"概念，2018 年德国又推出"高科技战略 2025"，对生物医疗、环境治理、人工智能等多领域科技创新进行布局规划，以提高德国科技创新能力和核心竞争力。就连一直标榜为自由市场经济国家的美国也通过设立不同类型的基金或机构支持科技创新，尤其是关键核心技术创新，由此一些研究也将美国视为对科技创新扶持最多的国家。[③] 事实也确实如此，例如，美国对科技创新的支持非但未局限于市场失灵理论所主张的基础研究和强外部性研究领域，美国所制定的"先进制造业计划"对于未来制造业发展的布局定位、运作治理、

---

① Zhang W., "Decision rights, residual claim and performance: a theory of how the Chinese state enterprise reform works", *China Economic Review*, Vol. 8, 1997, pp. 67 – 82; Acemoglu D., Akcigit U., Bloom N., Kerr W. R., *Innovation, reallocation and growth*, NBER Working Paper, No. w18993, 2013; Cerqua A., Pellegrini G., "Do subsidies to private capital boost firms' growth? a multiple regression discontinuity design approach", *Journal of Public Economics*, Vol. 109, 2014, pp. 114 – 126.

② Mazzucato M., *The entrepreneurial state: debunking public vs. private sector myths*, London: Anthem Press, 2013.

③ 贾根良、楚珊珊：《中国制造愿景与美国制造业创新中的政府干预》，《政治经济学评论》2019 年第 4 期。

资金投入、成员参与度以及人才培养等各方面都做了详细安排，对于制造业创新和投资制定了详细的计划。① 由此可见，西方国家科技创新发展的过程也伴随着政府部门的创新战略探索和政策优化，科技创新对政府力量同样具有依赖性。

中国政府同样十分重视科技创新，并制定了一系列政策方针推动科技创新。中华人民共和国成立初期，党和国家在极端困难的情况下提出了"向科学进军"口号，突破了西方国家的技术封锁，在国防工业、生物科技、航天技术等领域的关键核心技术创新取得了举世瞩目的成就，为巩固国防安全、恢复国民经济提供了坚实的科技支撑。改革开放以来，邓小平提出了"科学技术是第一生产力"的科学论断，并着力推动科技管理体制改革，为中国科技创新奠定了良好的制度基础。20 世纪 90 年代中国提出"科教兴国"战略，进一步确立了科技创新在中国经济社会发展中的重要作用，制定和实施了一系列科教发展战略，初步构建了现代化科教发展体系。2006 年中国制定了中长期发展规划，为中国科技发展确立了新的指导方针和路线图，中国特色国家创新体系初步建立。党的十八大以来，习近平总书记围绕创新发展相关主题发表了一系列论述，为创新型强国建设绘制了巨幅蓝图，并逐渐系统化为中国特色创新理论，形成了中国创新发展的特色与经验，即坚持市场机制调节下的自发式创新为基础，并辅之以战略规划和政策扶植，将市场力量引入受政府监督和引导的体制框架下，发挥政府与市场两种资源配置方式的优势，有效推动了关键核心技术创新。例如，航天工业发展的前期投入大、科技复杂度高、研发风险大，民营企业无力引领这一产业发展。为此，国家出资成立中国航天科技集团公司等企事业单位，推动航天领域基础研究与应用研究，并助力中国航天工业在短时间内迈入世界强国行列。中国航天工业的成功发展不仅是政府助力关

---

① 李政、杨思莹：《创新型城市试点提升城市创新水平了吗?》，《经济学动态》2019 年第 8 期。

键核心技术创新的最好写照，也为未来中国制定创新政策引领关键核心技术创新提供了实践经验和成功范例。

二 政府对关键核心技术创新的支持和保障作用

无论是理论与实证研究，还是中西方国家创新发展实践经验都表明，创新尤其是关键核心技术创新离不开政府的支持和引导。新时代推动中国经济高质量发展，应当以高质量创新为前提和主要驱动力，理直气壮地制定和支持科技创新发展战略和政策，支持和引领关键核心技术创新。具体来讲，政府应当从以下几个方面助力关键核心技术创新。

第一，强化基础研究、夯实创新基础。关键核心技术创新离不开基础研究，基础研究决定一个国家科技创新的深度和广度，"卡脖子"问题根子在基础研究薄弱。当前，中国与发达国家创新差距突出表现为基础领域研发创新相对滞后，并且基础性越强，中国在这一领域的创新发展就越滞后。基础知识具有公共产品属性，导致基础研究领域的私人投入不足，因此政府需要加大基础研究相关投入，保障关键核心技术创新的基础知识和关键共性技术供给。政府在基础研究领域应当发挥主体作用，通过制定一系列"强基计划"强化基础知识研究。一方面，培育多样化的基础研究创新主体，加快基础研究领域的"国家队"建设，加大对高校、科研机构等基础研究部门长期、稳定的财政支持，这也是各国强化基础研究的普遍做法；同时加大对创新型领军企业的支持力度，以资本为纽带，通过股权合作、税收优惠、资金补贴等多种方式引导企业开展基础研究，积极支持企业与高校和科研机构组成高技术创新联盟，以新型合作机制推动基础研究与应用研究对接；发挥中央和地方多等级政府和科研机构力量，将基础研究投入纳入地方科技发展规划，构建区域性基础研究创新高地。另一方面，优化科学前沿和应用基础研究布局，进一步提高对国家重大科技专项、基础研究任务的支持力度，尤其要资助从 0 到 1 的原始创新和颠覆性创新项目，加大对基础领域和产品上游领域的创新资助规模；在项目遴选过程中要给予专家组、顾问团队更大的话语权，确保重大科研项目设置的科学性和科研经费布局的合理性。此外，政府应当完善基础研究领域创新生态系统建设，构建综合性国家创新中心、科学中心，通过设立重点实验室、构建标准制度等方式为基础研究提供软硬件设施保障，提高基础研究条件和效率。

第二，构建科学合理的激励与约束机制。人是科技创新中最关键、最活跃的要素，完善的科研人才激励和约束机制能够有效提升关键核心技术创新效率和水平。首先，在人才队伍培养方面，要注重科学前沿理论教育，加大国外人才引进和国内人才国际化教育力度，建立国际人才培育和回流机制，拓展本土人才国际视野的同时积极引进国外优秀人才，壮大高素质人才队伍。其次，在人才发展方面，要改革人才晋升机制，拓宽高素质人才职称评定、人才项目申报等晋升渠道，打破以论文、职称等为核心的评价体系，构建以学术价值、学术潜力为核心的人才考核机制；关键核心技术科研周期长、攻关难度大，因此要破除当前"非升即走"等不适宜的考核机制设计，给科研人员以安全感，构建潜心研究的制度环境。最后，在人才权益保障方面，要强化知识产权保护，维护科技工作者权益。关键核心技术关系整条产业链，甚至多条产业链的高质量发展，具有强外部性特征；同时关键核心技术的高投入、高风险等特征决定了该领域存在着较为普遍的搭便车行为。因此，应当构建更加完善的知识产权保护和市场竞争机制，保障科研工作者享有平等参与创新竞争、平等享有创新收益的权利；要进一步深化科研工作者收入分配制度改革，构建以知识价值为导向的分配政策，让科学家真正成为创新工作的受益主体。当然，推动关键核心技术创新也应当构建一套完善的约束机制，保障政府与企业等经济主体的科技支出真正用到实处，提高科技支出效率。具体来讲，一方面应当建立一套完善的科研经费跟踪评价机制，在保障科技工作者科研经费支出自主权的同时，适度约束科研经费使用，保障科研经费按需使用，提高经费配置效率；另一方面，明确科研项目设立和研究过程中不同主体的职责和权利，完善立项论证、中期检查、结项验收等各阶段规章制度，逐步建立科研项目追责制度，对于故意隐瞒自身科研实力盲目争取国家科研经费、在科研过程中玩忽职守或不尽职尽责等行为，应当加大追责和惩戒力度。需要指出的是，强化科研管理和完善科研激励与约束机制并非等于对科研活动的过度干预，科研管理部门应当在遵循科研规律的基础上减少过程干预，注重结果导向，推动科研活动高质量开展。

第三，强化政府战略引领。市场具有自发性、盲目性和滞后性等弊端，在推动具有强外部性特征的关键核心技术创新过程中会产生效率损失。而政府具有总量信息优势和协调职能，能够综合各种市场信息，依据世界经济与科技发展前沿以及本地比较优势制定合理的创新发展战略，助力创新质量和效率提升。政府通过战略引领关键核心技术创新，其实质就是政府发挥自身的信息优势和协调职能，引导社会创新资源向关键核心技术领域集聚，提升创新质量和效率。在实践中，为了推动关键核心技术创新，政府制定创新战略应当重点遵循以下原则。首先，创新战略要立足当前，面向长远。一方面，要根植于中国现阶段科技发展的现实，遵循关键核心技术研发的特殊规律，制定科学合理的科技发展规划；另一方面，科技发展规划要面向世界科学与技术发展前沿，服务于未来中国经济与国防安全、产业发展以及民生改善，推动中国经济高质量、可持续发展。其次，政府制定的创新战略要有利于凝聚各方共识，协调各方利益，促进创新合作。政府应当在明确战略愿景的基础上制定创新战略，保障科技创新发展目标、方向的科学性与适宜性，有效避免创新主体间以及不同区域间创新战略冲突与不当竞争，促进不同主体加强创新合作，集众智、汇众力推动关键核心技术攻关。再次，创新战略的制定要有利于稳定预期，给予创新主体从事关键核心技术研究的信心和勇气。政府应当在战略规划中突出关键核心技术对未来经济和科技发展的重要意义，明确关键核心技术的市场前景，以及政府对关键核心技术创新的可持续支持政策，稳定企业家、科研工作者的预期，增强他们从事关键核心技术攻关的信心。最后，创新战略的制定要遵循科技发展的客观规律，科学有序地推动关键核心技术创新。一方面要遵循市场规律，科技创新战略的制定和执行要以顺应市场规律为前提和基础，坚持市场的基础性作用，并辅之以政府规制性政策，引导创新资源向关键核心技术领域集聚；另一方面要遵循科技发展的一般规律，坚持实事求是的原则，不能急于求成、好高骛远，应当鼓励脚踏实地，以创新价值为导向，引导科技创新朝着基础性、源头性和实用性方向发展。

第四，要培育以价值为导向的创新文化。当前，中国科研领域存在着一些不利于关键核心技术创新的现象，如规模导向的评价体系导致科研人员"重数量、轻质量"的畸形科研态度，并引发"注水""打包"甚至抄袭、剽窃等学术行为。治理科研领域不良风气，应当使科研人员树立社会主义核心价值观，以创新创造为荣，培育健康的创新文化环境。具体来讲，首先，应该以社会主义核心价值观凝聚人心，弘扬和培育民族精神，增强科研工作者的民族自尊心和使命感，强化爱国主义教育，发挥社会主义核心价值观对科研工作者的激励作用，培育关键核心技术创新的精神动力。其次，要弘扬工匠精神和"两弹一星"精神，培育科研工作者坚韧不拔的攻坚毅力。中国科技发展中存在的问题与当前工匠精神和"两弹一星"精神缺失具有密切关联，甚至已经成为中国科技发展中的一个痛点。因此，要强化创新精神和敬业精神教育，尤其要弘扬工匠精神和"两弹一星"精神。再次，要培育尊重知识、尊重人才的社会环境，让每一位科研工作者都能从高质量的科技成果中获得成就感、光荣感，营造有利于关键核心技术创新的精神面貌和社会风气。最后，要构建更加宽松的文化氛围，给予科研工作者更多的包容与理解，破除"成王败寇"的文化氛围。关键核心技术创新的高风险性要求我们必须建立一套与之相适应的容错机制，建立鼓励创新、宽容失败的文化氛围，给予科研一线人员更多的宽容和理解，使科研人员能够心无旁骛的从事基础研究，鼓励科研人员从失败经历中汲取教训，为未来科技创新积累经验。

第五，为关键核心技术创新提供持续稳定的资金支持和保障。政府对创新活动的支持和引领是以一定的财政支出为前提和基础的，财政科技支出是政府支持关键核心技术创新最根本的手段。无论是保障关键核心技术创新的基础知识和共性技术供给，还是构建科研人员激励与约束机制，乃至于政府制定创新战略引领科技创新以及培育创新文化，都涉及财政科技支出。前文对于政府如何使用财政科技支出支持和引领关键核心技术创新已经给出了分析，而如何保证政府足够的财政科技支出规模成为当前需要解决的重要问题。一方面，要建立稳定的财政科技投入增长机制，将财政科技支出列为财政强制支出项目，并设定财政科技支出增长目标，减少宏观经济波动以及财政收入波动对财政科技支出规模、结构的影响；另一方面，要创新财政科技支出形式，通过设立关键核心技术创新基金等方式实现财政资金的杠杆作用，撬动社会资本参与关键核心技术创新，保障创新投入主体结构稳定化、常态化。

三 政府推动关键核心技术创新应当处理好的几组关系

推动关键核心技术创新是一项复杂的系统性工作，需要从经济、制度、产业、政策和科技等各个方面协同推进。政府在制定创新战略和实施创新政策过程中，应当重点处理好以下几组关系。

第一，政府与市场的关系。关键核心技术创新必然涉及创新资源的配置问题，合理划分创新资源配置中政府与市场的职能边界，是政府推动关键核心技术创新的前提和基础。政府与市场的有机结合是社会主义市场经济的一个重要特征，完善社会主义市场经济体制，要使市场在资源配置中起决定性作用和更好发挥政府作用。中国经济与科技之所以取得举世瞩目的成就，原因之一就在于坚持社会主义市场经济体制，在发挥社会主义集中力量办大事的制度优势的同时，以市场经济体制激发创新创业活力。之所以发挥市场机制在关键核心技术创新中的决定性作用，是因为企业是关键核心技术创新的主体，也是关键核心技术应用和实现产业化、商业化的重要主体，企业只有在市场机制中才能迸发出强大的活力。因此，新时代推动中国创新强国建设，需要将市场机制作为激励企业关键核心技术创新的根本动力，遵循市场经济运行规律。与此同时，要清醒地认识到市场机制存在的不足，重视和充分发挥政府作用，将市场力量引入受政府监督与引导的科技创新体系中，以市场调节为基础、政府调控为保障，形成政府与市场合力。

第二，关键核心技术创新与一般科学技术创新之间的关系。不同于一般意义上的科学技术创新，信息通信、高端装备、工业基础材料、航空航天等领域的关键核心技术创新事关国家安全和战略利益，在中国经济与科技发展中具有非常重要的战略地位。一般科学技术往往是指对于某一领域发展具有一定的促进作用、能够在某种程度上提高该领域产业附加值、提高该领域发展质量和效率的创新类型；关键核心技术则是制约该领域整体科技创新水平或产业发展水平的"卡脖子"技术。一国科技创新或产业发展相对滞后，其根本原因在于关键核心技术落后于其他国家。一般科学技术创新以关键核心技术创新为前提和基础，关键核心技术创新在很大程度上决定了一般科学技术创新的价值；只有破解了制约某一领域发展的关键核心技术，才能以此为基础顺利开展一系列创新活动，推动该领域研究向纵深方向发展。因此，在实践层面上，应当以关键核心技术创新为基础，把握中国创新型强国建设的主要矛盾，集中力量进行关键核心技术创新；又不能忽视一般矛盾，重视一般科技创新在中国迈向创新型强国过程中的重要作用，在提高中国创新发展质量的同时，兼顾创新规模和创新结构。

第三，科技创新与体制机制创新的关系。创新型强国建设更加强调创新质量，更注重制约经济社会发展的关键核心技术。高质量的科技创新需要有高质量的体制机制作为保障，完善科技创新体制机制是中国走高质量创新发展道路的内在需求和应有之义；而科技创新的发展阶段与需求决定了中国拥有怎样的科技创新体制机制。改革开放以来，中国科技创新之所以取得如此伟大的成就，其中一个关键因素是中国不断深化科技创新体制机制改革，改革与科技创新不适应的生产关系，构建有利于科技创新的举国体制。例如，将计划经济体制下关键核心技术的攻关模式与市场经济体制下高度灵活的创新模式相结合，适应社会主义市场经济体制建设需要，引入市场机制配置创新资源，辅之以相应的战略规划和政策引导，不断优化科技管理体制，为科技创新提供了良好的政策环境与帮扶机制；中国构建了一系列科技创新外部性补偿机制，如创新补贴、科技奖励、税收优惠等科技创新政策体系，逐步构建起一套适应创新型国家建设的举国体制。科技创新与体制机制创新是对立统一的关系，两者相互作用、相互依存，应当在深刻把握两者间关系的基础上，构建面向创新型强国建设的顶层设计，培育关键核心技术创新的微观主体，推动中国创新驱动发展战略的高质量实施。

第四，基础研究与应用研究之间的关系。平衡好基础研究与应用研究之间的关系是中国优化创新资源配置、提高创新效率和质量的重要前提。当前，无论是从投入角度来看，还是从产出角度来看，中国科技创新都整体呈现出片面追求试验发展和应用研究的非平衡发展特征，基础不牢成为制约关键核心技术创新的重要瓶颈。从2018年中国研发经费投入来看，基础研究经费投入约为1090亿元，仅占全国研发经费投入的5.5%，这一比例约为美国的1/3。政府是基础研究投入的主体，但无论是从横向比较来看，还是从纵向比较来看，中国基础研究中政府投入仍旧不足。例如，2018年中国基础研究中央财政支出预算不足543亿元，而美国政府基础研究经费预算约为2000亿元。从纵向比较来看，中国基础研究经费增长率为11.8%，与研发经费总额增长率持平，基础研究投入相对偏低的局面仍未改善。推动关键核心技术创新，政府应当着力把握好基础研究与应用研究之间的关系，从建设创新型强国的战略目标出发布局财政科技支出，发挥政府在基础研究领域的职能，稳步提高基础研究投入；利用财政资金以及具有政府背景的各类基金的杠杆作用和引导作用，为基础研究构建多元化的投入机制，保障基础研究的要素供给；应当发挥企业在基础研究中的作用，鼓励企业从事面向市场前景广阔的基础领域研究，为基础研究注入市场活力。

第五，中央政府与地方政府之间的关系。中央政府与地方政府之间创新实践的协同互动是中国科技创新取得突出成就的重要原因，也是中国科技创新体系建设的重要特色与经验。中国科技创新体系的探索性发展在很大程度上是一种试点性改革发展过程，即在地方设立创新政策试点，由地方主导政策实施，并在总结试点经验的基础上逐渐系统化为中央政府统一的、普适的创新政策。这样做的好处在于既考虑到中国不同地区创新实践的差异性特征，具有很强的灵活性、包容性和多样性，又确保了中央创新政策的一致性和可操作性。例如，2008 年国家开始在深圳试点创新型城市建设，并逐渐推广到全国 70 余个城市，试点范围不断扩大，创新成果不断凸显。①
2013 年国家开始推动智慧城市建设试点，并于 2013 年和 2014 年陆续推出三批试点城市名单，覆盖全国近 300 个城市（县、区、镇）。此后，在总结试点经验的基础上，全国超过 500 个城市提出智慧城市建设方案，成为提升城市创新能力和竞争力的重要措施。新时代背景下构建面向关键核心技术创新的央地间协同创新关系，仍面临着一些制度性障碍，需要政府统筹规划，明晰国家创新体系建设中的央地间权责关系，进一步解决央地间制度断层。例如，以 GDP 和财政为主的政绩考核机制下地方政府一定程度上形成了"重生产、轻创新"的自利性行为偏好，重视 GDP 规模增长而忽视科技创新；地方政府在技术开发与转化应用方面发挥着重要作用，而分权制度下地方政府财权与事权不相匹配，导致地方政府科技创新面临投入不足、缺乏规模效率等问题。为此，2019 年国务院印发《科技领域

---

① 李政、杨思莹：《创新型城市试点提升城市创新水平了吗?》，《经济学动态》
2019 年第 8 期。

中央与地方财政事权和支出责任划分改革方案》，明确了央地间财政科技支出权责关系，中央财政重点支持全局性、基础性、长远性以及面向科技前沿、国家重大需求和国民经济主战场的重大科技任务，地方财政则侧重技术开发与转化应用。

第六，产、学、研之间的关系。关键核心技术的创新主体既包括高校和科研机构等公有出资背景的部门和单位，又包括不同所有制企业等市场化的法人主体。高校和科研机构往往为关键核心技术提供基础知识与共性技术供给，侧重于基础研究和具有公共产品属性的关键核心技术研发，主要集中在远离市场的创新链上游；企业等市场化创新主体对于关键核心技术的研发则侧重于开发和提升产品的市场价值，重点在于应用基础研究，具有私人产品属性，主要集中在创新链靠近市场的一端。由此可见，高校、科研机构和企业分属于创新链条的两端，不同创新主体之间必然面临着研发投入、利益分享、风险承担以及信息不对称等因素导致的冲突和矛盾，如何协调不同创新主体之间的关系成为政府推动关键核心技术创新所面临的重要问题。为此，政府应当通过协商平台和协同机制建设协调各方利益；通过高技术服务市场等平台建设降低信息不对称，促进关键核心技术协同创新；通过完善法律法规保障不同创新主体合法权益；通过补贴、财税激励以及科技奖励等方式克服创新主体动力不足的问题。总之，政府应当通过多种方式协调不同创新主体间的利益关系，提高关键核心技术的产学研协同创新质量和效率。

第七，国有企业创新与民营企业创新之间的关系。现有研究对于两者在市场经济运行以及创新型经济发展中的作用以及相互关系仍存在诸多争议，如关于"国进民退"和"国退民进"的相关探讨，关于国有企业与民营企业创新效率高低、创新质量高低等问题的探讨。需要指出的是，不同所有制企业都是社会主义市场经济的重要组成部分，也是中国创新型强国建设和创新驱动发展战略实施的微观主体。国有企业聚集了大量优质的创新资源，具有较强的创新能力；民营企业在创新管理、市场化竞争等方面具有充沛活力。

推动国有企业与民营企业协同创新，对促进中国创新型经济高质量发展具有重要意义。政府推动关键核心技术创新，要尊重不同所有制企业的市场主体地位，妥善处理好国有企业和民营企业的关系，一方面发挥国有企业创新资源集聚优势和规模优势，为关键核心技术创新出资出力，发挥龙头作用和平台作用；另一方面发挥民营企业创新管理优势和竞争优势，为关键核心技术创新贡献制度活力。

第八，自主创新与开放创新的关系。关键核心技术是要不来、买不来、讨不来的，必须立足于自主创新，这也是中国实现高质量创新发展的根本出路。但这并不意味着闭门造车，推动关键核心技术创新仍需要中国不断加大科技领域的对外交流与合作，提高开放型创新水平和能力。2018年中央财经委员会第二次会议对于如何把握自主创新和开放创新的关系给出了政策方案，即一方面要把科技发展主动权牢牢掌握在自己手里，走开放创新道路，深化与世界各国科技合作，扩大科技领域对外开放的深度与广度。在实践中，要坚持以我为主，通过转变政府职能、深化科技管理体制机制改革、强化战略引领等方式，构建有利于调动各创新主体积极参与关键核心技术自主研发的宏观制度体系；另一方面要通过政策方案设计，引导企业和科研机构积极参与国际科技交流与合作，构建重大专项国际合作平台。此外，还应当通过体制机制改革和政策调整，吸引更多高科技企业和高校来华设立分支机构，为基础研究和应用研究提供国际交流合作的载体。

第 四 章

政府科技支出对区域创新发展
影响的实证研究

第一节 政府科技支出对区域创新
效率的作用机制分析

一 问题的提出

实现创新驱动发展，必须为科技创新构建良好的生态系统，提高区域创新效率和创新质量。政府是区域创新系统建设的主导者，政府支持是区域创新系统高效运转的重要保证。[①] 区域创新水平提升离不开政府支持，而财政支出是政府支持区域创新发展的基本手段，财政支出规模与效率直接决定了政府对区域创新活动的支持效果。[②] 然而，当前研究对政府支持创新活动的效果仍有分歧，对政府行为

---

① 李政、杨思莹、路京京：《政府参与能否提升区域创新效率?》，《经济评论》2018 年第 6 期。

② Lee G. , "The effectiveness of international knowledge spillover channels", *European Economic Review*, Vol. 50, 2006, pp. 2075 – 2088.

及其经济效应的研究与争论一直以来从未中断过。[①] 在政府科技支出
对企业、行业或区域创新活动的影响方面，现有文献主要形成了促
进、抑制和有条件影响三种观点。如 Mazzucato（2013）通过对美国
创新型经济体发展过程的考量发现，国家或者说是政府在美国创新
发展过程中充当了企业家的角色，企业家型国家是美国创新型国家
建设的一个突出特征，政府科技支出对美国基础研究与应用研究发
展均起到了举足轻重的作用。[②] 李政和杨思莹（2017）认为政府不
仅是创新型国家建设的推动者，更是知识经济的创造者，是某些特
定领域创新活动的承担者、组织者，[③] 政府财政支出对弥补市场失
灵、提升创新活动质量和效率具有重要的作用。而作为政府科技支
出的重要组成部分，以往一些文献却认为，政府研发补贴难以有效
促进创新活动开展。如 Acemoglu 等（2013）研究发现，政府科技支
出中的研发补贴挤出了私人创新投资，导致创新效率损失。[④] 此外，
毛其淋和许家云（2016）研究发现，政府研发补贴效果受其补贴额
度的影响，适度的补贴能够激励企业开展创新活动，而过高的补贴
则会抑制企业创新。[⑤] Lööf 和 Hesmati（2005）研究发现，政府的研
发补贴仅对小企业的研发投入产生挤入作用。[⑥] Catozzella 和 Vivarelli

① Mazzucato M. , *The entrepreneurial state*：*debunking public vs. private sector myths*，London：Anthem Press，2013；Guo D. , Guo Y. , Jiang K. , "Government-subsidized R&D and firm innovation：evidence from China"，*Research Policy*，Vol. 45，2016，pp. 129 – 144.

② Mazzucato M. , *The entrepreneurial state*：*debunking public vs. private sector myths*，London：Anthem Press，2013.

③ 李政、杨思莹：《十年创新型国家建设：成就、经验与问题》，《学习与探索》2017 年第 1 期。

④ Acemoglu D. , Akcigit U. , Bloom N. , Kerr W. R. , *Innovation*，*reallocation and growth*，NBER Working Paper，No. w18993，2013.

⑤ 毛其淋、许家云：《政府补贴对企业新产品创新的影响——基于补贴强度"适度区间"的视角》，《中国工业经济》2016 年第 6 期。

⑥ Lööf H. , Hesmati A. , *The impact of public funding on private R&D investment*：*new evidence from a firm level innovation study*，CESIS Electronic Working Paper Series，2005.

（2011）的研究发现，虽然政府补贴对企业研发投入产生了挤入效应，但并没有促进其创新产出的提高。①

综上可见，当前研究关于政府科技支出对创新活动的作用效果仍未达成一致。在凯恩斯主义理论框架下，市场机制存在内在缺陷，无法有效解决外部性问题。而创新产出的外部性和流动性都非常强，会抑制企业创新激励。所以，市场调节无法使私人企业达到最优的创新投入水平，更无法使整个社会达到最优的创新投入水平。为此，需要政府政策来修正市场机制，从而达到区域科技创新的最优规模。② 从这一意义来看，政府以财政科技支出的形式参与区域创新活动非但理所当然而且不可或缺。就政府方面而言，由于科技创新对于经济发展的重要驱动作用，地方政府天然具有促进区域创新发展的内在激励。③ 那么为什么当前一些研究中政府没能够有效促进创新效率提升呢？本章认为除了实证样本选择、变量设定及分析方法上的差异外，还主要有两个方面的原因：一方面，当前实证研究切入的视角不对，考察政府科技支出对创新效率的影响应当从政府科技支出的目标与初衷出发，即关注与创新相关的财政支出所能得到的社会整体收益，而不能从单个企业短期创新效率的角度分析政府补贴的有效性问题，因此宏观研究比微观研究更能客观评价政府科技支出对创新活动的影响；另一方面，以往文献多忽视了官员激励这一驱动政府行为的关键因素，官员是政府行为的主导者，官员所面临的激励机制在很大程度上会影响政府科技支出行为。基于此，本章将在以上两个方面进行改进。对比以往研究，本章的边际贡献主要体现在以下三个方面。

---

① Catozzella A., Vivarelli M., *Beyond additionality: are innovation subsidies counter-productive?* IZA Discussion Paper, No. 5746, 2011.

② 曾萍、邬绮虹：《政府支持与企业创新：研究述评与未来展望》，《研究与发展管理》2014 年第 2 期。

③ Blanchard O., Shleifer A., *Federalism with and without political centralization: China Versus Russia*, NBER Working Paper, No. 7616, 2000.

　　第一，在研究内容上，本章探究了政府科技支出对省域创新效率的影响效果，并考察了官员激励对创新效率的影响及其作用机制。一方面，以往研究尚未关注到官员激励对区域创新活动的影响，而考察政府科技支出的效果不能避开官员激励这一驱动政府行为的关键因素。官员激励直接决定了政府科技支出规模及其对创新活动的影响。另一方面，官员激励直接决定了政府科技支出规模，从而影响区域创新效率，当前文献对这一传导路径存在与否尚缺乏深入探究。研究官员激励如何影响政府创新决策，进而探究其对创新效率的影响，对于创新驱动发展背景下地方官员创新激励机制设计尤为重要。① 因此，本章首先分析了政府科技支出对区域创新效率的影响效果，并运用面板门限模型进一步检验了不同官员激励条件下政府财政支出效果，运用中介效应模型检验了政府官员激励对政府科技支出进而对创新效率影响的作用机制，深化了现有文献对政府科技支出效果的研究。

　　第二，从研究视角来看，本章基于政府参与区域创新活动的目标，从宏观角度探讨了官员及其行为对区域创新效率的影响。以往研究多从微观角度研究政府补贴效果，② 其结果往往证明了政府参与创新活动的无效性。如前所述，微观层面的研究忽视了政府科技支出是为了最大化创新主体创新活动的社会受益，而这一社会受益在很大程度上体现在企业创新活动的外部性和溢出效应上。因此，微观层面的研究可能会低估政府补贴等科技支出对创新活动的影响效果。本章从宏观角度探讨政府科技支出对创新活动的影响效果，以及官员激励和政府科技支出对创新效率的影响机制，其分析结果更

---

　　① 李政、杨思莹：《官员激励和政府创新偏好对工业创新效率的影响》，《北京师范大学学报》（社会科学版）2019 年第 1 期。

　　② Czarnitzki D. , Lopes-Bento C. , "Value for money? new microeconometric: evidence on public R&D grants in Flanders", *Research Policy*, Vol. 42, 2013, pp. 76 – 89.

加符合政府参与创新活动的目标。[①]

第三，在研究结论上，本章不仅证实了政府科技支出对区域创新效率的促进作用，而且发现政府科技支出对创新效率影响存在着非线性特征：当政府支持力度介于 0.02 至 0.04 区间时，政府对区域创新效率的提升作用最大且显著。此外，官员激励也会影响政府科技支出对创新活动的作用效果，例如不同财政分权程度下，政府支持对区域创新效率的影响有所差异，随着分权程度的提高，政府支持对区域创新效率的影响有所下降；分权激励也会抑制政府科技支出规模，间接抑制区域创新效率提升。较强的晋升激励下，政府科技支出能够更加有效地促进创新效率提升；但更强的晋升激励也会抑制政府科技支出，进而抑制创新效率提升。寻租激励则会激励政府加大财政科技支出，但也会扭曲政府科技支出行为，不利于创新效率提升。

二　政府科技支出规模与结构对创新效率的作用机制

从宏观角度来看，政府科技支出会通过四种方式促进区域创新效率提升。首先，政府为企业开展创新活动提供制度供给和公共服务，一方面在降低创新主体所面临的制度性摩擦、保障市场主体创新成果收益权的同时，促进市场机制配置资源优势的最大程度发挥；[②] 另一方面将市场运行内置于政府宏观经济引导与监管的体制框架下，缓解由于外部性所导致的创新投入不足的问题，激励创新主体开展创新活动，使得区域创新活动接近甚至达到最优规模，提高区域创新活动的规模效率。[③] 其次，依据区域创新的三螺旋理论，政

①　李政、杨思莹：《官员激励和政府创新偏好对工业创新效率的影响》，《北京师范大学学报》（社会科学版）2019 年第 1 期。

②　刘小元、林嵩：《地方政府行为对创业企业技术创新的影响——基于技术创新资源配置与创新产出的双重视角》，《研究与发展管理》2013 年第 5 期。

③　李政、杨思莹：《十年创新型国家建设：成就、经验与问题》，《学习与探索》2017 年第 1 期。

府是区域创新系统不可或缺的主体。政府通过制定凝聚区域创新愿景的、以集约和高效为准则的创新战略,① 为区域创新发展指明方向,稳定企业家与科技工作者预期,强化创新主体间的协同关系,引领创新要素集聚,提升区域创新效率。再次,政府主导区域科技相关的基础设施建设,为企业创新活动的开展提供硬环境保障,能够打破创新要素流动的时空距离障碍,促进要素自由流动,在提高创新资源配置效率的同时,会加速知识与技术在区域内部和产业链上下游的传播与溢出,② 降低企业获取知识与技术的时间成本和经济成本,提高区域创新效率。此外,政府推动区域内信息化建设,打破科技市场上的信息不对称,为科技成果快速转化提供了良好的信息平台。最后,政府科技支出能够为企业提供基础知识与共性技术供给。基础研究与共性知识开发的外部性大、研究成果的流动性强、直接经济效益小、投入规模大和失败风险高,因此这一领域的研发活动面临着较大的资金缺口。政府鼓励和组织高校、科研机构进行基础研究和共性知识开发,为企业开展研发活动创造知识条件,将直接提升区域创新效率。由此,本章提出如下假说。

假说 4.1:政府科技支出能够有效促进区域创新效率提升。

当然,上述推测并不能说明政府科技支出越多越好。从理论上讲,适度的政府科技支出能够有效弥补市场机制在资源配置过程中的失灵问题,但是过高的科技支出可能会导致政府以财政补贴的形式干预企业创新活动,从而导致政府科技支出对区域创新效率的边际作用逐渐递减,甚至消失。即便存在着市场机制配置创新资源过程中的失灵问题,但创新在很大程度上仍然是一种市场行为,适度竞争能够有效激发企业创新激励,提高企业创新效率。而当政府补贴过高时,可能会打破原有的市场竞争机制,使得受补贴企业对政

---

① 吴延兵:《中国式分权下的偏向性投资》,《经济研究》2017 年第 6 期。
② 李猛、沈坤荣:《地方政府行为对中国经济波动的影响》,《经济研究》2010年第 12 期。

府补贴产生依赖，导致"补贴推动的科技创新"替代原有的"市场竞争推动的科技创新"。与此同时，政府补贴具有公有产权属性，导致企业在使用补贴的过程中过于粗放，降低了补贴资金使用效率。由此可见，适度的政府科技支出可以激励企业开展研发创新，提高区域创新效率；而过高的政府科技支出则会抑制企业创新激励，导致企业患上补贴依赖症，降低政府财政支出效果，不利于创新效率提升。为此，本章提出如下假说。

假说4.2：政府科技支出对创新效率的影响具有非线性特征，当政府科技支出介于某一区间时，其对创新效率的推动作用最强。

三 不同官员激励下的政府科技支出与省域创新效率

（一）官员激励对区域创新效率的影响效果

政府官员兼具"政治人"与"经济人"双重属性，既追求经济利益最大化，又追求政治利益最大化。[①] 在"政治经济人"假设前提下，地方官员又面临着多重激励，包括政治晋升激励、寻租激励和经济权力激励。[②] 那么作为政府行为的主导者，面对多重激励的政府官员如何影响区域内部工业创新效率？解决这一问题，对创新驱动发展战略背景下有为政府的构建具有重要的理论与实践意义。

一方面，晋升激励是政府官员所面临的最直接的激励，也是政府官员"政治人"属性最直接的体现。在行政和人事高度集权的央地间管理模式下，为了寻求政治上的晋升，地方官员往往会自觉调整自身行为，以适应中央政府偏好。在中国经济高速发展的背景下，经济增长往往成为地方官员晋升的重要指标。因此，在以 GDP 和财政为主的政绩考核机制下，政府官员的晋升激励往往转变成推动经

---

① 吴延兵：《中国式分权下的偏向性投资》，《经济研究》2017 年第 6 期。

② 李猛、沈坤荣：《地方政府行为对中国经济波动的影响》，《经济研究》2010年第 12 期。

济增长的激励和压力。[①] 另一方面，创新能够缓解经济发展的资源与环境约束，提高经济发展的集约化水平，是经济增长的可持续动力，因此致力于推动经济增长的政府官员往往具有提高区域创新效率的内在激励，并通过各种措施优化创新资源配置。此外，当前中国经济发展面临着日益严重的资源与环境约束，中央政府越来越多地关注地区环境问题，通过提升区域创新效率和能力促进经济绿色增长越来越多地被地方政府应用到经济发展的实践中。基于此，本章提出如下假说。

假说4.3：晋升激励下的政府官员会着力推动区域创新效率提升。

寻租激励是官员作为"经济人"所面临的激励。一般来讲，政府官员也是理性经济人，追求自身经济利益最大化，因此经济利益对官员行为具有重要的引导和激励作用。政府官员在行使公共权力时，往往面临着公共利益与私人利益的权衡取舍。理性经济人假设条件下的政府官员会寻求其私人利益的最大化，并且导致公共权力的非公使用，产生寻租行为和高昂的交易成本，影响区域创新生态系统运行，导致区域创新效率损失。首先，腐败行为扰乱市场公平竞争机制，使得市场上以价格竞争、创新竞争为主导的竞争机制转变为租金竞争和政治资源竞争。当寻租收益高于创新收益时，创新主体会更多地参与到寻租活动中而降低创新投入，挤出企业研发投资。[②] 其次，腐败扭曲公共投资行为，[③] 弱化政府参与创新活动效果。市场无力解决创新产出的高外部性和高流动性等问题，导致创新主体缺乏足够的创新激励，需要政府以财政补贴、税收优惠等方式激励创新主体开展研发活动。而腐败会扭曲政府科学与技术支出

① 周黎安、李宏彬、陈烨：《相对绩效考核：关于中国地方官员晋升机制的一项经验研究》，《经济学报》2005年第1期。

② 聂辉华：《腐败对效率的影响：一个文献综述》，《金融评论》2014年第1期。

③ Bardhan P., "Corruption and development: a review of issues", *Journal of Economic Literature*, Vol. 35, 1997, pp. 1320 – 1346.

行为，降低政府参与区域创新活动效果。最后，腐败弱化政府监管职能与服务职能，影响产权保护效果，提高企业进入壁垒和创新成本。[①] 在中国现行行政体制下，企业开展创新活动不可避免地要与政府部门交往，如发改部门、科技管理部门等，以获得各种审批手续。当这些部门官员以其自身掌握的行政权力向企业索贿，或故意拖延审批时间以获得贪腐收益时，便直接抬高了企业创新活动成本，降低创新效率。此外，政府部门承担着保护创新主体创新成果不被侵权的职能，而腐败会弱化政府这一职能，影响企业创新决策：一方面企业因害怕被侵权而降低创新投入；另一方面企业以其掌握的政治资本侵占他人创新成果，降低自身所承担的创新投入和风险，产生搭便车行为。这两种行为会直接影响企业创新决策，使得区域创新投入远远低于合意规模，导致创新活动的规模效率损失。基于上述分析，本章提出如下假说。

假说4.4：寻租激励可能会扭曲政府官员行为，导致区域创新效率损失。

经济权力对具有"经济人"与"政治人"双重属性的政府官员具有重要激励作用，主要是财税激励。[②] 提高经济增长速度的晋升激励和获取贪腐收益的寻租激励都需要政府官员掌握一定的经济权力或者说是财政资源。此外，央地间财权和事权不匹配，也导致了地方官员有着增加财政资源支配权力的内在激励。为了增加自身财政资源配置权力，地方政府往往通过行政手段干预市场机制运行，在提高财政努力程度、用好财政支出的同时，[③] 重新配置财政资源，将更多的资源投入到能够吸引外资和鼓励创新创业的领域中，以促进

---

① Smarzynska B., Wei S. J., *Corruption and composition of foreign direct investment: firm-level evidence*, NBER Working Paper, No. 7969, 2000.

② 李猛、沈坤荣：《地方政府行为对中国经济波动的影响》，《经济研究》2010年第12期。

③ Weingast B. R., "Second generation fiscal federalism: the implications of fiscal incentives", *Journal of Urban Economics*, Vol. 65, No. 3, 2009, pp. 279 – 293.

经济快速增长。① 因此，地方政府一方面会努力用好科技相关的财政支出，包括对科技相关支出进行跟踪监督与效果评价，及时调整和改善创新资源配置，强化财政支出对区域创新效率的提升作用；另一方面通过加强基础设施建设支出、提高外资优惠条件等措施，能够吸收高效的国外创新资本，直接提高区域工业企业创新效率。并且，国外创新资本技术溢出也会促进本地区工业创新效率提升。基于上述分析，本章提出如下假说。

假说4.5：经济权力激励会提高政府官员财政努力程度，促进区域创新效率提升。

（二）官员激励影响区域创新效率的作用机制

一般来讲，出于晋升资本积累的目的，地方政府往往追求经济规模短期内的迅速扩张，而由于创新投资的收益回收期相对较长，因此这一动机在财政支出上表现为"重生产、轻创新"的自利性投资偏好，即减少地方政府对外部性较强的科技创新活动的财政支出。政府创新投入减少会直接弱化政府财政资源对市场机制的补充作用，不利于区域创新效率的提升。② 因此，在晋升激励机制下，地方官员会降低财政科学与技术支出比重，即降低政府创新偏好，进而影响政府在区域创新系统建设中作用的发挥，不利于创新效率提升。由此，本章提出如下假说。

假说4.6：晋升激励下的地方官员会降低政府科技支出，不利于区域创新效率提升。

腐败的一个必然结果是扭曲公共投资。在一个政府财政预算约束较为宽松的经济体中，政府往往倾向于将更多的资源投入到绩效评估和监管机制不健全或财政支出效果难以评估的行业领域中，以

---

① 张莉、王贤彬、徐现祥：《财政激励、晋升激励与地方官员的土地出让行为》，《中国工业经济》2011年第4期。

② Zhang T., Zou H. F., "Fiscal decentralization, public spending, and economic growth in China", *Journal of Public Economics*, Vol. 67, No. 2, 1998, pp. 221 – 240.

最大可能地扩大寻租空间，获得贪腐收益。[1] 由于科技创新成果具有专业性强、价值难以评估等特征，导致地方官员倾向于将更多的财政资源投入到科技创新活动中。Hessami（2014）等研究发现，贪腐官员倾向于真实价值难以评估的高新技术产品等的消费，即更愿意增加具有专业性、高科技领域的财政支出。[2] 而如上所述，政府创新投入能在一定程度上促进区域创新效率的提升。基于上述分析，本章提出如下假说。

假说4.7：寻租激励下地方官员会提升政府科技支出，一定程度上促进区域创新效率提升。

财政分权制度改革使得地方政府成为经济增长的"剩余索取者"。为了追求地方财政资源支配权力的最大化，地方政府往往追求地方税收规模的扩张，[3] 并努力扩大税基，而加快基础设施建设、鼓励创业和外商直接投资、促进地方经济规模短期内快速扩张是地方政府常用的方式。在这一机制下，地方官员过度追求经济规模扩张而提高生产性财政支出，忽视政府科技创新方面的投入，并弱化政府参与区域创新活动效果，导致创新效率损失。据此，本章提出如下假说。

假说4.8：经济权力激励下地方官员会降低政府创新偏好，导致区域创新效率损失。

① Tanzi V., "Corruption around the world: causes, consequences, scope, and cures", *Staff Papers*, Vol. 45, No. 4, 1998, pp. 559 – 594.

② Hessami Z., "Political corruption, public procurement, and budget composition: theory and evidence from OECD countries", *European Journal of Political Economy*, Vol. 34 No. 6, 2014, pp. 372 – 389.

③ Jin H., Qian Y., Weingast B. R., "Regional decentralization and fiscal incentives: Federalism, Chinese Style", *Journal of Public Economics*, Vol. 89, No. 9, 2005, pp. 1719 – 1742.

第二节 研究设计

一 模型设定

（一）基准回归设定

首先，本章重点探究政府科技支出对区域创新效率的影响，故设定如式（4—1）所示多元回归模型：

$$IE_{it} = \alpha_0 + \alpha_1 Gov_{it} + \sum \alpha_j X_{jit} + \varepsilon_{it} \qquad (4—1)$$

其中，IE 表示区域创新效率，Gov 表示政府科技支出，可以从其回归系数判定政府支持对区域创新效率的影响效果。X 表示控制变量的集合，借鉴程强等（2015）、李政等（2017）相关研究，[①] 式（4—1）中控制变量主要包括：地区对外开放程度，用 $Pfdi$ 表示；地区创新的人力资本要素，用 Hum 表示；地区寻租和腐败程度，用 Cor 表示；地区产业发展水平，用 Ind 表示。

其次，区域创新活动的主体包括企业、高校和研究与开发机构（以下简称科研机构），针对不同主体创新活动的政府支持可能会对区域创新效率产生不同的影响。为了区分这种差异性，本章进一步构造如式（4—2）所示模型。其中，Gov_qiye、$Gov\_gaoxiao$、Gov_jigou 分别表示政府对企业、高校和科研机构创新活动的支持程度。

$$IE_{it} = \gamma_0 + \gamma_1 Gov\_qiye_{it} + \gamma_2 Gov\_gaoxiao_{it} +$$
$$\gamma_3 Gov\_jigou_{it} + \sum \gamma_j X_{jit} + \varepsilon_{it} \qquad (4—2)$$

最后，考虑到不同政府支持程度对区域创新效率影响可能具有非线性特征，本章构建如式（4—3）所示的单一门限回归模型，以考察政府科技支出对区域创新效率影响的非线性效果，并在实证分

---

① 程强、尹志锋、叶静怡：《国有企业与区域创新效率——基于外部性的分析视角》，《产业经济研究》2015 年第 4 期；李政、杨思莹、何彬：《FDI 抑制还是提升了中国区域创新效率？——基于省际空间面板模型的分析》，《经济管理》2017 年第 4 期。

析中通过检验选择单一门槛模型或扩展为多重门槛模型：

$$IE_{it} = \beta_0 + \beta_1 Gov_{it} \cdot I(Gov_{it} \leq \delta_1) +$$

$$\beta_2 Gov_{it} \cdot I(Gov_{it} > \delta_1) + \sum \beta_j X_{jit} + \varepsilon_{it} \qquad (4\text{—}3)$$

式（4—3）中，$I(\cdot)$ 为指示函数，当括号内的条件满足时，I 为 1，否则，I 为 0。

（二）官员激励的门槛效应模型设定

寻租活动是影响政府财政资源配置的重要因素，以往对寻租和腐败是经济系统运行的"润滑剂"或"绊脚石"之争仍未有清晰的结论。因此，探究创新驱动发展背景下，不同寻租和腐败程度下政府支持区域创新活动的效果具有重要意义。为此，本章构建如式（4—4）所示的单一门槛回归模型，同样在实证分析中会依据需要扩展为多重门槛模型。其中，Cor 表示地区寻租和腐败程度。

$$IE_{it} = \beta_0 + \beta_1 Gov_{it} \cdot I(Cor_{it} \leq \delta_1) +$$

$$\beta_2 Gov_{it} \cdot I(Cor_{it} > \delta_1) + \sum \beta_j X_{jit} + \varepsilon_{it} \qquad (4\text{—}4)$$

地方官员不仅具有寻求经济利益最大化的"经济人"属性，而且还有谋求职位晋升的"政治人"属性，而这种属性在一定程度上也会影响政府科技支出效果。为此，本章构建如式（4—5）所示门槛效应模型，以检验在不同晋升激励机制下，政府科技支出对区域创新效率的非线性效果。式（4—5）所示为单一门槛回归模型，其中，$Prom$ 表示官员晋升激励程度。在实证分析过程中，本章依据门槛检验效果将式（4—5）扩展为多重门槛模型。

$$IE_{it} = \beta_0 + \beta_1 Gov_{it} \cdot I(Prom \leq \delta_1) +$$

$$\beta_2 Gov_{it} \cdot I(Prom > \delta_1) + \sum \beta_j X_{Jit} + \varepsilon_{it} \qquad (4\text{—}5)$$

财政分权程度作为调节中央与地方财政权力关系的一种制度安排，在很大程度上决定了财政资源配置的方式、效率与水平。分权程度提高会增加地方官员财政支出自主权，激励地方官员提高财政努力程度，从而制定合理的财政支出结构和规模，提高财政支出效率。因此不同财政分权体制下，政府支持区域创新活动的效果也存在着差异化的潜在可能。由此，本章构建如式（4—6）所示的可扩展的门限回归模型，以探讨不同分权体制下政府科技支出对区域创新效率影响的非线性特征。其中，$Fisdec$ 表示央地间财政分权程度，门槛个数依据实证检验确定。

$$IE_{it} = \beta_0 + \beta_1 Gov_{it} \cdot I(Fisdec \leq \delta_1) +$$

$$\beta_2 Gov_{it} \cdot I(Fisdec > \delta_1) + \sum \beta_j X_{Jit} + \varepsilon_{it} \qquad (4—6)$$

（三）官员激励对政府科技支出与区域创新效率的影响机制设定

基于前述理论分析，为了检验官员激励、政府创新偏好对区域创新效率的影响，本章借鉴刘贯春（2017）[1] 相关模型设计，运用分步估计法进行检验。为了检验地方官员激励对区域创新效率的综合影响，设定如式（4—7）所示的基准模型。

$$IE_{it} = \beta_0 + \beta_1 Inc_{it} + \beta_2 Pgdp_{it} + \beta_3 Urb_{it} + \beta_4 Rd_{it} +$$

$$\beta_5 Pfdi_{it} + \beta_6 Finsize_{it} + \beta_7 Ind_{it} + \beta_8 Stra_{it} + \varepsilon_{it} \qquad (4—7)$$

式（4—7）中，IE 表示区域创新效率，Inc 表示地方官员激励，包括晋升激励 $Prom$、寻租激励 Cor 和经济权力激励 $Fisdec$。$Pgdp$ 表示经济发展水平，代表区域创新的宏观经济环境；Urb 代表城市化水平，用以近似地表示高素质劳动者占地区劳动者总量的比重；Rd 表示地区研发投入水平，用以表征地区科技发展水平；$Pfdi$ 为对外开放水平，代表区域创新的开放环境；$Finsize$ 表示金融规模，代表区域创新的金融支持环境；Ind 为产业发展水平，代表区域创新的产业基础条件；$Stra$ 为区域创新发展战略。β 为回归系数，ε 为误差项。

为了检验地方官员激励通过影响政府科技支出间接影响区域创

---

① 刘贯春：《金融结构影响城乡收入差距的传导机制——基于经济增长和城市化双重视角的研究》，《财贸经济》2017 年第 6 期。

新效率这一传导机制是否存在，本章首先检验地方官员激励对政府科技支出的影响，即构建如式（4—8）所示的模型。

$$Pf_{it} = \gamma_0 + \gamma_1 Inc_{it} + \gamma_2 Pgdp_{it} + \gamma_3 Finincome_{it}$$
$$+ \gamma_4 Rd_{it} + \gamma_5 Ind_{it} + \gamma_6 Stra_{it} + \varepsilon_{it} \qquad (4—8)$$

式（4—8）中，Pf 为政府创新偏好，即政府科技支出占财政一般预算支出的比重。政府创新偏好主要受官员激励（Inc）、经济发展水平（$Pgdp$）、财政收入水平（$Finincome$）、地区创新能力（Rd）、产业发展水平（Ind）以及创新战略（$Stra$）的影响。除此之外，本章还构建以创新效率为被解释变量，以政府科技支出为解释变量的回归模型，以检验政府财政科技支出对创新效率的影响。模型设定如式（4—9）所示。

$$IE_{it} = \alpha_0 + \alpha_1 Pf_{it} + \alpha_2 Pgdp_{it} + \alpha_3 Urb_{it} + \alpha_4 Rd_{it} +$$
$$\alpha_5 Pfdi_{it} + \alpha_6 Finsize_{it} + \alpha_7 Ind_{it} + \alpha_8 Stra_{it} + \varepsilon_{it} \qquad (4—9)$$

如果地方官员激励会通过影响政府科技支出进而影响区域创新效率，那么 γ_1 与 α_1 系数均应当通过显著性检验，并且可以初步判断官员激励通过影响政府创新偏好进而影响区域创新效率的间接效应为 $\gamma_1 \alpha_1$。

此外，为了检验政府科技支出的中介效应是否完全，即检验控制地方官员激励通过影响政府科技支持进而影响区域创新效率的间接传导路径后，官员激励对区域创新效率的直接影响是否依然显著，本章进一步构建如下回归模型：

$$IE_{it} = \varphi_0 + \varphi_1 Inc_{it} + \varphi_2 Pf_{it} + \varphi_3 Pgdp_{it} + \varphi_4 Urb_{it} + \varphi_5 Rd_{it}$$
$$+ \varphi_6 Pfdi_{it} + \varphi_7 Finsize_{it} + \varphi_8 Ind_{it} + \varphi_9 Stra_{it} + \varepsilon_{it} \qquad (4—10)$$

若地方官员激励对创新效率既存在直接影响，又存在通过影响政府科技支出进而影响创新效率的间接效应，那么 φ_1 与 φ_2 均应通过显著性检验，调整后的间接效应为 $\gamma_1 \varphi_2$；若地方官员激励对创新效率不存在直接影响，而仅仅是通过影响政府创新偏好进而影响创新效率，那么政府科技支出是完全中介变量，φ_1 不显著而 φ_2 显著。

二　变量设定

（一）创新效率测算

本章的主要被解释变量是区域创新效率。对区域创新效率的测算，投入产出指标的选择是关键。区域创新活动中的知识与技术主要来源于两种渠道，即自主创新和引进消化吸收再创新。为此，本章选择地区人均研发经费内部支出和人均大中型工业企业购买国内技术经费支出作为地区自主创新和引进消化吸收再创新的经费投入水平，用人均研发人员全时当量作为两种创新模式的人力资本投入水平。对于产出指标的选择，以往研究多用专利申请量作为创新产出指标，但是专利分为发明专利、实用新型专利和外观设计专利三种类型，后两者的知识与技术含量要远远低于前者，因此本章用人均发明专利申请量作为区域创新活动的中间产出指标。此外，本章还加入了人均技术市场成交合同金额和人均高技术产业增加值作为创新活动产出指标，以反映区域创新产出的市场价值。对于创新效率的测算方法，本章选择不需要先验设定函数形式的数据包络分析方法（Data Envelopment Analysis，DEA）进行测算。利用 DEA 方法估计上述创新效率时，常见的方法有 CCR 模型、BCC 模型、FDH 模型等。CCR 模型假设生产过程具有规模报酬不变特征，而 BCC 模型则假设生产过程具有可变的规模报酬。FDH 模型刻画的生产可能性集或与 CCR 模型边界一致或在其内部，所以从有限样本的角度看，FDH 模型对创新效率的估算往往具有正向的偏误。Kneip 等（1998）研究发现，FDH 模型相比 CCR 模型和 BCC 模型具有更加缓慢的收敛速度，同时考虑到创新活动往往具有规模报酬可变的特征，因此本章选择 BCC 模型对区域创新效率进行测算，[1] 其原理最初可见

---

① Kneip A., Park B., Simar L., "A note on the convergence of nonparametric DEA estimators for production efficiency scores", *Econometric Theory*, Vol. 14, 1998, pp. 783 – 793.

Chames 等（1978）。[1]

在考察官员激励条件下的政府科技支出与区域创新效率关系时，本章被解释变量替换为区域创新效率，这主要是由于工业是多数省域经济发展的主导产业，也是地方实现创新驱动发展的关键产业。因此，地方官员往往倾向于优先推动地方工业创新发展。在区域创新效率测算时，本章同样从资金投入和人员投入两个角度出发，选择地区工业企业研发经费内部支出和研发人员全时当量作为区域创新活动的主要投入指标。在产出指标的选择上，本章主要选择了规模以上工业企业发明专利申请量和新产品销售收入两项指标，前者表示科技创新的直接产出，或者说是中间产出，后者表示科技创新的经济效益，即最终产出。上述数据皆来源于 EPS 数据平台，样本时间跨度为 2009—2015 年。由于数据缺失等原因，本章样本为剔除了香港、澳门、台湾、西藏外的其余 30 个省、自治区和直辖市的相关数据。在方法选择上，同样选择 DEA 方法对各地区区域创新效率进行测算。

（二）解释变量与控制变量的设定

本章的核心解释变量是政府科技支出，用地方政府财政支出中科技支出所占比重来表示。此外，对于政府对区域内不同创新主体的支持程度，本章使用其研发经费内部支出中政府资金比例来表示。

当考察官员激励对政府财政科技支出效果的门槛效应时，如前所述，本章从官员"政治人""经济人"与"政治经济人"的三重属性出发，考虑在经济激励（寻租激励）、晋升激励以及分权激励条件下，政府科技支出对区域创新效率影响的非线性特征。其中，以往文献指出，[2] 以 GDP 和财政为主的政绩考核机制下，官员晋升激

①　Chames A. , Coope W. W. , "Rhodes E. measuring the efficiency of decision making units", *European Journal of Operational Research*, Vol. 2, No. 6, 1978, pp. 429 – 444.

②　Chen V. Z. , Li J. , Shapiro D. M. , Zhang X. , "Ownership structure and innovation: an emerging market perspective", *Asia Pacific Journal of Management*, Vol. 31, 2012, pp. 1 – 24.

励与经济增长速度联系紧密。因此本章用地区生产总值增长率表示地方官员晋升激励。寻租激励多指官员贪腐收益激励，由于官员贪腐收益很难捕捉，因此本章借鉴以往研究，[①] 用地区腐败立案数占公职人员总数的比重来表示。经济权力激励多指财税激励，借鉴李猛、沈坤荣（2010）的研究，[②] 本章用地区财政分权程度来表示，即用地方本级人均财政支出占其与中央本级人均财政支出之和的比值来测算。

为了考察官员激励对政府科技支出与区域创新效率的影响机制，本章沿用上述三种官员激励设定方式，并探究地方官员激励对区域区域创新效率的影响及其传导机制。

参照李政等（2017）的研究，[③] 对于控制变量的设定方法如下，地区经济发展水平（$Pgdp$），用人均地区生产总值来表示；开放水平（$Pfdi$），用人均外商直接投资来表示；政府战略环境（$Stra$），用虚拟变量法，由于2012年国家提出创新驱动发展战略，本章以2013年及其以后年份为1，之前年份为0，用以近似地捕捉国家战略对区域创新效率的影响；地区劳动者素质（Urb），用各省年末城镇人口数占总人口数的比重表示；地区科技投入水平（Rd），用各省研发经费内部支出占地区生产总值的比重表示；金融发展规模（$Finsize$），用各省金融业增加值占地区生产总值的比重表示；产业发展水平（Ind），用高技术产业主营业务收入占规模以上工业企业主营业务收入的比重表示；政府财政收入水平（$Finincome$）用地方财政收入占地区生产总值的比重表示。

---

① Dong B., Torgler B., "Causes of corruption: evidence from China", *China Economic Review*, Vol. 26, 2013, pp. 152 – 169.

② 李猛、沈坤荣：《地方政府行为对中国经济波动的影响》，《经济研究》2010年第12期。

③ 李政、杨思莹、何彬：《FDI抑制还是提升了中国区域创新效率？——基于省际空间面板模型的分析》，《经济管理》2017年第4期。

三 数据来源与特征

本章样本包含除西藏、台湾、香港和澳门以外的 30 个省、自治区和直辖市 2003—2015 年的数据，且数据来源于国家统计局数据库、EPS 数据平台、前瞻网数据库、相关年份《中国检查年鉴》以及 2013 年以后的各省检察长年度工作报告。需要指出的是，山西、浙江等个别省份一些年份的检察长年度工作报告中未披露职务犯罪立案数，本章对该省份近三年职务犯罪立案数变化率均值予以补齐。各指标统计特征如表 4—1 所示。

表 4—1   变量的描述性统计

变量	样本量	均值	标准差	最小值	最大值
IE	390	0.823	0.208	0.303	1.000
Gov	390	0.018	0.012	0.004	0.072
Gov_ qiye	210	0.060	0.044	0.016	0.237
Gov_ gaoxiao	210	0.637	0.126	0.068	0.921
Gov_ jigou	390	0.817	0.100	0.426	0.997
Pfdi	390	0.220	0.349	0.005	2.738
Cor	390	0.262	0.079	0.079	0.611
Hum	390	0.016	0.007	0.000	0.040
Ind	390	0.401	0.082	0.131	0.592
Finsep	390	0.803	0.080	0.564	0.936
IE_ ind	154	0.747	0.236	0.218	1.000
Finincome	154	0.110	0.021	0.060	0.159

除此之外，本章单独给出了各省（自治区、直辖市）区域创新效率均值，具体如表 4—2 所示。从中可以看出，中国各地区区域创新效率和变化特征均表现出较大的差异。一方面区域创新效率基本呈现出东部地区、西部地区、中部地区、东北地区依次递减的趋势，并且东部地区具有绝对优势，远高于中部地区和东北

地区。北京区域创新效率最高，七年间一直位于生产前沿面上，其次为青海、上海、山东、江苏和浙江等省市。区域创新效率最低的是黑龙江，七年间均值为0.373，与其他省份具有较大差距，其次为陕西、河北、山西和河南等省份，多分布在东北地区和中西部地区。另一方面，从纵向比较来看，2009—2015年，西部地区和中部地区一些省份的区域创新效率增长率较高，与东部地区差距逐渐缩小。如东部地区2009年区域创新效率均值为0.870，而中部地区、西部地区和东北地区分别为0.525、0.537、0.593。到了2015年东部地区、中部地区、西部地区和东北地区区域创新效率均值分别为0.888、0.787、0.835、0.756，各地区区域创新效率收敛特征明显。整体来看，区域创新效率较低的地区企业研发管理能力和创新资源利用的集约化水平正在不断提高，区域创新系统趋于完善，表现为区域创新效率水平的提升。

表4—2　　　　　　　　各省份区域创新效率的统计结果

	均值	变化率	最大值	最小值		均值	变化率	最大值	最小值
北京	1.000	0.000	1.000	1.000	湖南	0.950	0.000	1.000	0.821
天津	0.897	-0.253	1.000	0.747	广东	1.000	0.000	1.000	1.000
河北	0.487	0.956	0.650	0.291	广西	0.769	0.771	0.989	0.523
山西	0.548	0.636	0.772	0.350	海南	1.000	0.000	1.000	1.000
内蒙古	0.633	0.087	0.739	0.494	重庆	0.918	0.582	1.000	0.632
辽宁	0.676	0.319	0.876	0.442	四川	0.737	0.819	0.978	0.538
吉林	0.928	0.000	1.000	0.494	贵州	0.865	0.572	1.000	0.636
黑龙江	0.373	1.424	0.529	0.218	云南	0.614	-0.097	0.787	0.471
上海	0.998	-0.011	1.000	0.989	陕西	0.456	0.732	0.573	0.330
江苏	0.987	0.000	1.000	0.912	甘肃	0.604	0.907	0.806	0.336
浙江	0.965	0.171	1.000	0.854	青海	1.000	0.000	1.000	1.000
安徽	0.869	0.585	1.000	0.631	宁夏	0.756	1.897	0.997	0.326
福建	0.616	0.065	0.701	0.559	新疆	0.686	1.577	1.000	0.330

续表

	均值	变化率	最大值	最小值		均值	变化率	最大值	最小值
江西	0.564	1.747	0.745	0.250	河南	0.550	0.958	0.766	0.370
山东	0.997	−0.016	1.000	0.984	湖北	0.658	0.350	0.741	0.549
东部地区	0.895	0.091	1.000	0.291	中部地区	0.690	0.713	1.000	0.250
西部地区	0.731	0.713	1.000	0.326	东北地区	0.659	0.581	1.000	0.218

第三节　实证结果与分析

一　政府科技支出规模和结构对创新效率的作用效果检验

（一）政府科技支出规模对创新效率的影响

为了检验政府科技支出对省域创新效率的影响，本章对式（4—1）所示回归模型进行估计。由于创新效率值介于 0 到 1 之间，具有截断特征，传统的估计方法得到的结果往往是有偏的，且不具有一致性。因此，本章采用随机效应面板 Tobit 模型进行估计，结果如表4—3 中模型 1 和模型 2 所示。其中，模型 2 中政府科技支出变量做滞后一期处理，以解决创新效率对政府科技支出的逆向影响。结果显示，政府科技支出变量回归系数分别在 1% 和 10% 的水平下显著为正，表明政府科技支出显著提升了区域创新效率。

为了缓解模型的内生性问题，同时检验区域创新效率是否存在着动态延续特征，本章进一步运用系统广义矩估计方法对模型进行估计，结果如模型 3 所示。从模型 3 可以看出，滞后一期的区域创新效率会对当期创新效率产生显著影响，即创新效率存在着一定的惯性特征。政府科技支出对区域创新效率的回归系数在 1% 的水平下显著为正，说明政府科技支出显著提升了区域创新效率，控制了模型的内生性问题后，结果依旧显著。

由于知识具有外部性高和流动性强的特征，从宏观层面考虑区域之间创新的溢出效应和带动效应具有一定的必要性。为此，本章进一步运用空间面板模型进行回归。对于空间权重矩阵的选择，本章借鉴多数研究，选择地理相邻权重矩阵，即相邻区域权重为1，不相邻区域权重为0。运用空间滞后模型检验创新活动的空间溢出效应，结果如模型4所示。从中可以看出，政府科技支出对区域创新效率的回归系数仍旧在1%的水平下显著为正，进一步证实了政府科技支出对区域创新效率的提升作用。空间滞后因变量的回归系数在10%的水平下显著为负，说明某一地区创新效率的提升会抑制周边地区创新效率，创新活动具有负向溢出效应，而所谓的带动效应不存在。之所以如此，很大程度上是由于当前各地区进行激烈的创新竞争，尤其是创新要素市场上的无序竞争，导致某一地区汇集创新资源会对临近地区创新要素产生"虹吸效应"，在提高本地区创新效率的同时，抑制了邻近地区创新效率的提升。模型5基于空间杜宾模型，检验了政府科技支出对区域创新效率影响的空间溢出效应，发现本地区政府科技支出对邻近地区创新效率的回归系数为负，但并不显著。而政府科技支出对本地区创新效率的回归系数在1%的水平下显著为正，同样证实了政府科技支出有效论，假说4.1得以证实。

从控制变量的回归结果来看，寻租和腐败对区域创新效率的回归系数在除模型2以外的所有回归结果中均在10%以上的水平下显著为负，说明寻租和腐败对区域创新效率产生了显著的抑制作用，腐败是区域创新活动顺利开展的绊脚石，应当加大反腐败力度，为科技创新创造良好的制度环境。对外开放水平对创新效率的回归系数在多数回归结果中显著为负，即对外开放的竞争效应要高于溢出效应，开放导致国外高技术产品涌入，对国内相关产业发展产生冲击，抑制其创新效率提升。人力资本水平对区域创新效率的影响在模型1和模型2中不显著，但在模型3至模型5中均显著为负。这一结果表明，区域高校人才培养并未能够有效促进区域创新效率提升，这可能是由于当前许多高校在发展导向上过分追求规模扩张，忽视了高校发展质量提升。人才培养在一定程度上成了区域创新发展的

"人才负担"，抑制了创新效率提升。产业结构对区域创新效率的回归系数同样在模型1和模型2中不显著，而在模型3至模型5中显著为负，说明高技术产业发展对区域创新效率产生了显著的抑制作用。这看似奇怪，实际不难理解。当前，中国高新技术产业发展处于初期阶段，产业创新的规模效率仍未形成，此时产业发展的规模扩张往往较为粗放，不利于创新效率的提升。

表4—3   政府科技支出对区域创新效率的回归结果

	模型1	模型2		模型3		模型4	模型5
Gov	9.651***	6.333*	Gov	1.791***	Gov	3.899***	4.165***
	(3.264)	(3.290)		(1.961)		(1.255)	(1.266)
Cor	-0.507*	-0.411	Cor	-0.210**	Cor	-0.509***	-0.496***
	(0.292)	(0.331)		(0.097)		(0.136)	(0.136)
Pfdi	-0.284**	-0.223*	Pfdi	-0.070*	Pfdi	-0.023	-0.012
	(0.108)	(0.113)		(0.041)		(0.045)	(0.046)
Hum	3.701	6.663	Hum	-3.986*	Hum	-4.037**	-3.760**
	(4.421)	(4.867)		(2.345)		(1.826)	(1.832)
Ind	-0.265	0.001	Ind	-0.284**	Ind	-0.279**	-0.248**
	(0.323)	(0.343)		(0.136)		(0.132)	(0.134)
常数项	1.013***	0.871***	L.IE	0.381***	W·IE	-0.012*	
	(0.177)	(0.201)		(0.028)		(0.007)	
σ_u	0.225***	0.240***	常数项	0.742***	W·Gov		-0.559
	(0.040)	(0.043)		(0.065)			(0.395)
σ_e	0.243***	0.235***	AR（1）	0.0007	常数项	1.111***	1.089***
	(0.013)	(0.014)	AR（2）	0.9758		(0.065)	(0.066)
Wald检验	13.74**	8.36	Sargan test	0.9859			
样本量	390	360	样本量	360	样本量	390	390

注：***、**、*分别表示在1%、5%和10%的水平下显著。

（二）政府科技支出结构对创新效率的影响

为了检验政府针对不同主体创新活动的支持是否会对区域创新

效率产生不同的影响，本章进一步运用系统广义矩估计方法对式（4—2）进行回归，结果如表4—4所示。在模型6至模型8中，本章分别加入了政府对企业、高校和科研机构的支持程度，结果显示，政府对企业创新活动的支持能够显著提升区域创新效率，而对高校和科研机构的支持程度对区域创新效率的回归系数虽然为正，但并不显著。模型9中将政府对不同主体支持的三个变量同时加入回归分析中，结果依旧显示，政府对企业创新活动的支持提升了区域创新效率，而支持高校和科研机构开展创新活动对区域创新效率的影响并不显著。这或许是由于企业研发活动更加贴近市场前沿，更容易创造市场价值，而高校或科研机构的研发成果过于前沿（或不面向实际应用），难以实现科技成果转化；而国内企业在生产过程中遇到的很多技术难题，高校和科研院所又不愿去做或者无力去做，导致科技成果与市场需求脱节的"两张皮"现象十分显著，从而不利于创新效率提升。

表4—4　　　科技支出结构对区域创新效率影响的回归结果

	模型6	模型7	模型8	模型9
$L. IE$	0.685***	0.697***	0.422***	0.719***
	(0.026)	(0.020)	(0.054)	(0.036)
Gov_qiye	0.307**			0.393***
	(0.129)			(0.148)
$Gov\_gaoxiao$		0.046		0.026
		(0.034)		(0.049)
Gov_jigou			0.015	−0.032
			(0.051)	(0.057)
Cor	−0.533***	−0.518***	−0.210**	−0.479***
	(0.053)	(0.062)	(0.087)	(0.076)
$Pfdi$	−0.048**	−0.051**	−0.060	−0.008
	(0.022)	(0.022)	(0.061)	(0.031)

	模型 6	模型 7	模型 8	模型 9
Ind	−0.840	−0.998	−2.458	−1.000
	(2.180)	(2.253)	(1.996)	(2.562)
Hum	0.048	−0.025	−0.221	0.238**
	(0.064)	(0.059)	(0.144)	(0.096)
常数项	0.383***	0.391***	0.681***	0.267***
	(0.049)	(0.048)	(0.078)	(0.096)
AR (1)	0.0046	0.0046	0.0008	0.0045
AR (2)	0.3506	0.3317	0.9418	0.3743
Sargan test	0.2945	0.2990	0.9756	0.5644
样本量	180	180	360	210

注:***、**分别表示在1%、5%的水平下显著。

(三) 政府科技支出对创新效率影响的非线性特征

为了检验政府科技支出对区域创新效率的非线性影响,即考察不同程度的政府科技支出对创新效率的影响效果,本章对式 (4—3) 所示的模型进行回归,结果如表4—5中模型10所示。在对门槛效果进行检验后选择双重门槛模型进行分析,从中可以看出,当政府科技支出程度低于0.020时,其对区域创新效率的影响并不显著。当政府科技支出程度介于0.020至0.040区间时,其对区域创新效率的影响为8.879,且在1%的水平下显著为正;当政府科技支出程度高于0.040时,政府科技支出对区域创新效率的影响降至2.865,并且在10%的水平下显著。由此可见,政府科技支出对区域创新效率的影响存在一个最优支持规模的区间,即当政府科技支出程度介于0.020至0.040之间时,其对区域创新效率的提升作用最高,上述结论证实了假说4.2,即政府科技支出对创新效率的影响具有非线性特征,当政府科技支出介于某一区间式,其对创新效率的推动作用最强。

表4—5　　　　　　不同支持方式对区域创新效率影响的回归结果

	模型 10	模型 11
门槛变量	*Gov*	*Gov*
*Gov_* 1	1.719	4.134
	(3.635)	(4.223)
*Gov_* 2	8.879***	11.456***
	(2.434)	(2.889)
*Gov_* 3	2.865*	1.711
	(1.608)	(2.102)
常数项	0.732***	0.644***
	(0.117)	(0.138)
控制变量	控制	控制
门槛值 1	0.020	0.020
门槛值 2	0.040	0.040
门槛效果检验 1	16.729***	20.726***
门槛效果检验 2	11.741**	10.293***
门槛效果检验 3	1.812	3.299
样本量	390	312

注：***、**、*分别表示在1%、5%和10%的水平下显著。

此外，参照张昭、王爱萍（2016）的做法，[①] 本章删除部分极端样本重新进行估计，以检验回归结果是否具有稳健性。考虑到地区创新水平的不平衡性，本章将创新效率均值较高的10%的样本和较低的10%的样本剔除后重新进行门限回归，结果如模型11所示。可以看出，无论是门槛个数还是门槛值，剔除极端值后的检验结果与全样本回归结果高度一致，变量的回归系数也较为一致，说明门限回归结果具有一定的稳健性。

---

　　①　张昭、王爱萍：《金融发展对收入不平等影响的再考察——理论分析与经验数据解释》，《经济科学》2016 年第 5 期。

二 官员激励对政府科技支出效果的门槛效应检验

如前所述，官员是决定政府行为的关键因素，因此，官员所面临的激励与约束机制一定程度上会影响政府科技支出效果。为了考察不同官员激励机制下，政府科技支出对区域创新效率的影响效果，本章进一步对式（4—4）至式（4—6）进行回归，并依据检验结果选择合理的门槛数，结果如表4—6所示。

在表4—6中，模型1探讨了不同寻租和腐败程度下政府科技支出区域创新活动的效果，对应式（4—4），并且依据门槛效果检验选择三重门槛效应模型进行分析。从模型1可以看出，当寻租和腐败程度低于0.226时，政府科技支出对区域创新效率回归系数并不显著。当寻租和腐败程度介于0.226和0.316区间时，政府科技支出对区域创新效率的回归系数为16.424，并在1%的水平下显著，说明一定程度的寻租是经济系统运行的润滑剂。基于Lui（1985）的排队模型①等相关理论不难理解这种现象，企业所能承担的寻租成本与企业能力成正比，寻租能够帮助政府迅速识别能力强的企业，使得创新资源在短时间内得到优化配置，提高政府科技支出效果。而当地区寻租和腐败程度高于0.316时，政府科技支出对区域创新效率的回归系数逐渐降低。可见，过高的寻租和腐败是区域系统运行的绊脚石，会抑制政府科技支出对区域创新的促进效果。主要原因可能包括两个方面：第一，寻租和腐败扭曲政府科技财政支出行为，导致政府科技创新资源错配，弱化政府科技支出对创新活动的促进效果；第二，寻租和腐败行为使得政府对其科技支出效果缺乏监督与跟踪评价，甚至产生政商关联、双向贿赂等侵吞政府科技资源的行为。

对式（4—5）进行回归，讨论不同晋升激励条件下政府科技支出对区域创新效率的影响效果，结果如模型2所示。门槛效果检验

---

① Lui F. T. , "An equilibrium queuing model of bribery", *Journal of Political Economy*, Vol. 93, No. 4, pp. 760 – 781.

表明，官员晋升激励对政府科技支出效果的单一门槛效应显著，并且门槛值为 0.069。从回归结果来看，当官员晋升激励较弱时，即低于 0.069 时，政府科技支出对创新效率的影响不显著；而当官员晋升激励较高时，即高于 0.069 时，政府科技支出能够有效促进区域创新效率提升。这可能是由于当官员晋升激励较低时，其财政努力程度也较弱，对科技支出的监管也较为松懈，导致政府科技支出难以有效促进区域创新效率提升。而当地方官员具有较强的晋升欲望时，一方面，地方官员会合理配置政府科技支出，调整政府科技支出结构，以有效弥补市场机制配置创新资源的不足；另一方面，地方官员会提高财政努力程度，努力提高财政科技支出效率，促进区域创新效率提升。

模型 3 探讨了不同财政分权程度下政府科技支出对区域创新效率的影响，对应式（4—6）。通过门槛效果检验选择三重门槛模型进行分析。可以看出，当财政分权程度低于 0.889 时，政府科技支出对区域创新效率的影响较高，并且均通过了 1% 的水平检验。当分权程度高于 0.889 时，政府科技支出对区域创新效率的影响不显著。并且当分权程度介于 0.793 至 0.832 时，政府科技支出对区域创新效率的提升作用最高，为 12.268。由此可见，存在一个最优的分权区间，使得政府科技支出对区域创新效率的促进作用最高。当分权程度过高时，政府对区域创新活动的支持效果会逐渐减弱。之所以如此，可能是由于两个方面的原因：其一，分权导致地方政府产生"重生产、轻创新"的自利性投资偏好，即在以 GDP 和财政为主的政绩考核机制下，晋升激励往往转变成推动经济增长的压力，为了获取更大的政治晋升空间，地方官员往往更加关注能够在短期迅速带动经济增长的生产性投资，而忽视创新方面的投资效率；其二，分权使得中央政府与地方政府间产生一种委托代理关系，受信息不对称等因素影响，中央政府难以有效监督地方财政科技支出的使用状况，由于科技创新活动的真实价值难以评估，导致该领域成为寻租和腐败行为的高发区，影响政府科技支出对创新活动的作用效果。

此外，本章同样删除部分极端样本重新进行估计，即将创新效率均值较高的 10% 的样本和较低的 10% 的样本剔除后重新进行门限回归，以检验回归结果的稳健性，结果如模型 4 至模型 6 所示。可以看出，无论是门槛个数还是门槛值，剔除极端值后的检验结果与全样本回归结果高度一致，变量的回归系数也较为一致，说明门限回归结果具有一定的稳健性。

表 4—6　　政府科技支出对创新效率影响的非线性效果检验

	模型 1	模型 2	模型 3	模型 4	模型 5	模型 6
门槛变量	*Cor*	*Rgdp*	*Fisdec*	*Cor*	*Rgdp*	*Fisdec*
*Gov*_1	3.873	-11.339***	8.815***	1.541	3.292	10.989***
	(1.637)	(4.396)	(2.627)	(2.125)	(2.191)	(3.155)
*Gov*_2	16.424***	3.245**	12.268***	17.970***	6.847***	15.811***
	(2.982)	(1.578)	(2.270)	(3.377)	(2.168)	(2.703)
*Gov*_3	10.227***		8.083***	10.673***		10.513***
	(2.330)		(2.056)	(2.712)		(2.429)
*Gov*_4	5.264***		0.919	6.110***		1.161
	(1.725)		(1.646)	(2.143)		(2.090)
常数项	1.019***	0.710***	0.708***	0.946***	0.595***	0.633***
	(0.115)	(0.115)	(0.115)	(0.158)	(0.139)	(0.135)
控制变量	控制	控制	控制	控制	控制	控制
门槛值 1	0.226	0.069	0.793	0.226	0.083	0.793
门槛值 2	0.316		0.832	0.316		0.832
门槛值 3	0.379		0.889	0.375		0.897
门槛效果检验 1	9.478***	14.661***	23.077***	8.038*	6.030*	23.437***
门槛效果检验 2	12.170***	1.871	4.218	11.109**	1.317	9.412*
门槛效果检验 3	8.757***	1.479	5.696*	6.883***	1.847	7.975*
样本量	390	390	390	312	312	312

注：***、**、* 分别表示在 1%、5% 和 10% 的水平下显著。

三　官员激励对创新效率的影响机制检验

（一）官员激励对区域创新效率的影响：基准回归

为了检验官员激励对区域创新效率的综合影响，即验证假说 4.3、假说 4.4 和假说 4.5，本章对式（4—7）进行回归。考虑到创新效率值介于 0 到 1 之间，具有截断特征，普通最小二乘回归方法得到的结果往往是有偏的，并且不具有一致性。因此，本章采用随机效应面板 Tobit 模型进行估计，结果如表 4—7 所示。

在模型 1 中官员晋升激励的回归系数在 5% 的水平下显著为正，即官员晋升激励显著提升了区域创新效率。正如假说 4.3 所指出的，追求政治晋升的地方官员将经济增长视为重要的晋升资本，并致力于推动经济的快速增长和可持续增长。科技创新是经济增长的长期动力，加快经济增长速度，缓解经济社会发展的资源与环境约束，需要着力提高地区企业创新能力和创新效率，提升企业科技发展水平。因此，晋升激励下的政府官员会为企业开展集约型创新活动提供良好的环境，促进区域创新效率提升。

从模型 2 可以看出，腐败对区域创新效率的回归系数在 10% 的水平下显著为负，支持了假说 4.4，即寻租激励显著抑制了区域创新效率的提升。与以往坚持"腐败是区域创新系统运行的绊脚石"的观点类似，[①] 经济利益驱使下的地方官员腐败行为导致了区域创新效率损失，其原因主要有：第一，腐败破坏市场竞争机制，弱化产权保护效果，降低创新主体开展创新活动的积极性，导致企业创新活动偏离其最优规模，降低企业创新的规模效率；第二，腐败提高了企业开展创新活动的时间成本与经济成本，一方面体现在科技成果转化审批时间延长，另一方面体现在原有传统企业通过寻租获取政治资本从而对科技型中小企业挤出甚至打压；第三，腐败会扭曲政

---

① Claessens S., Laeven L., "Financial development, property rights, and growth", *The Journal of Finance*, Vol. 58, No. 6, 2003, pp. 2401–2436.

府财政科技支出，导致财政创新资源配置效率损失。

从模型3可以看出，财政分权对区域创新效率的影响在1%的水平下显著为正，表明经济权力激励条件下地方官员有提升区域创新效率的直接动力。这种动力主要来源于其身为"政治人"对财税权力的追求，导致其鼓励企业开展集约型创新活动，并加速科技成果转化，使得科技创新在尽可能短的时间内转化为现实经济价值，从而扩大地方税基，提高地方财政收入和政府自主支配财政资源的权力。

从控制变量的回归效果来看，地区劳动者素质和区域创新驱动发展战略的实施有效促进了创新效率提升。经济发展水平和创新能力对创新效率具有负向影响，这主要是由于地区经济发展水平和创新能力越高，越具有较高的创新投入规模，而各地区创新管理能力并未随着其投入水平的提升而增强，即未摆脱高投入、低产出的粗放型创新模式，导致中国出现经济发展、创新投入没能促进创新效率提升的现象。因此，各地区在提升创新投入的同时，应当提高科技创新的集约化水平，促进创新效率提升。外商直接投资对工业企业创新的竞争效应不显著，创新驱动发展背景下应当注重外资引进质量的提升，提高外资的技术溢出效应，并增强地区工业引进消化吸收再创新的能力。金融发展规模对创新效率影响不显著，应当注重提高地区金融发展质量，以服务实体经济创新。产业发展水平对创新效率的促进作用也不显著，应当进一步合理规划地区产业发展布局，为区域创新构建良好的产业基础。

表4—7   官员激励与区域创新效率

	模型1	模型2	模型3
Prom	1.728 ** (0.687)		

续表

	模型 1	模型 2	模型 3
Cor		−0.533* (0.311)	
Fisdec			2.242*** (0.646)
Pgdp	−0.022 (0.025)	−0.048* (0.025)	−0.081*** (0.027)
Urb	2.676*** (0.646)	3.003*** (0.658)	2.098*** (0.634)
Rd	−10.430* (6.085)	−8.346 (6.025)	−2.893 (5.988)
Pfdi	−0.253 (0.179)	−0.224 (0.176)	−0.098 (0.175)
Finsize	−0.160 (1.682)	−1.416 (1.635)	−0.881 (1.541)
Ind	1.053 (0.717)	0.758 (0.727)	0.925 (0.706)
Stra	0.176*** (0.036)	0.159*** (0.035)	0.161*** (0.034)
常数项	−0.639** (0.256)	−0.325 (0.260)	−1.879*** (0.479)
σ_u	0.284*** (0.048)	0.279*** (0.047)	0.256*** (0.041)
σ_e	0.114*** (0.008)	0.116*** (0.008)	0.114*** (0.008)
Wald 检验	137.57***	130.02***	147.20***
样本量	210	210	210

注:***、**、*分别表示回归系数在1%、5%、10%的水平下显著。

（二）政府科技支出对区域创新效率的影响

为了检验政府科技支出对区域创新效率的影响效果，本章进一步运用面板 Tobit 模型对式（4—9）进行回归，结果如表4—8所示。从中可以看出，模型1中政府科技支出对区域创新效率的回归系数在10%的水平下显著为正，即政府财政科学与技术支出能够显著提升区域创新效率。这一结果证实了政府力量在区域创新系统构建中的重要作用，政府支持是提高区域创新效率必不可少的力量。考虑到政府投入对于企业创新产出影响的滞后效应，同时避免区域创新效率对政府科技支出的反向影响，借鉴陈庆江（2017）的研究，[①]本章将滞后一期和滞后两期的政府科技支出分别带入回归，结果如模型2和模型3所示。可以看出，滞后一期和滞后两期的政府科技支出对创新效率的回归系数分别在1%和5%的水平下显著为正，说明缓解模型内生性问题后，政府科技支出对区域创新效率同样具有显著的促进作用。

表4—8　　　　　　　　　政府科技支出与区域创新效率

	模型1	模型2	模型3
Pf	7.326* (4.340)		
$L.Pf$		12.60*** (4.875)	
$L2.Pf$			12.25** (6.028)
控制变量	控制	控制	控制
常数项	−0.194 (0.230)	0.222 (0.250)	0.540** (0.269)
σ_u	0.269*** (0.047)	0.238*** (0.042)	0.224*** (0.041)

---

① 陈庆江：《政府科技投入能否提高企业技术创新效率?》，《经济管理》2017年第2期。

续表

	模型1	模型2	模型3
σ_e	0.118 ***	0.109 ***	0.108 ***
	(0.008)	(0.008)	(0.009)
Wald 检验	124.08 ***	89.19 ***	63.93 ***
样本量	210	180	150

注：*** 、** 、* 分别表示回归系数在1%、5%、10%的水平下显著。

（三）官员激励对区域创新效率影响的传导路径

为了检验假说4.6、假说4.7和假说4.8是否成立，即验证官员激励是否通过影响政府科技支出进而影响区域创新效率，本章初步运用普通最小二乘方法对式（4—8）进行回归，结果如表4—9所示。

从表4—9可以看出，模型1官员晋升激励对政府科技支出的回归系数在1%的水平下显著为负，说明官员晋升激励降低了政府财政科学与技术支出比重，与假说4.6相符，即在晋升激励下，政府官员追求短期经济规模的迅速扩张，具有"重生产、轻创新"的投资偏好。进一步结合表4—8的估计结果，可以初步判断官员晋升激励抑制政府科技支出进而影响区域创新效率的间接效应为 −0.615 （−0.084 × 7.326）。

模型2中地方官员寻租激励对政府科技支出的回归系数在10%的水平下显著为正，证实了假说4.7的推论，即寻租激励下地方官员往往倾向于将更多的财政资源投入到专业性强和科技含量高以及监管难度大的科技创新领域中。结合表4—8的结果，初步判定官员寻租激励提升政府科技支出进而促进区域创新效率提升的间接效应为0.095 （0.013 × 7.326）。

模型3中经济权力激励对区域创新效率的回归系数在1%的水平下显著为负，即经济权力激励抑制了政府科技支出。这与假说4.8的推论相符，即地方官员为了追求财政资源支配权力的最大化，往往通过加快基础设施建设、鼓励创业和外商直接投资等方式追求经济规模的急剧扩张，以扩大税基。而对这些领域的财政投入挤出了财政科学与技术支出，导致政府科技支出降低。结合表4—8的分析，初步判断官员经济权力激励通过政府科技支出间接影响区域创新效率的效果为 -0.337（-0.046×7.326）。

表4—9　　　　　　　　　官员激励对政府科技支出的影响效果

	模型1	模型2	模型3
Prom	-0.084 ***		
	（0.021）		
Cor		0.013 *	
		（0.007）	
Fisdec			-0.046 ***
			（0.015）
控制变量	控制	控制	控制
常数项	0.006 **	-0.008 ***	0.028 **
	（0.003）	（0.003）	（0.011）
样本量	210	210	210
R^2	0.821	0.810	0.815

注：*** 、** 、* 分别表示回归系数在1%、5%、10%的水平下显著。

（四）政府科技支出作为间接变量的再检验

本章进一步运用面板 Tobit 模型对式（4—10）进行回归，结果如表4—10所示。其中，在控制了政府科技支出对区域创新效率影响的间接效应后，模型1中官员晋升激励对区域创新效率的影响在5%的水平下显著为正，同时政府科技支出这一变量也在15%的水平下显著为正，说明存在晋升激励抑制政府科技支出进而导致创新效率损失的间接作用机制，调整后的间接效应为 -0.504（-0.084×6.002）。同样，模型2中寻租激励的回归系数在5%的水平下显著为负，政府科技支出的回归系数在10%的水平下显著为正，可见存在寻租激励提高政府科技支出进而促进创新效率提升的间接作用机制，调整后的间接效应为 0.104（0.013×7.972）。模型 3 中经济权力激励系数在 1% 的水平下显著为正，政府科技支出也在 15% 的水平下显著为正，表明存在经济权力激励抑制政府科技支出进而抑制创新效率提升的间接作用机制，调整后的间接效应为 −0.317（−0.046×6.883）。从官员激励对区域创新效率的净效应来看，晋升激励对创新效率的提升作用为 1.237（1.741−0.504），寻租激励对创新效率的净效应为 −0.534（−0.638+0.104），经济权力激励对创新效率的提升作用为 1.950（2.267−0.317）。

表 4—10　　　　　　　　　政府科技支出的间接效应再检验

	模型 1	模型 2	模型 3
$Prom$	1.741 **		
	(0.721)		
Cor		−0.638 **	
		(0.315)	
$Fisdec$			2.267 ***
			(0.636)
Pf	6.002 #	7.972 *	6.883 #
	(4.250)	(4.432)	(4.300)
控制变量	控制	控制	控制
常数项	−0.538 **	−0.188	−1.789 ***
	(0.265)	(0.270)	(0.477)
σ_u	0.270 ***	0.260 ***	0.236 ***
	(0.047)	(0.045)	(0.040)
σ_e	0.114 ***	0.116 ***	0.114 ***
	(0.008)	(0.008)	(0.008)
$Wald$ 检验	137.76 ***	132.38 ***	148.30 ***
样本量	210	210	210

注：***、**、*、# 分别表示回归系数在 1%、5%、10% 和 15% 的水平下显著。

（五）对内生变量的处理

由于科技创新对经济增长的驱动作用，创新效率越高的地区，科技创新对经济增长的推动作用越强。因此，致力于推动经济增长的地方政府其创新投入决策在一定程度上取决于该地区上一期区域创新效率，并依据前期创新效率制定该地区财政科技支出额。递归方程忽视了政府科技支出的内生性问题，而联立方程能够全面考虑变量之间的内生关系，是研究间接效应问题的重要方法。[①] 为此，本章进一步控制创新效率对政府科技支出的逆向影响，构造如式（4—11）和式（4—12）所示联立方程组。其中，式（4—12）为区域创新效率方程；式（4—11）为政府科技支出方程，政府科技支出主要受官员激励、前期区域创新效率等因素影响。

$$\begin{cases} Pf_{it} = \varphi_0 + \varphi_1\,Inc_{it} + \varphi_2\,IE_{it-1} + \varphi_3\,Pgdp_{it} + \varphi_4\,Finincome_{it} + \\ \qquad \varphi_5\,Rd_{it} + \varphi_6\,Ind_{it} + \varphi_7\,Stra_{it} + \varepsilon_{it} \quad (4\text{—}11) \\ IE_{it} = \psi_0 + \psi_1\,Inc_{it} + \psi_2\,Pf_{it} + \psi_3\,Pgdp_{it} + \psi_4\,Urb_{it} + \psi_5\,Rd_{it} \\ \qquad + \psi_6\,Pfdi_{it} + \psi_7\,Finsize_{it} + \psi_8\,Ind_{it} + \psi_9\,Stra_{it} + \varepsilon_{it} \quad (4\text{—}12) \end{cases}$$

对于联立方程组的估计，三阶段最小二乘方法相对于两阶段最小二乘方法更加有效，因此本章运用三阶段最小二乘估计方法对联立方程组进行估计，结果如表4—11所示。可以看出，四组模型中区域创新效率对政府科技支出的归回系数均在1%的水平下显著为正，表明区域创新效率对政府科技支出具有显著的正向影响，即区域创新效率越高，政府越具有创新激励。

模型1和模型2考察了政府晋升激励对区域创新效率的影响及其传导机制。模型1中，官员晋升激励对政府科技支出的回归系数在1%的水平下显著为负，即官员晋升激励抑制政府科技支出。模型2中，官员晋升激励和政府科技支出对区域创新效率的回归系数在1%水平下显著为正，即官员晋升激励和政府支持均能够显著提升区

---

① 刘贯春：《金融结构影响城乡收入差距的传导机制——基于经济增长和城市化双重视角的研究》，《财贸经济》2017年第6期。

域创新效率。结合模型 1 中结果可以判断，晋升激励下的地方官员会降低政府创新支出，导致区域创新效率损失，与前述分析结果一致。

模型 3 和模型 4 考察了官员寻租激励对区域创新效率影响及其传导机制。从中可以看出，官员寻租激励对创新效率的回归系数在 5% 的水平下显著为负，即寻租激励导致官员腐败行为，抑制了区域创新效率提升；而寻租激励对政府科技支出的回归系数在 5% 的水平下显著为正，政府科技支出对区域创新效率的回归系数在 1% 的水平下显著为正，因此寻租激励也会通过提升政府科技支出进而促进区域创新效率提升，与前述分析结果一致。

模型 5 和模型 6 考察了官员经济权力激励对区域创新效率的影响及其传导机制。模型 6 中，官员经济权力激励对创新效率的回归系数在 1% 的水平下显著为正，即官员经济权力激励对区域创新效率具有促进作用。政府科技支出对创新效率的回归系数在 1% 的水平下显著为正，并且模型 5 中官员经济权力激励对政府科技支出的回归系数在 1% 的水平下显著为负，可见经济权力激励也会抑制政府科技支出，进而对区域创新效率产生负向影响，与上述结果一致。

模型 7 和模型 8 中，本章将所有官员激励变量同时纳入联立方程中进行回归，其结果与前述分析结果基本一致，实证分析结果具有稳健性。

四　结论与启示

由于创新对经济增长的推动作用，地方政府天然具有提高区域创新效率的内在激励。政府科技支出能够缓解创新活动的外部性问题，为创新主体构造良好的创新生态系统，有利于提高区域创新效率。而政府支出的公共物品属性、寻租和腐败的扭曲作用、信息不对称和道德风险以及委托代理问题等又会削弱政府科技支出对创新活动的促进效果，甚至出现政府科技支出抑制创新效率的困境，即产

表 4—11　　基于面板联立方程组的估计

被解释变量	模型 1 Pf	模型 2 IE	模型 3 Pf	模型 4 IE	模型 5 Pf	模型 6 IE	模型 7 Pf	模型 8 IE
IE_{t-1}	0.017*** (0.003)		0.016*** (0.003)		0.018*** (0.003)		0.019*** (0.003)	
$Prom$	-0.076*** (0.022)	2.928*** (0.665)					-0.066*** (0.022)	2.546*** (0.618)
Cor			0.016** (0.006)	-0.436** (0.208)			0.012** (0.006)	-0.293# (0.190)
$Fisdec$					-0.072*** (0.017)	2.929*** (0.454)	-0.063*** (0.016)	2.593*** (0.450)
Pf		14.564*** (2.250)		12.503*** (2.284)		14.413*** (2.129)		16.023*** (2.078)
控制变量	控制	控制	控制	控制	控制	控制	控制	控制
常数项	-0.001 (0.003)	0.054 (0.182)	-0.016*** (0.003)	0.559*** (0.145)	0.041*** (0.012)	-1.871*** (0.398)	0.039*** (0.012)	-1.994*** (0.395)
R^2	0.815	0.383	0.813	0.354	0.818	0.443	0.825	0.484
样本量	210	210	210	210	210	210	210	210

注：***、**、#分别表示回归系数在1%、5%和15%的水平下显著。

生了创新活动中的政府支持悖论。本章从理论角度分析了政府支持悖论的形成，并基于 2003—2015 年省级面板数据，运用动态面板模型、空间面板模型与面板门限模型实证分析了政府科技支出对区域创新效率的影响。此外，考虑到政府官员对政府行为的决定性影响，本章还实证检验了官员激励对区域创新效率的影响及其作用机制。本章主要有以下观点和结论。

第一，从理论上讲，政府支持企业创新活动是为了获得创新活动的社会整体收益，而非单个企业短期创新效率的提升。微观角度研究将区域创新系统分割成互不相关的独立单元，探究政府科技支出对企业创新效率的影响，并不符合政府支持的初衷。微观层面"割裂式"的研究方法缺乏系统性思维，忽视企业创新的外部性和对区域创新的带动作用。而政府之所以对企业进行补贴，一个重要目的是最大化企业在产业和区域创新网络中的知识与技术溢出，即发挥企业在创新网络中的带动性作用，忽视这种外部性或带动作用的存在很容易低估政府科技支出的效果。因此仅从微观角度研究政府支持创新活动效果欠合理，而这也是政府支持悖论之所以产生的主要原因。而从宏观层面研究能够综合判断政府支持区域创新活动的整体效果，更加符合政府支持创新活动的初衷和目标。此外，忽视对官员激励的考察也是政府支持悖论产生的重要原因。官员是驱动政府行为的关键因素，官员所面临的激励在很大程度上会影响政府决策和行为。因此，在考察政府科技支出效果时，不能忽视对官员激励的考察。

第二，从实证分析结果来看，政府科技支出能够有效提升区域创新效率，并且控制了变量的内生性问题以及创新的空间溢出效应后这一结论仍然成立。政府对企业创新活动的支持更能有效提升区域创新效率，而对高校、科研机构的支持对区域创新效率的促进作用并不显著。此外，研究还发现，当政府科技支出力度介于 0.02 至 0.04 区间时，政府对区域创新效率的提升作用最大且显著。不同财政分权程度下，政府科技支出对区域创新效率的影响也有所差异，随着分权程度的提高，政府科技支出对区域创新效率的影响有所下降；当财政分权程度高于 0.889 时，政府科技支出对创新效率的影响不再显著。一定程度的寻租和腐败充当了创新系统运行的润滑剂，而过高的寻租和腐败抑制了政府科技支出对创新活动的促进效果。当寻租和腐败程度高于 0.316 时，政府科技支出对区域创新效率的提升作用也在逐渐减弱。上述结论在一定程度上澄清了创新活动中政府支持悖论的存在根源，支持政府应当积极参与创新活动、发挥有为政府在创新驱动发展中引领性作用的研判。

第三，政府科技支出对区域创新效率具有正向影响，说明政府参与创新活动能够弥补市场机制的先天不足，在区域创新中具有重要的引领和保障作用，促进区域创新效率提升。地方官员晋升激励和经济权力激励能够显著提升区域创新效率，而寻租激励导致的腐败行为对区域创新效率具有显著的抑制作用。此外，官员晋升激励和经济权力激励也会抑制政府科技支出，导致区域创新效率损失。而寻租激励则会提升政府科技支出，促进区域创新效率提升。从净效应来看，晋升激励和经济权力激励对创新效率的净效应为正，寻租激励的净效应为负。

依据上述结论，本章得出如下政策启示。第一，应当肯定政府在创新活动中的重要作用，保障政府适度加大财政科技支出规模，调整政府科技支出结构，积极发挥政府调节对市场机制的补充作用，以降低市场失灵所导致的创新效率损失；提高政府科技支出，发挥政府在创新活动中的积极作用。第二，完善地方官员考核、薪酬等激励机制，改变原有的以 GDP 和财政为主的政绩考核机制，将地区创新绩效纳入地方官员考核标准；要进一步优化财政分权制度改革，探索集权与分权的最优边界，提高地方政府财政努力程度和支出效率；加强对地方政府参与区域创新活动行为的监督，降低官员腐败行为对区域创新系统运行效率的侵蚀，深挖创新驱动发展战略背景下的反腐红利。第三，规范地区财政科技支出行为，将地方财政支出中科技创新相关支出纳入地方财政预算管理办法，防止地方官员不当激励对财政科技支出行为的扭曲。

第 五 章

城市创新政策对创新水平
影响的实证研究

第一节　城市创新政策对创新水平的
作用机制分析

一　问题的提出

城市创新体系是国家创新体系的重要组成部分，国家创新体系建设是以城市创新体系建设为基础的。习近平总书记指出："加快打造具有全球影响力的科技创新中心，建设若干具有强大带动力的创新型城市和区域创新中心。"① 城市是科技创新活动的空间载体，是创新资源和要素的集聚地，也是知识创造和应用的重要基地。城市创新体系是国家创新体系的重要组成部分。释放城市创新活力，挖掘城市创新潜力，提高城市创新能力，对发挥城市在国家创新活动中的基础作用与支撑作用具有重要意义。为了推动城市实现创新发展，国家采取了一系列措施，完善科技创新的顶层设计，引导经济

① 习近平：《为建设世界科技强国而奋斗——在全国科技创新大会、两院院士大会、中国科协第九次全国代表大会上的讲话》，http：//www.xinhuanet.com//politics/2016－05/31/c_1118965169.htm。

发展模式的转换，即由要素驱动向创新驱动转变，有力地推动了城市创新水平的提升。如 2016 年 2thinknow 发布的全球城市创新指数百强榜中，北京、深圳等五个城市上榜；2015 年北京、深圳等城市科技进步对经济增长的贡献率均超过了 60%，创新已经成为城市经济增长的主要驱动力。

虽然城市创新活动的开展对中国创新型国家建设具有重要意义，但是现有研究对城市创新活动的涉猎非常有限，更少有研究考察城市创新政策对创新水平的作用效果。具体来说，现有研究多基于省级面板数据研究国家财政科技支出对省域创新活动的影响；或就企业微观数据考察政府补贴等措施对其创新投入或产出水平的影响效果，较少关注中观城市层面的研究。[①] 而正如董晓芳、袁燕（2014）所指出的，通过省级数据对科技创新活动进行分析略显粗糙，并且省域内部各城市在知识和人才集聚水平、产业结构、创新能力等方面存在着较大的差异，省级层面研究对创新型城市建设实践的指导意义不强。[②] 此外，相对于省级层面乃至于国家层面，城市层面的创新政策往往更加科学和具有针对性，且能够高效实施。[③] 因此，应当加强对城市创新体系建设及其效果的研究。

近年来，国家针对城市创新转型发展提出了一系列战略举措，指出要强化城市在创新型国家建设中的支撑和引领作用，并且提出了一系列措施。而国家高新区设立与创新型城市试点政策是国家为了提高城市创新水平所采取的两项重要举措。本章将以这两项举措为例，研究中国城市创新政策对创新水平提升的作用效果及其机制。

---

① 杨思莹、李政、孙广召：《产业发展、城市扩张与创新型城市建设——基于产城融合的视角》，《江西财经大学学报》2019 年第 1 期。

② 董晓芳、袁燕：《企业创新、生命周期与聚集经济》，《经济学》（季刊）2014 年第 2 期。

③ 沈沁、游士兵：《集聚效应、内生增长与创新型城市建设》，《江汉论坛》2017 年第 4 期。

二　国家高新区设立对城市创新水平的作用机制

（一）政策背景与相关研究评述

如早在 1988 年，国家就批准实施火炬计划，旨在推动中国高技术、新技术产业形成和发展。作为火炬计划的重要组成部分，在此后的 30 年时间里，国家高新区逐步蔓延至全国 30 个省、自治区和直辖市，成为完善城市创新体系、提高城市创新能力的重要政策工具。

自 1988 年北京中关村科技园区批准建设以来，中国国家高新区设立走过了 30 年历程，走出了一条具有中国特色的高新技术产业发展道路。国家高新区也以其独特的发展模式，逐渐成为城市创新体系的重要组成部分。国家高新区是以发展高新技术产业为目的，在城市内部设置的特定区域，是促进中国高新技术成果商品化、产业化和国际化的重要平台。1988 年 5 月，国家批准在北京设立中关村科技园区，其主导产业包括电子信息、新材料、生物医药等六个领域。1991 年和 1992 年国家分别批准在天津、石家庄等城市设立了 26 个和 25 个国家高新区。此后的十余年时间里，国家高新区设立的增速虽然放缓，但是 2010 年以来，国家高新区设立步伐又加快了。2010 年国家批复在营口、昆山等 25 个城市设立国家高新区，2011—2018 年，国家高新区陆续增加了 85 个。截至 2018 年 3 月，国家高新区数量已经达到 169 家。国家高新区的发展不仅仅体现在其数量的增加上，更体现在其庞大的经济体量上，国家高新区的发展为中国经济增长提供了强大动能。[①] 如 2016 年纳入火炬统计的国家高新区（包括苏州工业园）生产总值达 8.98 万亿元，超过经济大省广东省的地区生产总值，约占中国国内生产总值的 12.1%，国家高新区

---

① 刘瑞明、赵仁杰：《国家高新区推动了地区经济发展吗？——基于双重差分方法的验证》，《管理世界》2015 年第 8 期。

正加速成为推动中国经济发展的重要力量。[①]

国家高新区是中国探索具有中国特色创新发展道路的先行区和示范区，是新时代落实创新驱动发展战略、推动经济高质量发展的重要载体。[②] 以往文献从规模效应、要素配置效应、竞争效应等角度分析高新区、产业园区等经济集聚区内部创新活动的开展效果。如 Engel 和 Del-Palacio（2011）、Filip 和 Beveren（2012）以及 Ning 等（2016）均认为，集聚能够推动创新要素流动和知识传播与溢出，对创新活动具有显著的促进作用；[③] Panne（2004）认为，集聚为企业创新提供了更多的资源优势和更好的制度环境，促进企业创新。[④] 但是也有研究发现，园区内部企业的无序竞争不利于创新活动的开展。如 Arrow（1962）认为，竞争性企业集聚导致技术竞争、技术窃取以及搭便车行为，抑制了企业创新激励；[⑤] 万道侠、胡彬（2018）也发现，集聚扭曲了市场竞争机制，强化了企业创新惰性，抑制了创新活动开展。[⑥] 就中国现实情况而言，程郁、陈雪（2013）研究发

---

① 王胜光、程郁、刘会武：《高新区创新中国——对 20 年国家高新区发展的总结评价及对未来发展的思考》，《中国科学院院刊》2012 年第 6 期。

② 程郁、陈雪：《创新驱动的经济增长——高新区全要素生产率增长的分解》，《中国软科学》2013 年第 11 期。

③ Engel J. S. , Del-Palacio I. , "Global clusters of innovation: the case of Israel and silicon Valley", *California Management Review*, Vol. 53, No. 2, 2011, pp. 27 – 49; Filip D. B. , Beveren I. V. , "Does firm agglomeration drive product innovation and renewal? an application for Belgium", *Tijdschrift Voor Economische En Sociale Geografie*, Vol. 103, No. 4, 2012, pp. 457 –472; Ning L. , Wang F. , Li J. , "Urban innovation, regional externalities of foreign direct investment and industrial agglomeration: evidence from Chinese cities", *Research Policy*, 2016, pp. 368 –379.

④ Panne G. V. D. , "Agglomeration externalities: Marshall versus Jacobs", *Journal of Evolutionary Economics*, Vol. 14, No. 5, 2004, pp. 593 –604.

⑤ Arrow K. J. , "Economic welfare and the allocation of resources for invention", in: Richard Nelson, eds. *The Rate and Direction of Inventive Activity*, Princeton, Princeton University Press, 1972.

⑥ 万道侠、胡彬：《产业集聚、金融发展与企业的"创新惰性"》，《产业经济研究》2018 年第 1 期。

现，国家高新区技术进步速度明显高于其所在省区平均水平，并且创新已经成为高新区经济增长的核心驱动力。[①] 而刘满凤、李圣宏（2012）对 56 个国家高新区创新效率进行测算后发现，国家高新区创新效率普遍偏低，创新资源浪费严重。[②] 李凯等（2007）同样发现，国家高新区的产业集群效应尚未出现，产业集聚对创新活动并没有显著的促进效应。[③] 究其原因，田新豹（2013）认为，高新区发展存在路径依赖性，资本投入仍旧是高新区经济发展的主要驱动力，创新对高新区经济发展的支撑作用逐渐减弱。[④] Cao（2004）认为，创新体系建设尚未完善，内部企业缺乏创新激励，产权界定不清晰等问题是制约国家高新区创新活动有效开展的重要因素。[⑤] 吕政、张克俊（2006）认为，国家高新区存在着传统的体制惯性、价值链低端锁定、企业无序扎堆等问题，导致由产业主导向创新突破的转换受阻，发展效率低下。[⑥] 上述文献多对国家高新区创新绩效进行评价，忽视了国家高新区对城市创新带动效应的研究。

类似于上述文献对国家高新区技术进步、科技创新水平等方面存在的诸多争议，现有研究对国家高新区设立的经济增长效应和产业结构效应也存在争议。如刘瑞明、赵仁杰（2015）研究发现，国

①　程郁、陈雪：《创新驱动的经济增长——高新区全要素生产率增长的分解》，《中国软科学》2013 年第 11 期。

②　刘满凤、李圣宏：《国家级高新技术开发区的创新效率比较研究》，《江西财经大学学报》2012 年第 3 期。

③　李凯、任晓艳、向涛：《产业集群效应对技术创新能力的贡献——基于国家高新区的实证研究》，《科学学研究》2007 年第 3 期。

④　田新豹：《我国高新区经济发展影响因素的实证分析》，《宏观经济研究》2013 年第 6 期。

⑤　Cao C. , "Zhongguancun and China's High-Tech Parks in transition 'Growing Pains' or 'Premature Senility'", *Asian Survey*, Vol. 44, No. 5, 2004, pp. 647 – 668.

⑥　吕政、张克俊：《国家高新区阶段转换的界面障碍及破解思路》，《中国工业经济》2006 年第 2 期。

家高新区设立显著促进了地区 GDP 和人均 GDP 增长。[①] 这是由于一方面，国家高新区享受着特殊的优惠政策，如税收优惠、信贷优惠、土地优惠和人才引进优惠等，这些优惠政策有利于增长要素集聚，直接推动经济增长；另一方面，国家高新区具有较为完善的基础设施建设，为科技创新和经济增长提供了良好的基础设施保障，有利于加快要素流动和优化配置，提高科技创新和经济增长效率，间接推动经济增长。与上述结论不同，谭静、张建华（2018）研究发现，中部地区国家高新区对城市经济增长具有显著的负向影响；[②] 袁航、朱承亮（2018）发现，国家高新区设立难以推动地区产业转型升级，甚至对城市产业结构合理化产生了显著的抑制作用。[③] 其原因主要包括，一方面，国家高新区技术创新不足和创新效率低下，[④] 难以为城市产业发展提供有效的科技支撑；另一方面，一些高新区设立之初定位失准，在后续发展中没能够有效发挥自身的比较优势，导致国家高新区内部各主体间缺乏有效协同，资源配置效率低下。

综上分析可见，当前研究对于国家高新区设立的经济效应仍旧存在分歧，而分歧产生的主要原因是国家高新区设立对城市创新活动影响效果的争论。如果国家高新区设立能够有效带动地方创新水平提升，为经济实现高质量发展提供科技支撑，则能有效促进经济增长；反之，如果国家高新区设立难以带动地方科技创新，那么其对地方经济增长的贡献较弱，甚至会扭曲资源配置，导致经济发展效率低下。可见，不能避开高新区设立的创新效应而空谈其增长效应，但当前文献较少关注高新区设立对城市创新活动的影响效果。

---

① 刘瑞明、赵仁杰：《国家高新区推动了地区经济发展吗？——基于双重差分方法的验证》，《管理世界》2015 年第 8 期。

② 谭静、张建华：《国家高新区推动城市全要素生产率增长了吗？——基于 277 个城市的"准自然实验"分析》，《经济与管理研究》2018 年第 9 期。

③ 袁航、朱承亮：《国家高新区推动了中国产业结构转型升级吗？》，《中国工业经济》2018 年第 8 期。

④ 闫国庆、孙琪、陈超、仲鸿生、任建雄：《国家高新技术产业开发区创新水平测度指标体系研究》，《中国软科学》2008 年第 4 期。

为此，本章重点探讨国家高新区设立对城市创新水平的影响，试图打开国家高新区设立对地方经济增长作用机制的黑箱。同时，作为政府推动城市创新发展的重要政策工具，探讨国家高新区设立的创新效应，能够在一定程度上澄清政府创新政策的有效性问题，为政府制定合理的创新政策提供理论指导与实践指南。

通过对国家高新区设立的创新效应进行考察，本章拟在以下几个方面有所创新。第一，研究内容上的创新。本章重点研究了国家高新区设立对城市创新的溢出和带动效应，并对其空间效应和异质性进行分析，为理解国家高新区设立的经济增长效应提供了新的视角与实证经验。第二，研究对象上的创新。本章基于城市面板数据进行分析，弥补了现有文献在城市创新方面研究的不足。受限于数据可获得性，以往文献对国家高新区设立与城市创新的关系缺乏足够的实证分析。本章基于城市创新相关数据进行分析，弥补了当前文献对城市创新生态系统实证研究的不足。第三，研究方法上的创新。本章基于双重差分方法分析国家高新区设立的创新效应，以解决模型中由于遗漏变量等原因所导致的内生性问题，并运用倾向得分匹配双重差分、反事实分析等方法进行稳健性检验。多种现代计量分析方法的应用使得本章结论更为可靠。此外，基于空间双重差分模型和中介效应模型的机制分析为探究国家高新区设立对城市创新水平影响的作用机制提供了实证参考。

（二）作用机制与研究假说

国家高新区作为城市创新要素集聚、知识密集度较高的特定区域，能够通过知识与技术溢出等渠道促进城市创新发展。[①] 首先，国家高新区作为城市实施创新驱动发展战略的前沿阵地，对城市创新具有重要的溢出效应和带动效应，会间接推动城市创新水平提升。国家高新区创新网络不仅覆盖园区内部，更外延至整个城市甚至更

---

① 谭静、张建华：《国家高新区推动城市全要素生产率增长了吗？——基于 277 个城市的"准自然实验"分析》，《经济与管理研究》2018 年第 9 期。

广的区域，对城市创新具有一定的辐射带动效应。国家高新区对城市创新的溢出效应主要有三种作用机制。第一，园区内外部企业间的知识扩散与溢出，即企业间知识溢出，这种溢出的主要载体是中间产品或技术转让。由于园区空间承载能力有限，与园区内产业相关联的产业与创新要素不仅仅集中在园区内部，还分布在园区周边，甚至是整个城市范围内。高新区企业与园区外关联产业和创新主体加强合作，或进行技术转让，形成了覆盖整个城市的创新网络，将园区内部技术向园区外扩散，从而带动城市创新水平提升。第二，园区内企业与城市高校、科研院所的创新联结，其主要形式是产学研协同创新。国家高新区设立在加快高新技术产业集聚的同时，也意味着对高新技术和知识的需求，进而带动园区周边科教资源的整合与集聚，提高产学研协同创新效率。国家高新区内部企业开展研发活动往往面临着一定的基础知识缺口，而相对于高校和科研院所，企业在基础知识研发方面具有一定的惰性和弱势。因此，加强园区企业与高校间的研发合作，有利于推动园区企业创新水平提升，并通过企业所生产的中间产品或最终产品，将技术扩散至园区外企业和市场。[①] 在这一过程中，知识与技术并非单向传播，高校和科研院所通过与企业合作，其研究更加贴近市场前沿，满足经济社会发展的现实需求。第三，园区内外部以人员流动为载体的技术传播会强化国家高新区对城市创新的扩散和带动效应。国家高新区往往是应用型人才的集聚区，而园区内企业高管、技术骨干、研发人员甚至普通员工向园区外企业流动，往往会将企业隐性知识与技术带走，带动园区外企业创新水平提升。除此之外，国家高新区内外部关联产业与科教资源集聚会促进城市内部专业化劳动力市场和资本市场的形成与发展，为科技创新提供了充足的要素供给，也会促进城市创新水平提升。为此，本章提出如下假说。

---

① 杨国忠：《论国家级高新区多元技术创新扩散路径——以长沙高新区为例》，《科技管理研究》2016 年第 14 期。

假说5.1：国家高新区设立能够有效带动城市创新水平提升。

其次，国家高新区是城市经济活动的重要组成部分，国家高新区设立能够带动城市投资集聚，在促进园区创新水平提升的同时，能够带动国家高新区所在城市平均创新水平提升。不同于西方国家市场机制调节下的自发式集聚，中国国家高新区是在政府政策和地方发展战略引导下的牵引式集聚，并在集聚区内形成政策洼地，吸引高新技术产业和创新资本集聚。一方面，集聚区内企业创新活动不仅享受着国家高新区内部特殊的发展政策，如较低的用地价格、低于国家高新区外部的优惠税费政策等，低地价和税费优惠降低了企业经营成本，一定程度上减少了对国家高新区内部企业创新资金的挤压和侵占，保障了企业创新活动的资金供给，促进了企业创新水平提升。另一方面，国家高新区内部企业享受着国家特殊的创新政策扶持，[①] 同时也享受着园区高效的行政服务。为了转变园区发展方式，即由投资驱动向创新驱动转型，科技部在2001年提出国家高新区要实现"二次创业"，加强对内涵式发展思路的引导和支持。如为了引导和激励企业创新，政府往往为园区内企业开展创新活动提供专项研发补贴；为了维护企业合法创新所得，园区会积极鼓励企业申请和维护专利，加强对企业知识产权的保护；为了鼓励园区企业参与产学研协同创新，园区为高校、科研院所设立定向培养全日制专业人才，加强对校企共建研发平台的补贴和支持等。此外，国家高新区内部完善的基础设施为企业开展创新活动创造了良好的硬环境，能够吸引国外优质创新资本入驻，提高园区创新水平。一系列针对国家高新区的优惠政策和创新扶持提高了国家高新区创新能力，也直接促进了城市平均科技创新。依据上述分析，本章提出如下研究假说。

假说5.1a：要素集聚是国家高新区带动城市创新的重要机制，

---

① 刘瑞明、赵仁杰：《国家高新区推动了地区经济发展吗？——基于双重差分方法的验证》，《管理世界》2015年第8期。

国家高新区设立能够带动城市投资集聚，间接促进城市创新水平提升。

最后，如前所述，国家高新区设立能够有效带动城市投资要素和创新要素集聚，进而带动城市创新水平提升。而某一城市创新要素集聚的过程往往并非是帕累托改进的过程，国家高新区在集聚创新资源的同时，往往会导致邻近地区创新要素的流失。一般来讲，国家高新区能够以其较低的用地价格、低于其外部的优惠税费等政策洼地优势，吸引周边城市和省内其他城市创新要素向国家高新区所在的城市集聚，在提高国家高新区城市创新水平的同时，也对周边城市和省内其他城市产生了一定的虹吸效应，抑制了周边城市创新水平提升。基于此，本章提出如下研究假说。

假说 5.2：国家高新区设立在提升其所在城市创新水平的同时，也会对周边城市要素产生一定的虹吸效应，抑制了周边城市创新水平提升。

不同城市在经济规模、创新要素集聚能力、创新资源配置效率以及中央政策获取与执行能力等方面存在较大差异，这些差异可能会进一步导致国家高新区设立对城市创新水平的影响在不同城市之间存在较大差异。例如，一般来讲，重点城市（为了便于表述，本章简单地将直辖市、省会城市与副省级城市定义为重点城市）往往是国家或区域经济发展战略的中心和先行者。创新驱动发展战略下，相对于一般城市（本章中一般城市特指除直辖市、省会城市以及副省级城市以外的一般地级市），重点城市大多具有较强的创新要素集聚能力，能够凭借其经济发展的规模优势、政策优势以及创新要素集聚优势等，发展创新与创业型经济，[①] 城市创新潜力得到充分释放。此时，国家高新区设立对城市创新水平的提升作用较弱，甚至没能有效促进城市创新水平提升。而对于一般城市，科教资源相对

---

① 赵玉林、贺丹：《智力密集型城市科技创新资源利用效率实证分析》，《中国软科学》2009 年第 10 期。

贫乏,科技创新起步较晚,创新发展具有较大的潜力和后发优势。在一般城市建设国家高新区,以及与国家高新区设立相伴生的创新要素集聚与知识溢出,能够充分释放城市创新活力,提高城市创新水平。再如,中国东部地区对外开放水平高,科教资源丰富,产业基础较好,基础设施较为完善,科技创新面临的资金、人才等要素缺口和基础设施缺口较小,城市创新处于相对较高的水平,国家高新区的设立对城市创新水平的边际提升作用较小,甚至不显著。而在中西部地区,国家高新区的设立能够带动城市基础设施较大程度的改善,并为中西部地区发展创新型经济奠定良好的高新技术产业基础,能够有效带动城市创新水平提升。

上述国家高新区对城市创新水平影响的空间异质性猜想均建立在"边际效应递减"的假设条件下,即当城市创新处于较高水平时,一方面,城市研发攻关难度加大,导致单位研发投入或政策措施对城市创新水平的提升作用有限;另一方面,城市创新活动的规模效应已经形成,甚至投入冗余,此时国家高新区设立对城市创新水平提升的边际效应较小,甚至难以有效提升城市创新水平。因此,对于创新水平较高的城市,国家高新区设立对城市创新水平的边际作用较小,甚至不显著;而当城市创新水平较低时,国家高新区设立能够为城市创新奠定良好的产业基础、要素基础,有效挖掘城市创新潜力,释放城市创新活力,提高城市创新水平。基于上述分析,本章提出如下研究假说。

假说5.3a:国家高新区设立对城市创新水平的影响存在空间异质性,对重点城市创新水平的影响较小,甚至不显著,但能显著提升一般城市创新水平。

假说5.3b:国家高新区设立对城市创新水平的影响存在空间异质性,对东部地区城市创新水平的影响较小,甚至不显著,但能显著提升中西部地区城市创新水平。

假说5.3c:国家高新区设立对城市创新水平的影响存在空间异质性,城市创新水平越高,国家高新区设立对城市创新水平的提升作用就越弱。

三 创新型城市试点对城市创新水平的作用机制

(一) 政策背景与相关文献评述

2006 年全国科学技术大会上，胡锦涛提出建设创新型国家的战略目标和任务。同年，国家出台《国家中长期科学和技术发展规划纲要 (2006—2020)》以及《关于实施科技规划纲要、增强自主创新能力的决定》，标志着中国由要素驱动型发展模式向创新驱动型发展模式转变。而中国是一个幅员辽阔的多民族国家，具有地域特征复杂、地区发展阶段差异明显等特征，因此创新战略的推广不能一概而论。为了探索具有中国特色的区域创新发展道路，寻找创新发展的一般性规律和多样化经验，同时降低创新型国家建设过程中的试错成本，国家在推进创新型城市建设的过程中采取了试点先行、积累经验、逐步推开的方式，由点到面，逐步推动创新型城市建设。

创新型城市是指自主创新能力强、科技支撑引领作用突出、经济社会可持续发展水平高、区域辐射带动作用显著的城市。① 深圳是中国经济发展和改革开放的排头兵，无论是经济总量、创新能力，还是改革力度、制度创新，在国内城市中均处于领先地位。② 为此，2005 年 6 月，在科技部和深圳市联合主办的"自主创新与区域经济结构调整高层论坛"上，深圳市提出了建设"自主创新型城市"的目标，以自主创新作为城市发展的指导思想，作为经济发展模式的着力点。同年，温家宝提出要将深圳特区建设成为国内重要的高新技术产业基地和国家创新型城市。在 2007 年第九届中国国际高新技术成果交易会上，科技部、广东省政府、深圳市政府共同搭建战略研究平台，将深圳作为探索建设创新型城市的"试验田"。2008 年

---

① 科学技术部、国家发展和改革委员会：《关于进一步推进创新型城市试点工作的指导意见》，2010 年 4 月 16 日。

② 吕薇：《区域创新驱动发展战略：制度与政策》，中国发展出版社 2014 年版。

深圳市正式获批成为全国第一个创建国家创新型城市的试点城市。同时，中国也意识到城市创新体系建设在创新型国家建设过程中的重要性，并努力推广创新型城市试点范围。2009—2016年，中国先后设立了61个创新型城市试点，范围覆盖了除西藏、台湾、香港和澳门的30个省、自治区和直辖市。为加强对创新型城市试点的统一指导，2010年4月科技部发布《关于进一步推进创新型城市试点工作的指导意见》（下文简称《指导意见》），明确了创新型城市建设的重要意义、要求与原则、主要任务以及实施方案，成为指导中国创新型城市建设的重要文件。为了适应新形势下创新型城市建设需要，深入贯彻落实创新驱动发展战略，2016年国家发展和改革委员会及科学技术部共同印发《建设创新型城市工作指引》，并结合创新驱动发展这一战略背景，进一步给出了建设创新型城市试点的总体要求、重点任务、建设程序以及组织和政策保障。中国于2017年开始对创新型城市建设效果开展评估，同时启动新一批创新型城市建设，如2018年4月，科学技术部、国家发展改革委发布《关于支持新一批城市开展创新型城市建设的函》，增加了吉林市、徐州市等17个城市作为建设创新型城市试点单位。至此，国家创新型城市试点达到78个。可见，中国创新型城市建设是一个由浅入深、逐渐推开的探索式发展过程，那么创新型城市试点如何影响城市创新水平？政策绩效如何？后续内容将就这一问题展开理论机制探讨与实证分析。

创新型城市试点是政府参与和支持城市创新活动的一项重要探索。以往文献对政府参与和支持创新活动的效果进行了广泛研究，包括政府补贴、产业政策和创新环境建设等方面，主要形成了促进论和抑制论两种不同观点。如在微观层面，Doh和Kim（2014）、Guo等（2016）分别基于韩国中小企业数据和中国工业企业数据研究发现，政府补贴政策与区域内企业专利获取呈显著的正相关关系，

政府支持对企业创新具有显著的促进作用。[①] 王晓珍、邹鸿辉
（2018）研究了产业政策对企业创新活动的影响，发现产业政策会激
励企业增加创新投入，进而促进企业研发和创新产出。[②] 曾萍等
（2014）研究发现，政府创新环境建设对企业创新具有显著的促进作
用；[③] 沈敏（2018）也认为，政府应当加强制度与科技创新体系建
设，为企业创新创造良好的制度环境。[④] 在宏观层面，李政、杨思莹
（2018）研究发现，政府参与有利于促进区域创新效率提升，并且政
府应当提高对区域内企业创新活动的支持力度；[⑤] 李政等（2018）
发现，政府创新环境建设能够促进区域创新效率提升。[⑥] 然而，也有
研究发现，政府参与和支持行为对创新活动的影响并不显著，甚至
会抑制创新活动开展，导致创新效率损失。[⑦] 如 Görg 等（2008）、
Hottenrott 等（2017）以及 Boeing（2016）等认为，政府补贴政策会
抑制企业创新激励，挤出企业研发支出，抑制企业、行业或区域创

① Doh S., Kim B., "Government support for SME innovations in the regional indus-tries: the case of government financial support program in South Korea", *Research Policy*, Vol. 43, 2014, pp. 1557–1569; Guo D., Guo Y., Jiang K., "Government-subsidized R&D and firm innovation: evidence from China", *Research Policy*, Vol. 45, 2016, pp. 1129–1144.

② 王晓珍、邹鸿辉：《产业政策对风电企业创新绩效的作用机制分析》，《研究与发展管理》2018 年第 2 期。

③ 曾萍、邹绮虹、蓝海林：《政府的创新支持政策有效吗？——基于珠三角企业的实证研究》，《科学学与科学技术管理》2014 年第 4 期。

④ 沈敏：《现代化经济体系的双擎驱动：技术创新和制度创新》，《财经科学》2018 年第 8 期。

⑤ 李政、杨思莹：《创新活动中的政府支持悖论：理论分析与实证检验》，《经济科学》2018 年第 2 期。

⑥ 李政、杨思莹、路京京：《政府参与能否提升区域创新效率？》，《经济评论》2018 年第 6 期。

⑦ 肖文、林高榜：《政府支持、研发管理与技术创新效率——基于中国工业行业的实证分析》，《管理世界》2014 年第 4 期；Guerzoni M., Raiteri E., "Demand-side vs. supply-side technology policies: hidden treatment and new empirical evidence on the policy mix", *Research Policy*, Vol. 44, No. 3, 2015, pp. 726–747.

新水平提升。①

　　综合以往研究可见，以往文献对于政府参与创新活动效果仍存在较大争议。中央与地方创新实践的协同互动是中国实施创新驱动发展战略和创新型国家建设的重要经验与特色。② 从理论上讲，推进创新型城市试点政策，既有利于发挥地方创新的能动性和区域特色，又能够做到与中央宏观战略的协调统一。"摸着石头过河"的渐进式改革很大程度上是一种"地方试点—中央总结—地方推广"的过程。然而，对于创新型城市试点政策及其效果，以往文献却鲜有研究。那么在实践中，国家推行创新型城市试点能否真正促进城市创新水平提升？本章将就这一问题展开研究。本章首先分析了创新型城市试点的政策背景及其对城市创新水平的作用机制，进而运用双重差分模型检验试点政策对城市创新水平的影响效果。考虑到样本的选择性偏差等问题，本章进一步运用倾向得分匹配双重差分模型（PSM-DID）对试点政策效果进行评价。本章实证结果表明，整体来看，创新型城市试点政策能够显著提升城市创新水平，但对城市创新水平提升的作用效果会因城市等级、科教资源以及创新水平差异而产生显著差异。并且试点政策会加强政府战略引导、促进人才集聚、激励企业投资以及优化创新环境，进而促进城市创新水平提升。因此，应当在总结试点经验的基础上，因地制宜，有序扩大试点范围，推动城市创新发展水平普遍提高；探索政府推动城市创新的多维路径，多举措促进城市创新水平提升。

　　通过对创新型城市试点政策进行研究，本章拟在以下三个方面

---

　　① Görg H. , Henry M. , Strobl E. , "Grant support and exporting activity", *Review of Economics and Statistics*, Vol. 90, No. 1, 2008, pp. 168 – 174; Hottenrott H. , Lopes Bento C. , Veugelers R. , "Direct and cross-scheme effects in a research and development subsidy program", DICE Discussion Paper No. 152, 2014; Boeing P. , "The allocation and effectiveness of China search and development subsidy program", *Research Policy*, Vol. 45, No. 9, 2016, pp. 1774 – 1789.

　　② 李政、杨思莹：《十年创新型国家建设：成就、经验与问题》，《学习与探索》2017 年第 1 期。

有所创新：第一，研究内容上，本章研究创新型城市试点政策对城市创新水平的影响效果及其作用机制，丰富了城市创新体系相关研究。第二，研究方法上，运用诸如 PSM-DID 等现代计量分析方法尝试解决内生性问题，确保了研究结论的可靠性。第三，研究结论上，在肯定创新型城市试点政策有效性的同时，也发现试点政策对城市创新水平影响的空间异质性特征，并探究了试点政策影响城市创新的作用机制，为政府进一步总结试点经验、扩大试点范围提供了理论依据与实践指南。

（二）作用机制分析

从理论上来讲，政府实施创新型城市试点政策对试点城市创新水平会产生显著的促进作用，原因主要包括以下几个方面。第一，创新型城市试点是国家创新驱动发展战略和创新型国家建设战略目标的试点性推广，能够集国家与地方战略合力，推动城市创新水平提升。[1] 创新不仅是市场选择的结果，也是国家参与和政府战略引领的结果。一个地区的创新战略是不会随着城市经济发展而内生形成的，需要政府从区域创新发展的综合优势出发，在市场配置资源的基础上，引导城市创新资源配置到具有发展优势的领域，提高城市创新要素使用效率，[2] 即发挥政府增长甄别和因势利导的作用。[3] 城市科技创新的主要模式也是城市经济内生演变与政府外生引导综合作用的结果，例如企业会依据自身发展和市场竞争状况选择适合企业长远发展的创新模式，而政府也会依据地方经济与科技发展基础，以资助等形式引导地方创新主体选择适当的创新模式，如技术引进、

---

① 李政、杨思莹：《十年创新型国家建设：成就、经验与问题》，《学习与探索》2017 年第 1 期。

② 李政、杨思莹、路京京：《政府参与能否提升区域创新效率？》，《经济评论》2018 年第 6 期。

③ Lin J.，Monga C.，"Growth identification and facilitation：the role of the state in the dynamics of structural change"，*Development Policy Review*，Vol. 29，No. 3，2011，pp. 264 - 290.

以技术为导向的跨国并购或自主创新等，促进创新主体创新水平提升。创新型城市试点工作的主要任务之一就是把自主创新作为城市发展的核心战略，贯穿到城市经济、科技、教育及社会发展的各个方面。地方政府会科学制定城市创新发展总体规划，增强城市创新能力，完善城市功能，探索新型发展模式。可见，创新型城市试点会强化中央政府和地方政府对城市创新活动的战略引领，能够有效提升城市创新水平。

第二，创新型城市试点通过加大政府对试点城市的创新资源投入，提高城市创新要素集聚能力，保障地方创新活动的知识要素供给，提升城市创新水平。[①] 一方面，政府鼓励高校、科研机构开展基础知识与共性技术研发，为城市创新奠定了良好的知识与技术基础。基础知识与共性技术研发具有风险高、外部性强和直接经济回报少等特征，因此企业在这一领域缺乏投入激励，[②] 导致城市创新面临着较大的基础知识与共性技术缺口。这就要求政府在城市创新活动中提供相应的基础知识与共性技术，保障创新活动的基础知识供给。因此，试点政策要求政府通过布局各类创新基地、服务平台，充分开展国际交流与合作等形式，加强基础研究、前沿技术研究，增强技术储备和持续创新能力，并支持高校和科研院所建立技术转移和服务机构，促进高校和科研机构间科研成果的传播与共享。另一方面，试点城市也在探索创新人才引进、培养和创新基地建设等举措，为城市创新奠定良好的人才基础。人是科技创新活动中最核心、最活跃的要素，当前各国各地区经济实力、创新实力的竞争归根结底是人才竞争。在试点政策推动下，许多城市也展开了"抢人大战"，从户口安置、住房安家、科研经费甚至科研团队建设等方面为高素质人才引进开"绿灯"，使得城市聚集了一批高水平的创新创业人才

---

① 李政、杨思莹：《十年创新型国家建设：成就、经验与问题》，《学习与探索》2017 年第 1 期。

② 林毅夫：《新结构经济学的理论基础和发展方向》，《经济评论》2017 年第 3期。

和优秀团队。创新型城市在知识和人才方面的探索性举措，为城市创新奠定了良好的要素基础，能够有效促进城市创新水平提升。

第三，创新型城市试点政策中包含了一系列强化企业主体地位、激励企业创新投入的政策措施，有利于促进以企业为主体的城市创新体系的形成。创新活动的外部性和风险性特征导致市场机制调节下的企业缺乏创新激励，[①] 需要政府在一定程度上给予补贴，将企业创新活动的外部性内部化，提高企业创新激励，进而推动城市创新水平提升。[②] 创新型城市试点政策明确了企业在城市创新活动中的主体地位，要求政府加强对企业创新活动的扶持力度，加大对创新要素流动的引导，提高要素配置效率，积极引导和支持创新要素向企业集聚，强化企业在创新活动中的主体地位；激励企业加大科技创新支出，提高企业自主创新能力，培育具有自主知识产权、核心技术和知名品牌以及具有国际竞争力的创新型企业；鼓励企业加快研发机构建设，帮助企业搭建研发平台和中试中心；打造城市创新网络，构建以企业为中心的产学研协同创新体系，鼓励建立多种形式的战略性、长期稳定的合作机构。上述政策有利于激励企业加大研发创新支出，强化企业在城市创新体系中的主体地位，促进城市创新水平提升。

第四，创新型城市试点政策能够优化城市创新环境，提高城市创新水平。一方面，中国城市创新体系建设滞后于西方一些先进国家，城市创新活动的基础设施条件相对落后，限制了城市创新水平提升。政府在与科技创新活动密切相关的基础设施上加大财政支出，为城市创新提供交通、通信等基础设施条件，能够打破科技创新活动的时空距离障碍，降低科技市场信息不对称程度，提高城市创新

---

① 林毅夫：《新结构经济学的理论基础和发展方向》，《经济评论》2017 年第 3 期。

② Czarnitzki D., Hussinger K., *The Link between R&D Subsidies, R&D Spending and Technological Performance*, ZEW-Centre for European Economic Research Discussion Paper, No. 04–056, 2004.

效率和水平。① 如创新型城市试点政策中包含了对城市基础设施建设的支持政策，支持城市加强信息化建设，引导产业集群与研发基地建设，加强科技中介机构和高技术服务市场建设，完善资源共享网络建设等，一系列以信息化、网络化为特征的基础设施建设有利于促进知识与技术的交流与传播，优化创新要素配置，提高城市创新效率与创新水平。另一方面，加强城市创新软环境培育是创新型城市试点政策的重要组成部分，一系列制度改革与文化创新的探索能够有效促进城市创新水平提升。创新型城市试点政策将激发民间创造活力、营造公平的市场环境作为体制改革和管理创新的重点，着力打造有利于创新创业的、公平竞争的市场环境，以激发企业家创新活力，提高城市创新水平。创新成果是企业竞争力的核心构成要素，但不具有排他性，面临着较大的被侵权风险。创新型城市试点政策会强化对创新型企业知识产权等合法权益的保护，保障创新主体创新成果获得公平合理的回报，有利于稳定企业家、科研工作者的预期，激发和保护企业家精神，提高其开展创新创业活动的积极性和努力程度，增强企业家创新创业的热情和动力。此外，试点城市还会在管理创新方面有所突破，探索经济政策与科技政策的协调统一方案，优化政府职能，提高公共服务效率和质量；尝试建立以科技创新为导向的地方官员考核机制，提高地方官员创新激励；探究科技管理机构协同配合、分工协作的高效运行机制。创新型城市试点政策推动下的制度变革与管理模式探索能够有效激发城市创新活力，提高城市创新水平。

　　此外，创新型城市试点政策中还包含了对创新型城市建设绩效的监测与评价机制，同时要求做好创新型城市试点相关的研究和经验分享。创新活动具有不确定性，创新型城市试点也同样具有不确

① Ke X., Chen H., Hong Y., Hsiao C., "Do China's high-speed-rail projects promote local economy? new evidence from a panel data approach", *China Economic Review*, Vol. 44, 2017, pp. 203 – 226.

定性，因此需要加强跟踪监测与评估，以确保政策与配套资源的合理配置与高效利用。同时，跟踪监测与评估数据也为创新型城市建设实践提供决策参考。而创新型城市试点政策的相关研究与经验分享为城市创新发展提供了理论指导与实践指南，能够有效提升城市创新水平。综上可见，创新型城市试点是一个复杂的系统性工程，其对城市创新水平的作用机制如图5—1所示。

依据上述分析，本章提出如下假说。

假说5.4：创新型城市试点能够有效促进城市创新水平提升。

假说5.4a：创新型城市试点能够强化政府对城市创新活动的战略引领，进而促进城市创新水平提升。

假说5.4b：创新型城市试点能够促进城市人才集聚，进而对城市创新水平提升产生显著的促进作用。

假说5.4c：创新型城市试点能够激励企业创新投资，强化企业在创新活动中的主体地位，进而促进城市创新水平提升。

假说5.4d：创新型城市试点能够优化城市创新环境，进而提升城市创新水平。

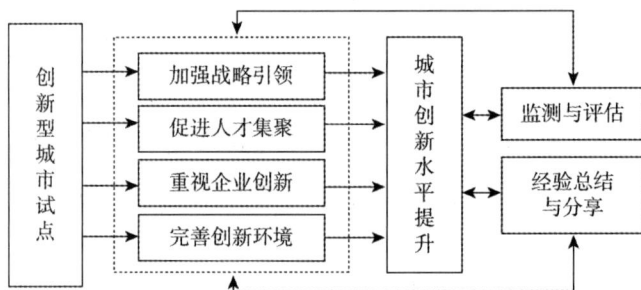

图5—1 创新型城市试点对城市创新水平的作用机制

第二节　国家高新区设立效果的实证检验

一　研究设计

（一）模型设定

国家高新区的设立始于 1988 年，至今已有三十余年时间。在这段时间里，国家设立的高新区数量多达 169 家（包括苏州工业园区），分布在全国近 150 个城市。本章以国家高新区设立作为一次准自然实验，将 2003—2016 年设立国家高新区的城市作为实验组，期间没有设立国家高新区的城市作为控制组，估计国家高新区设立对城市创新水平的影响效果。在估计过程中，传统回归模型难以解决由于遗漏变量等原因所导致的内生性问题。为此，本章运用双重差分方法对试点政策效果进行检验。由于国家高新区设立是逐年推进的，传统的双重差分模型仅能观测单一时点所实施政策的效果。为此，本章借鉴 Autor（2003）、Bertrand 和 Mullainathan（2003）、张亚斌等（2018）的做法，[①] 构建多时点双重差分模型，具体如式（5—1）所示：

$$\ln inno_{it} = \alpha_0 + \alpha_1\, did_{it} + \sum \delta_k\, year_k +$$

$$\sum \gamma_j\, X_{jit} + \mu_{city} + \varepsilon_{it} \qquad (5—1)$$

其中，$\ln inno$ 表示城市创新水平的对数值，did 表示国家高新区设立虚拟变量，其回归系数 α_1 可以反映出国家高新区设立对城市创

[①]　Autor D. H. , "Outsourcing at will: the contribution of unjust dismissal doctrine to the growth of employment outsourcing", *Journal of Labor Economics*, Vol. 21, No. 1, 2003, pp. 1 – 23；Bertrand M. , Mullainathan S. , "Enjoying the quiet life? corporate governance and managerial preferences", *Journal of Political Economy*, Vol. 111, No. 5, 2003, pp. 1043 – 1075；张亚斌、朱虹、范子杰：《地方补贴性竞争对我国产能过剩的影响——基于倾向匹配倍差法的经验分析》，《财经研究》2018 年第 5 期。

新水平的影响效果。X 表示所有控制变量的集合，μ_{city} 表示城市个体固定效应，ε 为随机扰动项。式（5—1）所示多时点双重差分模型通过双向固定效应，使得不同城市个体特征差异、政策实施与否以及随时间变化的城市特征均得到有效控制。

（二）变量与数据

城市创新水平是本章的因变量。受统计数据可获得性限制，以往针对城市创新活动的研究较为有限，更没有文献关注国家高新区设立对城市创新水平的影响。现有考察城市创新活动的文献中，赵玉林、贺丹（2009）基于 15 个副省级以上城市样本研究了城市科技资源配置效率；[①] 高翔（2015）基于中国专利信息网检索出的城市专利数据研究了城市规模与创新水平的关系。[②] 上述文章对城市创新水平影响因素进行了开拓性探索。但需要指出的是，由于副省级以上城市在创新资源集聚程度、创新政策获取能力等方面与一般城市存在较大差异，因此基于副省级城市进行分析所得出的结论其规律的一般性和普适性仍需要进一步检验。而手工检索专利信息网的工作量大且烦琐，并且难以反应不同创新活动的真实价值。寇宗来、刘学悦（2017）基于中国国家知识产权局发布的专利数据，通过专利更新模型估算其价值，并将专利价值加总到城市层面，得到城市创新指数。[③] 该指数能够在一定程度上解决专利价值异质性问题，因此，本章以该创新指数作为城市创新水平的衡量指标，具体计算方法参见寇宗来、刘学悦（2017），[④] 并运用城市专利数据作为城市创新水平的测度指标进行稳健性检验。

---

① 赵玉林、贺丹：《智力密集型城市科技创新资源利用效率实证分析》，《中国软科学》2009 年第 10 期。

② 高翔：《城市规模、人力资本与中国城市创新能力》，《社会科学》2015 年第 3期。

③ 第一财经研究院：《中国城市和产业创新力报告 2017》，https：//www.sphu.com/a/215831750_ 463913。

④ 第一财经研究院：《中国城市和产业创新力报告 2017》，https：//www.sphu.com/a/215831750_ 463913。

国家高新区设立是本章的核心解释变量，本章以虚拟变量的形式加以设定。国家高新区设立当年及其以后年份为 1；其余为 0。考虑到一些年份国家高新区设立的时间较晚，设立当年对城市创新水平产生的影响较弱。为此，本章做如下处理：若国家高新区设立时间为 1—9 月，则计当年为该城市国家高新区设立的起始年份；若国家高新区设立时间为 10—12 月，则计下一年度为该城市国家高新区设立的起始年份。此外，本章还设立了组别虚拟变量（$treated$），2003—2016 年设立国家高新区的城市为 1，即为实验组，期间没有设立国家高新区的城市为 0，即为对照组。

借鉴以往研究，[①] 本章还从城市创新活动的对外开放环境、科教环境、经济环境以及政策条件等角度出发，控制了影响城市创新水平的其他变量，主要包括：外商直接投资（fdi），用城市外商直接投资额占地区生产总值的比重表示；科教资源规模（edu_s），用高等学校在校生人数占城市总人口的比重测度；科教资源质量（edu_q），用该城市是否有"211 工程"高校为依据设置虚拟变量，若该城市有"211 工程"高校，则设置为 1，否则为 0；经济发展水平（$pgdp$），用以 2003 年为基期消除价格因素的人均实际地区生产总值表示；金融发展水平（$finc$），用金融业增加值占地区生产总值的比重测度；产业结构水平（ind），用非农产业产值占地区生产总值的比重表示；政府支持（g_tec），用政府财政支出中科学与技术支出所占比重表示；[②] 城市创业水平（$entr$），用城镇私营和个体从业人员数占城市年末总人口的比重表示。

本章样本时间跨度为 2003—2016 年。由于国家高新区的设立始于 1988 年，并且 2017 年和 2018 年均有新的国家高新区设立。为了消除 2003 年之前和 2016 年以后设立国家高新区城市样本对检

---

① 高翔：《城市规模、人力资本与中国城市创新能力》，《社会科学》2015 年第 3 期。

② 李政、杨思莹：《财政分权体制下的城市创新水平提升——基于时空异质性的分析》，《产业经济研究》2018 年第 6 期。

验结果造成的影响，本章剔除了2003年以前和2016年以后设立国家高新区的城市样本。本章所涉及的数据中，除城市创新水平数据来源于《中国城市和产业创新力报告2017》外，其他数据皆来源于EPS数据平台。各指标统计特征及其与城市创新水平的相关系数如表5—1所示。从实验组和对照组的创新水平来看，实验组创新水平对数值的均值为−0.109，而对照组均值为−1.299，可见设立国家高新区的城市创新水平要高于没有设立国家高新区的城市。从Pearson相关系数来看，国家高新区与城市创新水平的相关系数在1%的水平下显著正相关，初步表明国家高新区对城市创新具有一定的促进作用。

表5—1　　　　各变量统计特征及其与城市创新水平的相关系数

标准差	样本量	均值	标准差	最小值	最大值	相关系数
ln*inno*	3010	−0.851	1.548	−5.272	4.634	1.000
ln*inno*（*treated*）	1134	−0.109	1.474	−3.566	4.634	—
ln*inno*（*untreated*）	1876	−1.299	1.413	−5.272	3.468	—
did	3010	0.109	0.312	0	1.000	0.486***
treated	3010	0.377	0.485	0	1.000	0.373***
fdi	3008	0.024	0.028	0.000	0.454	0.155***
edu_s	2989	0.009	0.011	0.000	0.121	0.287***
edu_q	3010	0.028	0.165	0	1.000	0.120***
pgdp	3007	8.186	0.724	3.883	11.005	0.694***
finc	3008	1.845	0.682	0.508	8.777	0.214***
ind	3010	0.836	0.091	0.501	0.997	0.472***
g_tec	3010	0.009	0.010	0.000	0.207	0.528***
entr	3010	0.078	0.069	0.005	1.241	0.438***

注：*** 表示该系数在1%的水平下显著。

以上结果表明，设立国家高新区的城市的创新水平高于未设立国家高新区的城市，并且国家高新区的设立与城市创新水平在统计上呈正相关关系。为了进一步探究国家高新区设立对城市创新水平的影响，本章逐年给出实验组与对照组创新水平均值，如图 5—2 所示。需要说明的是，为了更加清晰地呈现各年份城市创新水平均值的变化情况，图中纵坐标为城市创新水平的非对数值和每年高新区设立的数量，横坐标为各年份。从中可以看出，从 2007 年开始，实验组与对照组城市创新水平加速分化。2010 年前后的几年时间，也是国家高新区数量增长较快的几年。如 2007 年国家设立了宁波高新区；2009 年国家又增设了泰州医药高新区、湘潭高新区；仅 2010 年，国家就增设了营口高新区等 27 个国家高新区，2012—2015 年，每年也都有新的国家高新区落户。因此可以推断，国家高新区在一定程度上提升了城市创新水平，从而加剧了实验组与对照组城市创新水平的分化。需要指出的是，该统计分析仍旧停留在数据表面，本章在后续研究中将运用双重差分方法进行验证。

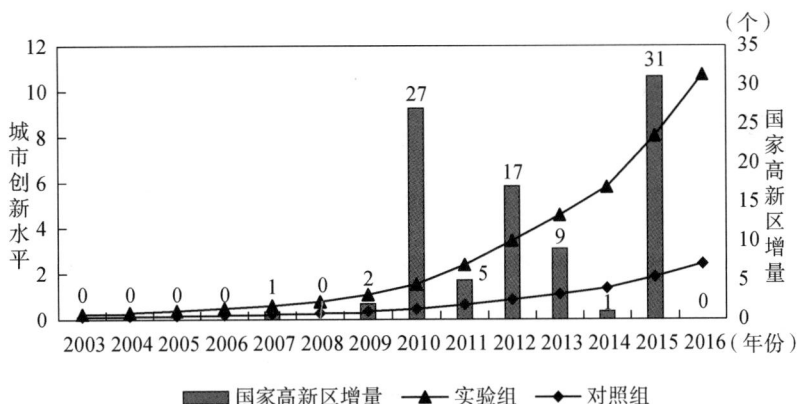

图 5—2　城市创新水平均值的变动趋势

（三）共同趋势检验

双重差分模型的使用前提是政策实施前实验组与对照组具有共同趋势。为了检验这一条件是否满足，本章首先统计了 2008 年及其之前年份（为了保存样本，本章删掉 2007 年设立国家高新区的宁波市样本）设立国家高新区的城市与未设立国家高新区的城市的创新水平均值, 并画出如图 5—3 所示折线图。从中可以看出, 相对于未设立国家高新区的城市, 设立国家高新区的城市具有更高的创新水平。同时, 设立国家高新区的城市与未设立国家高新区的城市均具有相同的变动趋势, 说明本章中实验组与对照组城市创新水平满足共同趋势条件, 双重差分模型适用于本章中国家高新区设立的城市创新效应评估。

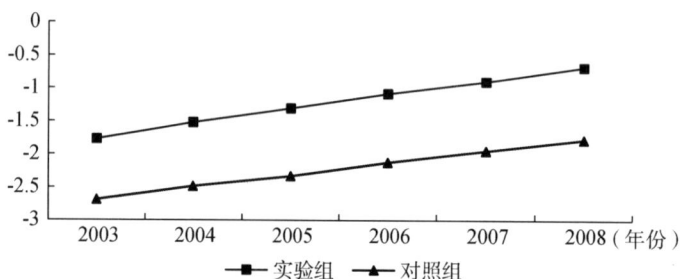

图 5—3 共同趋势检验

此外, 本章还进一步运用回归法检验实验组与对照组城市创新水平是否满足共同趋势条件, 即设定如式 (5—2) 所示回归模型:

$$\ln inno_{it} = \alpha_0 + \alpha_1 treated + \sum_{k=2003}^{2007} \delta_k\, year_k +$$

$$\sum_{j=2003}^{2007} \gamma_j\, year_j \cdot treated + \varepsilon_{it} \qquad (5—2)$$

其中, $\ln inno$ 为城市创新水平的对数值, $treated$ 为组别虚拟变量, $year$ 为年份虚拟变量, 时间跨度为 2003—2007 年。$year \cdot treated$ 表示年份虚拟变量与组别虚拟变量的交叉项。若交叉项系数 γ_j 联合不显著, 则说明政策实施前实验组与对照组并无显著差异, 双重差分模型具有较好的适用性。在对式 (5—2) 进行回归的基础上对系数 γ_j 进行联合显著性检验, 结果显示, P ($\gamma_1 = \gamma_2 = \gamma_3 = \gamma_4 = 0$) = 0.955, 因此接受 γ_j 联合为 0 的原假设, 即政策实施前实验组与对照组城市创新水平变动趋势并无明显差异, 再次说明双重差分模型具有适用性。

二　实证结果与分析

（一）基准回归

首先，为了检验国家高新区设立对城市创新水平的影响效果，本章对式（5—1）进行估计，结果如表5—2所示。模型1中，本章仅以国家高新区作为解释变量进行回归，其系数在1%的水平下显著为正，说明设立国家高新区以后，其城市创新水平普遍高于未设立国家高新区的城市，这可能是由于三个方面的原因。第一，时间趋势效应，即随着时间推移，城市创新水平不断提升；第二，批准设立国家高新区的城市本身就具有较高的创新水平；第三，国家高新区设立显著提升了城市创新水平。模型2在模型1的基础上控制了时间固定效应，从时间虚拟变量的回归结果来看，确实存在着城市创新水平逐年提升的时间趋势效应①，第一种原因得以证实，并且控制时间趋势效应后，国家高新区回归系数依旧显著。模型3进一步加入了组别虚拟变量，可以看出，组别虚拟变量的回归系数同样显著，说明相对于未设立国家高新区的城市，设立国家高新区的城市本身具有较高的创新水平，第二种原因得以证实。并且控制了时间趋势效应和国家高新区城市自身创新优势后，国家高新区回归系数依旧显著，说明国家高新区设立能够显著提升城市创新水平。为了消除城市个体特征对估计结果造成的偏差，模型4进一步控制了城市个体固定效应，模型5在模型3的基础上加入了影响城市创新水平的控制变量，模型6在模型5的基础上控制了城市个体固定效应。从回归结果来看，模型4至模型6中，国家高新区虚拟变量始终在1%的水平下显著为正，说明国家高新区设立显著提升了城市创新水平，假说5.1得以证实。

从控制变量的回归结果来看，外商直接投资对城市创新水平的

---

① 由于篇幅限制，本章未在此给出时间虚拟变量回归结果。

影响并不显著，说明当前中国外商直接投资的技术含量仍旧较低。加大高质量外商直接投资引进力度，改善外商直接投资质量，是当前中国扩大开放力度、提高开放质量的重要导向。科教资源规模对城市创新水平产生了负向影响，而科教资源质量对城市创新具有显著的正向影响。因此应当适度控制科教资源规模，提高科教资源质量和配置效率。经济发展水平对城市创新具有显著的正向影响，说明经济发展为科技创新提供了良好的经济基础，能够促进城市创新水平提升。金融发展水平对城市创新具有显著的促进作用，因此应当适度扩大金融规模，提高金融服务实体经济创新发展的能力。产业结构升级为城市创新奠定了良好的基础，能够显著提升城市创新水平，应当在合理提高非农产业比重的同时，提高农业发展质量与水平。政府支持对城市创新产生了显著的促进作用，应当采取措施提高政府创新激励，进一步强化政府在城市创新系统中的主体地位。创业型经济发展为城市创新提供了良好的市场环境，有利于促进市场繁荣和公平竞争，提高企业创新激励和城市创新水平。

表5—2　　　　　　　　　　　　　　　基准回归

	模型1	模型2	模型3	模型4	模型5	模型6
did	2.412*** (0.079)	1.363*** (0.071)	0.464*** (0.075)	0.225*** (0.032)	0.341*** (0.069)	0.154*** (0.030)
$treated$			1.056*** (0.044)		0.643*** (0.044)	
fdi					0.932 (0.660)	-0.151 (0.406)
edu_s					-2.906 (1.797)	-6.528*** (1.822)
edu_q					0.425*** (0.114)	
$pgdp$					0.320*** (0.052)	0.155*** (0.036)

续表

	模型1	模型2	模型3	模型4	模型5	模型6
finc					0.045	0.134 ***
					(0.029)	(0.022)
ind					1.946 ***	2.414 ***
					(0.282)	(0.278)
g_ tec					29.591 ***	17.806 ***
					(2.020)	(1.037)
entr					0.130	1.299 ***
					(0.302)	(0.176)
个体固定	NO	NO	NO	YES	NO	YES
时间固定	NO	YES	YES	YES	YES	YES
constant	−1.115 ***	−2.343 ***	−2.741 ***	−2.343 ***	−7.157 ***	−3.185 ***
	(0.026)	(0.075)	(0.071)	(0.027)	(0.386)	(0.345)
N	3010	3010	3010	3010	2984	2984
R^2	0.237	0.493	0.575	0.875	0.656	0.895

注：*** 表示该系数在1%的水平下显著。

（二）稳健性检验 I：PSM-DID 方法

1991 年国务院发布的《关于批准国家高新技术产业开发区和有关政策规定的通知》明确指出，"许多地方在一些知识、技术密集的大中城市和沿海地区相继建立起一些高新技术产业开发区"，可见国家高新区的选址和设立并非是一个随机选择过程。从图 5—2 也可以看出，国家高新区设立之前，设立国家高新区的城市相比未设立国家高新区的城市具有一定的创新优势。可见，国家高新区的设立存在着一定的选择性偏差问题，可能导致估计结果出现偏差。因此，为了检验上述结果是否具有稳健性，本章进一步采用倾向得分匹配双重差分方法（PSM-DID）进行估计。首先，选择城市对外开放水平（*fdi*）、科教资源规模（*edu_ s*）、科教资源质量（*edu_ q*）、经济发展水平（*pgdp*）、金融发展水平（*finc*）、产业发展水平（*ind*）、政府支持（*g_ tec*）以及城市创业水平（*entr*）等作为匹配特征变量，通过构建 Logic 回归模型，采用一对一近邻匹配方法进行匹配，最终得到实验组样本 1134 个，控制组样本 1125 个。

基于上述匹配方法得到匹配后样本，并进行双重差分估计，结果如表 5—3 所示。可以看出，模型 1 至模型 6 中，国家高新区虚拟变量的回归系数始终在较高的水平下显著为正，说明表 5—2 中双重差分估计结果具有稳健性，国家高新区设立能够显著提升城市创新水平。

表 5—3　　　　　　　　　　　　PSM-DID 估计结果

	模型 1	模型 2	模型 3	模型 4	模型 5	模型 6
did	2.113*** (0.076)	1.011*** (0.080)	0.487*** (0.083)	0.119*** (0.037)	0.367*** (0.073)	0.062** (0.031)
treated			0.823*** (0.056)		0.637*** (0.050)	
控制变量	NO	NO	NO	NO	YES	YES
个体固定	NO	NO	NO	YES	NO	YES
时间固定	NO	YES	YES	YES	YES	YES
constant	−0.815*** (0.034)	−1.948*** (0.100)	−2.558*** (0.103)	−2.030*** (0.037)	−7.132*** (0.549)	2.093*** (0.658)
N	2259	2259	2259	2259	2259	2259
R^2	0.312	0.520	0.575	0.893	0.680	0.926

注：**、*** 分别表示该系数在 5%、1% 的水平下显著。

（三）稳健性检验 II：以专利产出作为被解释变量

专利是研发与创新活动最直接的产出，因此以往研究多运用专利产出作为衡量创新水平的重要指标。[1] 为此，本章用城市专利申请授权数作为测度城市创新水平的指标进行回归分析，结果如表 5—4 所示。从中可以看出，模型 1 至模型 6 中，国家高新区设立虚拟变

_____

[1]　Griliches Z., "Patent statistics as economic indicators: a survey", *Journal of Economic Literature*, Vol. 12, 1990, pp. 16–61.

量的回归系数在1%的水平下显著为正，说明国家高新区设立显著提升了城市创新水平，前述结论具有稳健性。

表5—4 以专利产出作为被解释变量的回归结果

	模型1	模型2	模型3	模型4	模型5	模型6
did	0.424***	0.350***	0.276***	0.213***	0.194***	0.143***
	(0.020)	(0.022)	(0.024)	(0.019)	(0.020)	(0.018)
treated			0.091***		0.011	
			(0.013)		(0.012)	
控制变量	NO	NO	NO	NO	YES	YES
个体固定	NO	NO	NO	YES	NO	YES
时间固定	NO	YES	YES	YES	YES	YES
constant	0.066***	0.014	−0.021	0.014	0.060	1.195***
	(0.006)	(0.020)	(0.021)	(0.015)	(0.108)	(0.191)
N	2782	2782	2782	2782	2756	2756
R^2	0.138	0.163	0.178	0.203	0.421	0.365

注:*** 表示该系数在1%的水平下显著。

（四）稳健性检验 III：反事实分析

采用双重差分模型检验国家高新区对城市创新的影响时，其前提假设是若不存在国家高新区设立的冲击效应，国家高新区城市（实验组）和非国家高新区城市（控制组）的创新水平变动趋势随时间变化不会存在系统性差异。[①] 由此，本章采用反事实分析方式检验上述前提是否成立。具体来说，为了尽可能多地保留样本，本章首先删除了2007年设立国家高新区的城市，即宁波市，同时删除国家高新区开通年份即2009年及其以后年份的样本。然后假设国家高新区城市设立时间为2006年（dt = 2006），并设立组别虚拟变量

———

① 陈刚：《法官异地交流与司法效率——来自高院院长的经验证据》，《经济学》（季刊）2012年第4期。

（*treated*）与国家高新区设立时间虚拟变量的交叉项（*did*），运用双重差分模型进行回归，结果如表5—5所示。其中，模型1中仅加入了组别虚拟变量（*treated*）、假想的高新区设立时间虚拟变量（*dt*）以及两者的交叉项（*did*），结果发现，*did* 的回归系数并不显著。模型2至模型4中依次加入了控制变量、时间固定效应和城市个体固定效应，而交叉项 *did* 的回归系数仍旧不显著，说明除去国家高新区设立的冲击外，实验组与控制组城市创新水平的变动趋势不存在系统性差异，前述估计结果有效。

表5—5　　　　　　　　　　　　　　反事实分析

	模型1	模型2	模型3	模型4
did	0.086	−0.013	0.028	0.034
	(0.112)	(0.106)	(0.105)	(0.027)
dt	0.553***	0.415***	1.065***	0.419***
	(0.068)	(0.074)	(0.135)	(0.074)
treated	0.942***	0.658***	0.641***	
	(0.079)	(0.079)	(0.078)	
控制变量	NO	YES	YES	YES
时间固定效应	NO	NO	YES	YES
个体固定效应	NO	NO	NO	YES
constant	−2.501***	−6.246***	−8.045***	0.900
	(0.048)	(0.501)	(0.604)	(0.708)
N	1284	1262	1262	1262
R^2	0.251	0.363	0.384	0.750

注：*** 表示该系数在1%的水平下显著。

（五）空间异质性分析

1. 城市等级异质性

为了检验假说5.3a，即考察在不同等级城市设立国家高新区对城市创新水平影响的异质性，本章进一步将样本分为重点城市样本和一般城市样本。为了简化研究，本章将重点城市定义为省会城市、副省级城市和直辖市，将一般城市定义为一般地级市。这是由于省会城市、副省级城市和直辖市一般多为本省或所在区域的经济、政治和文化中心，集聚了大量的科教资源，对本地区经济与科技发展具有重要的带动作用，将这三类城市定义为重点城市具有一定的合理性。对两类样本进行回归，结果如表5—6所示。模型1和模型2给出了国家高新区设立对一般城市创新水平的回归结果。从中可以看出，模型1中，国家高新区设立虚拟变量的回归系数在1%的水平下显著为正，模型2进一步加入控制变量后结果依旧显著，说明国家高新区设立对一般城市创新水平具有显著的提升作用。模型3中，国家高新区设立对重点城市创新水平的回归系数并不显著，模型4进一步加入控制变量后，其系数绝对值有所增加，但仍旧不显著，说明国家高新区设立对重点城市创新水平的影响不显著，假说5.3a得以证实。

在中国，重点城市因其完善的基础设施和较高的社会服务水平等便利条件，吸引了诸多高素质劳动者和高新技术产业，其科技创新处于比较高的水平。此时，在重点城市设立国家高新区对城市创新水平的边际提升作用较弱。而一般城市科技创新处于相对落后的状态，具有一定的后发优势，但其城市创新体系有待于进一步完善，创新资源投入缺口较大。国家高新区设立一方面为城市探索具有地方特色的创新体系提供了良好的空间载体，推动城市科技创新体系建设；另一方面能够吸引更多的高新技术产业和科技创新资源入驻，弥补城市科技创新的要素缺口，推动了城市创新水平提升。

表5—6　　　　　　　　　　　城市等级异质性检验

	一般城市		重点城市	
	模型1	模型2	模型3	模型4
did	0.236 ***	0.169 ***	0.099	0.125
	(0.033)	(0.031)	(0.117)	(0.113)

续表

	一般城市		重点城市	
	模型 1	模型 2	模型 3	模型 4
控制变量	NO	YES	NO	YES
个体固定	YES	YES	YES	YES
时间固定	YES	YES	YES	YES
constant	− 2. 374 ***	− 3. 250 ***	− 2. 631 ***	− 5. 177 ***
	（0. 028）	（0. 348）	（0. 034）	（0. 378）
N	2954	2928	1932	1915
R^2	0. 875	0. 894	0. 862	0. 879

注：*** 表示该系数在 1% 的水平下显著。

2. 区位异质性检验

为了检验假说 5.3b，即考察国家高新区设立对城市创新水平影响的区位异质性，本章进一步将样本细分为东部地区和中西部地区两个子样本，并进行双重差分估计，结果如表 5—7 所示。从中可以看出，在四组模型中国家高新区设立对城市创新水平的回归系数均在 1% 的水平下显著为正，说明无论是在东部地区，还是在中西部地区，国家高新区设立对城市创新均具有显著的促进作用，这与假说 5.3b 并不相符。可见，区位差异并非会导致国家高新区设立对城市创新影响方向产生显著的差异。本章进一步加入国家高新区设立虚拟变量与地区虚拟变量交叉项，检验国家高新区设立对城市创新水平的影响效果强弱是否存在显著差异，结果如表 5—7 中模型 5 和模型 6 所示。结果表明，虽然在模型 5 中，国家高新区设立虚拟变量与地区虚拟变量交叉项的回归系数在 1% 的水平下显著为正，但控制了影响创新水平的城市特征变量后，该系数的回归结果并不显著，这表明，区位差异并不会导致国家高新区设立对城市创新作用强弱的差异。

表 5—7　　　　　　　　　　　　区位异质性检验

	东部地区		中西部地区		总样本	
	模型 1	模型 2	模型 3	模型 4	模型 5	模型 6
did	0. 304 ***	0. 193 ***	0. 195 ***	0. 179 ***	0. 154 ***	0. 125 ***
	(0. 045)	(0. 043)	(0. 041)	(0. 040)	(0. 041)	(0. 039)
did·region					0. 154 ***	0. 062
					(0. 055)	(0. 053)
控制变量	NO	YES	NO	YES	NO	YES
个体固定	YES	YES	YES	YES	YES	YES
时间固定	YES	YES	YES	YES	YES	YES
constant	− 2. 446 ***	− 4. 026 ***	− 2. 504 ***	− 4. 285 ***	− 2. 343 ***	− 3. 217 ***
	(0. 031)	(0. 367)	(0. 029)	(0. 361)	(0. 027)	(0. 346)
N	2422	2405	2464	2438	3010	2984
R^2	0. 870	0. 890	0. 871	0. 886	0. 876	0. 895

注: *** 表示该系数在 1% 的水平下显著。

3. 创新水平异质性检验

为了检验假说 5.3c,即考察不同城市创新水平下国家高新区设立对城市创新水平的影响,借鉴邵朝对等 (2018) 的研究,[①] 本章运用分位数回归方法进行双重差分估计。本章选择了 10% 、25% 、50% 、75% 和 90% 五个分位点,回归结果如表 5—8 所示。从中可以看出,在 10% 、25% 、50% 和 75% 分位点上,国家高新区设立对城市创新水平的回归系数均在小于等于 5% 以上的水平下显著为正,而在 90% 分位点上,国家高新区设立对城市创新水平的回归系数虽然为正,但并不显著。上述结果表明,当城市创新水平相对较低时,国家高新区设立能够显著提升城市创新水平;而当城市创新达到较高水平时,国家高新区设立对城市创新的带动作用减弱,甚至不再显著。上述结果在一定程度上证实了假说 5.3c。

----

① 邵朝对、苏丹妮、包群:《中国式分权下撤县设区的增长绩效评估》,《世界经济》2018 年第 10 期。

　　而从回归系数值来看，当创新水平较低时，国家高新区设立对城市创新的边际带动作用会随着创新水平的提升而增强（见模型1和模型2），这似乎与假说5.4不相符。这可能是由于当城市创新处于较低水平时，与国家高新区设立相伴生的城市创新要素投入增加会带来规模效应，表现为随着城市创新水平的提升，国家高新区设立对城市创新的边际带动效应显著增强。而当城市创新水平达到一定程度后，国家高新区设立对城市创新的带动作用逐渐减弱（见模型3和模型4），甚至不再显著（见模型5）。这主要是由于城市创新水平达到一定程度后，国家高新区设立和创新资源投入的规模经济效应不复存在；而随着城市创新水平提升，研发攻关难度随之加大，国家高新区设立对城市创新的边际带动效应递减，直至难以推动城市创新。

表5—8　　　　　　　　　　　　创新水平异质性检验

	模型1	模型2	模型3	模型4	模型5
	10%分位点	25%分位点	50%分位点	75%分位点	90%分位点
did	0.174 ***	0.204 ***	0.131 ***	0.084 **	0.040
	(0.035)	(0.042)	(0.037)	(0.039)	(0.037)
控制变量	YES	YES	YES	YES	YES
个体固定	YES	YES	YES	YES	YES
时间固定	YES	YES	YES	YES	YES
$constant$	−3.515 *	−2.189	−2.569	−2.581 *	−1.606
	(1.899)	(2.346)	(2.091)	(1.388)	(1.027)
N	2984				
R^2	0.823	0.799	0.797	0.822	0.851

注：*、**、***分别表示该系数在10%、5%、1%的水平下显著。

　　为了更为直观地考察随着城市创新水平的提升，国家高新区设立对城市创新水平影响的差异性，本章进一步绘制了所有分位点上的回归系数，如图5—4所示。可以看出，随着城市创新水平的提升，国家高新区设立对城市创新的带动作用呈现出明显的先增强、后减弱的非对称倒"V"形变化特征。

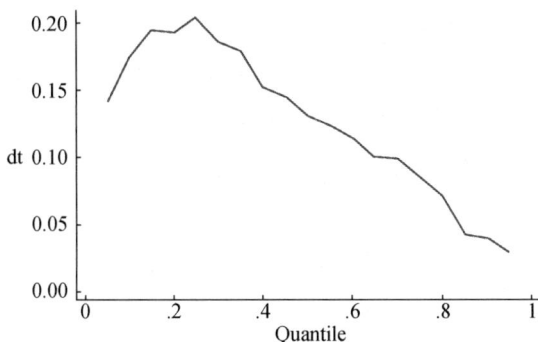

图5—4 分位数回归系数图示

三 作用机制检验

（一）国家高新区设立的中介效应检验

为了深入研究国家高新区设立对城市创新水平影响的作用机制，本章进一步对假说5.1a进行检验，即考察国家高新区设立能否通过带动城市固定资产投资集聚，进而促进城市创新水平提升。为此，本章设定如式（5—3）至式（5—5）所示中介效应模型：

$$\mathrm{ln}inno_{it} = \alpha_0 + \alpha_1\,did_{it} + \sum \gamma_j\,X_{jit} + v_{year} + \mu_{city} + \varepsilon_{it} \quad (5—3)$$

$$\mathrm{invest}_{it} = \beta_0 + \beta_1\,did_{it} + \sum \gamma_j\,X_{jit} + v_{year} + \mu_{city} + \varepsilon_{it} \quad (5—4)$$

$$\mathrm{ln}inno_{it} = \theta_0 + \theta_1\,did_{it} + \theta_2\,invest_{it} +$$
$$\sum \gamma_j\,X_{jit} + v_{year} + \mu_{city} + \varepsilon_{it} \quad (5—5)$$

式（5—4）中 *invest* 表示城市投资集聚程度，用各城市新增固定资产投资与城市面积的比值表示。对上述三组模型同时进行回归，若 α_1 显著，说明国家高新区设立对城市创新具有显著的促进作用；进一步观察 β_1 和 θ_2，若两者同时显著，说明国家高新区设立会通过影响城市投资集聚程度进而影响城市创新水平，其影响程度为 $\beta_1 \times$

θ_2；若两者中某一系数不显著，说明城市投资集聚程度的中介效应不显著，即国家高新区设立难以通过影响投资集聚进而影响城市创新水平。控制了城市投资集聚的中介效应后，若式（5—5）中 θ_1 依旧显著，说明国家高新区设立对城市创新水平既有直接影响，又能够通过影响城市投资集聚进而间接影响城市创新水平；若此时 θ_1 不再显著，说明国家高新区设立仅仅通过影响城市投资集聚对城市创新产生间接影响，对城市创新并无直接影响或其他作用机制。

表5—9　　　　　　　　　城市投资集聚的中介效应

	模型 1	模型 2	模型 3
被解释变量	ln*inno*	*invest*	ln*inno*
did	0.154 ***	0.397 ***	0.083 ***
	（0.030）	（0.035）	（0.030）
invest			0.180 ***
			（0.016）
控制变量	YES	YES	YES
时间固定效应	YES	YES	YES
个体固定效应	YES	YES	YES
constant	−4.037 ***	1.595 ***	−4.225 ***
	（0.374）	（0.430）	（0.385）
Sobel 检验	0.072 （z = 7.942，p = 0.000）		
Boostrap 检验	间接效应：0.072 （z = 5.88，p = 0.000）； 直接效应 0.083 （z = 2.56，p = 0.011）		
.　N	2981	2981	2981
R^2	0.948	0.821	0.950

注：*** 表示该系数在 1% 的水平下显著。

对式（5—3）至式（5—5）进行回归，结果如表5—9所示。首先，模型1显示，国家高新区设立显著提升了城市创新水平，该结论与前述结果一致。其次，模型2显示，国家高新区设立对城市投资集聚的回归系数在1%的水平下显著为正，说明国家高新区设立显著提升了城市投资集聚程度。模型 3 显示，城市投资集聚对城市创新水平的回归系数在 1% 的水平下显著为正，说明城市投资集聚能够带动城市创新水平提升。结合模型 2 中回归结果可以发现，国家高新区设立能够通过促进城市投资集聚进而带动城市创新水平提升，其中介效应为 0.072（0.180 × 0.397），约占总效应的 46.75%。可见国家高新区设立带动的城市投资集聚是推动城市创新水平提升的重要原因。模型 3 中，控制了城市投资集聚的中介效应后，国家高新区设立的回归系数依旧在 1% 的水平下显著为正，说明国家高新区设立既能够直接提升城市创新水平，又能够通过影响城市投资集聚，间接促进城市创新水平提升。此外，Sobel 检验和 Boostrap 检验结果均表明，国家高新区设立对城市创新水平的直接效应和城市投资集聚的中介效应均显著为正。综上结论，假说 5.1a 得以证实。

（二）国家高新区设立的空间效应检验

如前所述，国家高新区设立在本质上是政府政策和地方发展战略引导下的牵引式集聚，即通过制定优惠的创新创业政策，在城市内部特定区域内形成政策洼地，吸引高新技术产业和创新资本集聚。特殊的创新政策会对创新型企业产生集聚效应，那么这是否意味着国家高新区设立的政策洼地效应会对周边地区的创新资源和要素产生掠夺和虹吸效应？为了回答这一问题，借鉴 Delgado 和 Florax（2015）、Paliska（2018）等的研究方法，[①] 本章进一步构造如式（5—6）所示空间双重差分模型（Spatial-difference-in-differences，SDID），检验国家高新区设立对周边城市的影响效果。

---

① Delgado M. S., Florax R., "Difference-in-differences techniques for spatial data: local autocorrelation and spatial interaction", *Economics Letters*, Vol. 137, 2015, pp. 123 – 126；Paliska D., Fabjan D., Vodopivec R., Drobne S., "The impact of the construction of motorways and expressways on housing prices in North-east Slovenia", *Geodetski Vestnik*,, Vol. 62, No. 2, 2018, pp. 218 – 234.

$$\ln inno_{it} = \alpha_0 + \alpha_1 did_{it} + \alpha_2 W \cdot did_{it} + \sum \delta_k year_k + \sum \gamma_j X_{jit} +$$
$$\mu_{city} + \varepsilon_{it} \tag{5—6}$$

其中，W 表示空间权重矩阵，本章设置了三种权重矩阵。第一种权重矩阵是省内关联权重矩阵，即假设国家高新区设立的影响范围局限于本市和所在省份其他城市，主要考察国家高新区设立对本省其他城市创新水平的外部性特征。第二种权重矩阵是省外相邻城市关联权重矩阵，即假设国家高新区设立的影响范围局限于本市和周边的省外城市，考察国家高新区设立对相邻的外省城市创新水平的外部性特征。第三种权重矩阵是本省与邻近外省城市关联权重矩阵，即假设国家高新区设立的影响范围涉及本市、周边外省城市和本省其他城市。

基于上述三组权重矩阵，对式（5—6）进行回归，结果如表5—10 所示。其中，模型 1 至模型 3 依次使用上述三种权重矩阵。首先，模型 1 使用了省内相关权重矩阵，从中可以看出，政策虚拟变量与空间项的回归系数均在 1% 的水平下显著为正，说明国家高新区设立不仅提升了所在城市创新水平，而且对省内其他城市产生了显著的溢出效应，促进了省内其他城市创新水平提升。其次，模型 2 使用了邻近外省城市关联权重矩阵，从中可以看出，政策虚拟变量的回归系数依旧显著为正，同时，空间项回归系数在 5% 的水平下显著为正，说明国家高新区设立对邻近的外省城市产生了显著的溢出效应。最后，模型 3 使用了本省与省外邻近权重矩阵，结果发现，政策虚拟变量与空间项的回归系数依旧在 1% 的水平下显著为正，说明国家高新区设立在提升本市创新水平的同时，也会对周边城市和省内城市产生显著的溢出效应，促进周边城市和省内城市创新水平提升。由此可见，国家高新区设立并未引致国家高新区城市与周边城市的创新资源竞争和虹吸效应，相反国家高新区创新活动的溢出范围不仅仅局限于本市，还会在省内和省外邻近城市产生广泛的溢出效应，与假说 5.2 相悖。

表5—10　　　　　　　　　高新区设立的空间效应检验

	模型1	模型2	模型3
关联效应范围	本省关联	邻近省外城市关联	本省与省外邻近关联
did	0. 156 ***	0. 159 ***	0. 161 ***
	(0. 030)	(0. 030)	(0. 030)
$W \cdot did$	0. 061 ***	0. 050 **	0. 057 ***
	(0. 010)	(0. 024)	(0. 009)
控制变量	YES	YES	YES
时间固定效应	YES	YES	YES
个体固定效应	YES	YES	YES
$constant$	− 3. 331 ***	− 3. 181 ***	− 3. 317 ***
	(0. 343)	(0. 344)	(0. 343)
N	3010	3010	3010
R^2	0. 957	0. 954	0. 953

注: **、*** 分别表示该系数在5% 、1%的水平下显著。

四　结论与启示

从1988年建立中关村科技园开始，国家高新区设立走过了三十年历程，探索出了一条具有中国特色的高新技术产业发展道路。国家高新区作为中国发展高新技术产业、促进产学研结合、推动城市创新水平提升的重要发展模式，在推动地方经济增长和创新资源集聚方面具有重要作用，也得到了更为广泛的推广。本章研究了国家高新区设立推动城市经济高质量发展的关键机制，即国家高新区设立对城市科技创新活动的影响，因此本章结论可视为对国家高新区经济增长效应的一个有效补充。同时，作为国家推动城市实现创新发展的重要模式探索，分析国家高新区设立对城市创新水平的影响，能够在一定程度上澄清当前研究关于政府创新政策效果的争论，为政府制定合理的支持政策提供理论指导与实践指南。

本章基于中国2003—2016年215个城市面板数据，运用双重差分模型和分位数回归模型，实证分析了国家高新区设立对城市创新水平的影响及其空间异质性特征；为了检验结论的稳健性，本章还运用倾向得分匹配双重差分方法、反事实分析方法等加以检验，主要得出以下结论：第一，整体来看，国家高新区设立能够显著提升城市创新水平，并且国家高新区设立带动的城市投资集聚是推动城市创新水平提升的重要原因。第二，国家高新区设立并未引致国家高新区城市与周边城市的创新资源竞争和虹吸效应，相反国家高新区创新活动的溢出范围不仅仅局限于本市，而且会在省内其他城市和省外邻近城市产生广泛的溢出效应，带动周边城市和本省其他城市创新水平提升。第三，从城市异质性视角来看，一方面，国家高新区设立对省会城市、直辖市和副省级城市创新水平的影响不显著，但能够有效提升一般地级市创新水平；另一方面，国家高新区设立对城市创新水平影响的区位异质性并不显著，对东部地区和中西部地区城市创新均具有显著的促进作用；此外，随着城市创新水平的提升，国家高新区设立对城市创新水平的影响呈现出显著的非对称倒"V"形变化特征，即国家高新区设立对城市创新水平的促进作用呈现出先增强、后减弱，直至不再显著的变化特征。

上述发现不仅是对国家高新区设立影响城市经济发展机制探索的有效补充，同时也具有一定的现实指导意义。当前中国经济发展面临着严重的资源与环境约束，实现经济发展由要素驱动向创新驱动转变成为推动经济可持续发展的重要任务。国家高新区设立对城市创新具有重要的推动作用，这种带动作用不仅仅局限于本城市内部，而且会辐射到省内其他城市甚至省外邻近城市，因此，应当总结国家高新区设立经验，有序扩大国家高新区设立范围。同时，由于经济发展水平、资源集聚能力和政策环境等经济制度环境差异，国家高新区设立对不同城市创新水平的影响也存在着差异化特征；推动国家高新区设立应当充分考虑地方科技与经济发展差异，避免单一化、一概而论的一元化做法，倡导多元化发展战略，坚持因地制宜、一地一策的原则，提高国家高新区设立模式的包容性与灵活性。此外，在重点城市和创新水平较高的城市，国家高新区设立对城市创新水平的影响不显著，应当对这类城市的国家高新区设立进行有效的跟踪评价与监测，及时调整园区建设方案、定位与配套措施，更好发挥国家高新区设立对城市创新的带动作用。

第三节　创新型城市试点政策效果的实证检验

一　研究设计

（一）模型设定

2008—2013 年中国陆续设立了 57 个创新型城市试点，本章以此作为一次准自然实验，将试点城市作为实验组，非试点城市作为对照组，估计创新型城市试点政策绩效。在估计过程中，传统回归模型难以解决由于遗漏变量等原因所导致的内生性问题。为此，本章运用双重差分方法对试点政策效果进行检验。由于中国创新型城市试点政策是逐步推进的，传统的双重差分模型仅能观测单一时点所实施政策的效果，为此，本章借鉴 Autor（2003）、Bertrand 和 Mullainathan（2003）的做法，[①] 构建多时点双重差分模型。首先，设置政策实施时间虚拟变量 *test*，即对于试点城市，试点政策当年及其以后年份为 1；其余为 0。其次，构建多时点双重差分模型如式（5—7）所示。

$$\ln inno_{it} = \alpha_0 + \alpha_1 \, test_{it} + \sum \delta_k \, year_k +$$
$$\sum \gamma_j \, X_{jit} + \mu_{city} + \varepsilon_{it} \qquad (5—7)$$

---

① Autor D. H., "Outsourcing at will: The contribution of unjust dismissal doctrine to the growth of employment outsourcing", *Journal of Labor Economics*, Vol. 21, No. 1, 2003, pp. 1 – 23; Bertrand M., Mullainathan S., "Enjoying the quiet life? corporate governance and managerial preferences", *Journal of Political Economy*, Vol. 111, No. 5, 2003, pp. 1043 – 1075.

式（5—7）中，lninno 表示城市创新水平的对数值，*test* 表示创新型城市试点政策，其回归系数 α_1 可以反映出创新型城市试点政策效果。X 表示所有控制变量的集合，$year_k$ 表示一系列时间虚拟变量，μ_{city} 为城市个体固定效应，ε 为随机误差项。式（5—7）所示的多时点双重差分模型通过控制双向固定效应，使试点城市与非试点城市间个体特征差异、政策实施与否以及随时间变化的城市特征均得到有效控制。

（二）变量与数据

城市创新水平是本章的因变量。如前所述，本章使用城市创新指数作为城市创新水平的衡量指标，具体计算方法参见寇宗来、刘学悦（2017）。[①]

创新型城市试点政策是本章的核心解释变量，如前所述，本章以虚拟变量的形式加以设定。此外，借鉴以往研究，[②] 本章还控制了其他影响城市创新水平的因素，主要包括：外商直接投资（*fdi*），用城市外商直接投资额占地区生产总值的比重表示；人力资本水平（*hum*），用高等学校在校生人数占城市总人口的比重测度；金融发展水平（*finc*），用各城市年末金融机构各项存贷款余额与地方生产总值的比值测度；产业结构水平（*ind*），用非农产业产值占地区生产总值的比重表示。

本章样本删除了数据缺失较为严重的延边朝鲜族自治州等部分城市；同时，2018 年 4 月国家设立了吉林、徐州等 17 个城市为新一批创新型城市试点，为了消除这部分样本对实证结果造成的干扰，本章对这部分样本也予以删除。本章最终样本包含了中国 269 个城市 2003—2016 年的数据，其中，包含试点城市 47 个，非试点城市

---

① 第一财经研究院：《中国城市和产业创新力报告 2017》，https：//www. sphu. com/a/215831750_ 463913。

② 高翔：《城市规模、人力资本与中国城市创新能力》，《社会科学》2015 年第 3 期。

222 个；省会城市、直辖市和副省级城市样本共 35 个，一般地级市样本 234 个。城市创新水平数据来源于《中国城市和产业创新力报告 2017》，其他数据皆来源于 EPS 数据平台。各指标统计特征如表 5—11 所示。

表 5—11　　　　　　　　　　描述性统计

	样本量	均值	标准差	最小值	最大值
lninno	3766	−0.371	1.908	−5.272	6.967
test	3766	0.081	0.273	0.000	1.000
fdi	3763	0.029	0.032	0.000	0.454
hum	3765	0.015	0.022	0.000	0.131
finc	3763	2.053	0.991	0.508	8.877
ind	3766	0.851	0.094	0.000	0.999

（三）模型适用性检验

双重差分模型应用的前提条件是政策实施前实验组与对照组具有共同趋势。为了检验两组城市是否满足这一条件，本章绘制了实验组与对照组城市创新水平演变共同趋势图（如图 5—5 所示）。其中，纵轴表示各年份实验组与对照组 *lninno* 均值，横轴表示年份。从中可以看出，两组城市创新水平基本具有相同的变动趋势，说明双重差分模型适用于创新型城市试点政策效果的评估。

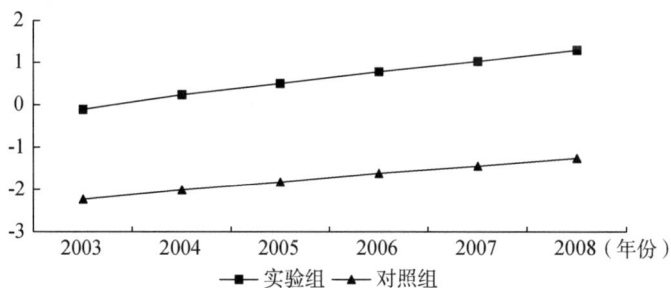

图 5—5　实验组与对照组城市创新水平演变共同趋势检验

此外，本章还进一步运用回归方法检验双重差分模型的适用性问题，即首先设定如式（5—8）所示回归模型：

$$\ln inno_{it} = \alpha_0 + \alpha_1 treat + \sum_{k=2003}^{2007} \delta_k \, year_k +$$

$$\sum_{j=2003}^{2007} \gamma_j \, year_j \cdot treat + \varepsilon_{it} \qquad (5—8)$$

其中，$treat$ 为组别虚拟变量，包括试点城市（$treat=1$）与非试点城市（$treat=0$），$year$ 为年份虚拟变量，时间跨度为2003—2007年。$year \cdot treat$ 表示年份虚拟变量与组别虚拟变量的交叉项。若交叉项系数 γ_j 联合不显著，则说明政策实施前实验组与对照组并无显著差异，双重差分模型具有较好的适用性。在对式（5—8）进行回归的基础上对系数 γ_j 进行联合显著性检验，结果显示 F = 0.48（P_value = 0.753），接受 γ_j 联合为0的原假设，即政策实施前实验组和对照组无明显差异，双重差分模型具有适用性。

二　实证结果与分析

（一）初步回归

首先，为了检验创新型城市试点政策对城市创新水平的影响，本章采取逐步加入控制变量的方式对式（5—7）进行估计，结果如表5—12所示。回归（5—1）中，本章仅加入创新型城市试点政策虚拟变量，并基于双向固定效应模型进行估计，结果显示，创新型城市试点政策虚拟变量系数在1%的水平下显著为正，说明创新型城市试点政策对城市创新水平产生了显著的促进作用。回归（2）至回归（5）中，本章依次加入了影响城市创新水平的控制变量，包括人力资本水平、外商直接投资、金融发展水平以及产业结构水平，结果显示，创新型城市试点政策变量回归系数始终在1%的水平下显著为正，说明创新型城市试点政策能够有效提升城市创新水平。

从控制变量的回归结果来看，在回归（2）至回归（5）中，人力资本水平的回归系数均不显著，说明城市高等教育发展没能为城市科技创新提供良好的人力资本基础，这可能是由于当前城市内部高校发展过于注重规模扩充，忽视了教育质量的提升以及高等教育服务实体经济能力的提升。因此，城市要在扩大高校人才培养规模的同时，注重人才质量的提升，为城市创新提供良好的人力资本基础。外商直接投资对城市创新水平的回归系数在回归（3）至回归（5）中均在1%的水平下显著为负，说明外商直接投资抑制了城市创新水平提升。之所以如此，可能是因为一方面，地方政府为了推动经济规模迅速扩张而盲目引进外商投资，忽视了外商投资质量，低质量外商直接投资流入抑制了城市创新水平提升；另一方面，外商直接投资在一定程度上对本地区产业产生了竞争效应、挤出效应和掠夺效应，导致地方企业降低研发支出甚至退出市场，不利于城市创新水平提升。在回归（4）和回归（5）中，金融发展水平的回归系数在1%的水平下显著为正，说明金融业发展能够为城市科技创新提供良好的金融服务，缓解创新活动所面临的融资约束，促进城市创新水平提升。回归（5）中产业结构水平对城市创新水平的回归系数在1%的水平下显著为正，说明提高非农产业比重能够有效促进城市创新，应当在适度扩大非农产业发展规模的同时，提高农业科技创新水平，实现农业创新驱动发展。

表5—12　　　　　　　　　　　　基准回归

	（1）	（2）	（3）	（4）	（5）
test	0.345 ***	0.339 ***	0.319 ***	0.320 ***	0.357 ***
	(0.031)	(0.033)	(0.033)	(0.033)	(0.033)
hum		0.736	0.177	-0.631	-0.145
		(1.069)	(1.071)	(1.079)	(1.071)
fdi			-1.778 ***	-1.703 ***	-1.545 ***
			(0.335)	(0.334)	(0.331)
finc				0.093 ***	0.110 ***
				(0.018)	(0.018)

续表

	（1）	（2）	（3）	（4）	（5）
ind					1.935 ***
					（0.244）
constant	－1.903 ***	－1.911 ***	－1.844 ***	－2.032 ***	－3.645 ***
	（0.022）	（0.024）	（0.027）	（0.046）	（0.208）
时间固定	YES	YES	YES	YES	YES
个体固定	YES	YES	YES	YES	YES
N	3766	3765	3763	3763	3763
R²	0.896	0.896	0.897	0.897	0.899

注：*** 表示回归系数在 1% 的水平下显著。

（二）稳健性检验 I：基于 PSM-DID 方法的回归分析

正如《指导意见》中所指出的，为了探索创新型城市建设模式，总结成功经验，国家有目的性地选择了一批创新基础条件好、经济社会发展水平高的城市进行试点，在体制机制和创新政策等方面先行先试，推动其率先进入创新型城市行列。可见，创新型城市试点的选择并非是一个随机选择过程，创新水平较高、经济发展较好的城市更容易被设立为试点城市。这一选择机制导致上述模型存在着选择性偏差（selection bias）的问题。为此，本章进一步引入倾向得分匹配双重差分方法进行稳健性检验，该方法能够较好地处理样本选择偏差问题。借鉴 Heckman 等（1997）的方法，[①] 本章选择城市对外开放水平（*fdi*）、人力资本水平（*hum*）、经济发展水平（*pgdp*）、金融发展水平（*finc*）、产业发展水平（*ind*）以及政府支持（*g_ tec*）等作为匹配变量，计算城市入选创新型城市试点的概率，即构建如式（5—9）所示 Logic 回归模型，其中，*p* 为倾向得分值。

---

① Heckman J. J., Ichimura H., Todd P. E., "Matching as an econometric evaluation estimator: evidence from evaluating a job training programme", *Review of Economic Studies*, Vol. 64, No. 4, 1997, pp. 605 – 654.

$$p(treat_i = 1) = f(fdi_{it}, hum_{it}, pgdp_{it}, finc_{it}, ind_{it}, g\_tec_{it})$$

$$(5\text{—}9)$$

其中，经济发展水平用人均地区生产总值测度（单位：万元/人），政府支持用政府财政支出中科技支出比重测度。本章采用近邻匹配方法进行匹配，基于 Logit 模型对式（5—9）进行估计，最终得到匹配后样本容量为 867 个。经过匹配处理后，各变量 t 检验结果均接受实验组和对照组无系统差异的原假设。对比匹配前，所有变量的标准化偏差均大幅缩小；除金融发展水平的标准化偏差较高之外，其余变量在匹配后的标准化偏差绝对值均低于 10%；并且金融发展水平的标准化偏差绝对值也小于 13%，因此基本满足平行性假设。基于上述匹配样本，本章进一步对式（5—7）进行估计，结果如表5—13 中回归（1）所示。从中可以看出，*test* 的回归系数在 1% 的水平下显著为正，说明创新型城市试点政策能够显著提升城市创新水平，上述结论具有稳健性。

表 5—13　　　　　　　　　　　稳健性检验

	（1）	（2）	（3）	（4）	（5）	（6）	（7）
试点年份	多年	2009 年	2010 年	2011 年	2012 年	2013 年	多年
test	0.373***	0.524***	0.387***	0.276***	0.225***	0.232***	0.135***
	(0.043)	(0.056)	(0.040)	(0.038)	(0.038)	(0.036)	(0.008)
constant	−2.782***	−1.788***	1.138***	1.410***	1.463***	1.493***	0.334***
	(0.505)	(0.253)	(0.306)	(0.302)	(0.300)	(0.298)	(0.049)
控制变量	YES	YES	YES	YES	YES	YES	YES
个体固定	YES	YES	YES	YES	YES	YES	YES
时间固定	YES	YES	YES	YES	YES	YES	YES
N	867	3315	3525	3581	3623	3763	3414
R^2	0.929	0.961	0.968	0.967	0.967	0.967	0.307

注：*** 表示回归系数在 1% 的水平下显著。

（三）稳健性检验Ⅱ：改变实验组的定义标准

如前所述，2008年国家将深圳设为创新型城市试点，2009年又将试点范围扩大至大连、青岛等15个城市。借鉴Shaw（2014）、董艳梅和朱英明（2016）的处理方法，[①] 本章将2009年及其之前设立的试点城市作为实验组，2009年前未确定为试点单位的城市作为对照组，同时，对照组中删除了2009年之后确立为试点城市的样本。依照上述处理方法，进一步将试点年份改为2010年、2011年、2012年和2013年。依据上述设置的不同政策实施年份进行双重差分估计，结果如表5—13中回归（2）至回归（6）所示。从中可以看出，与前述结果类似，创新型城市试点政策虚拟变量的回归系数在五组回归中均为正，并且均通过了1%的水平检验，说明创新型城市试点政策能够显著提升城市创新水平，再一次证实了前述结果的稳健性。

（四）稳健性检验Ⅲ：改变城市创新的测度方法

专利是研发与创新活动最直接的产出，因此以往研究多运用专利产出作为衡量创新水平的重要指标。[②] 借鉴这一做法，本章用城市每百万人口专利申请授权数作为测度城市创新水平的衡量指标进行回归分析，其中，城市专利申请授权数来源于专利云数据库，总人口数据来源于EPS数据平台，估计结果如表5—13中回归（7）所示。从中可以看出，创新型城市试点政策虚拟变量的回归系数同样在1%的水平下显著为正，说明创新型城市试点政策显著提升了城市创新水平，前述结论具有稳健型。

---

① Shaw S. L., Fang Z., Lu S., "Impacts of high speed rail on railroad network accessibility in China", *Journal of Transport Geography*, Vol. 40, 2014, pp. 112 – 122；董艳梅、朱英明：《高铁建设的就业效应研究——基于中国285个城市倾向匹配倍差法的证据》，《经济管理》2016年第11期。

② Griliches Z., "Patent statistics as economic indicators: a survey", *Journal of Economic Literature*, Vol. 12, 1990, pp. 16 – 61；高翔：《城市规模、人力资本与中国城市创新能力》，《社会科学》2015年第3期。

（五）异质性分析

1. 城市等级异质性

不同等级城市在经济规模、创新要素集聚、创新资源配置效率等方面存在较大差异，这些差异可能会进一步导致创新型城市试点政策效果在不同城市之间存在较大差异。一般来讲，重点城市往往是国家或区域经济发展战略的中心和先行者。创新驱动发展战略下，相对于一般城市，重点城市往往具有较强的创新要素集聚能力，并凭借其经济发展的规模优势、政策优势以及创新要素集聚优势等，打造城市创新竞争力，提高城市创新水平。[①] 那么在这种差异化背景下，创新型城市试点政策对重点城市和一般城市创新水平的影响是否存在异质性？为了回答这一问题，本章设置城市等级虚拟变量（level），即重点城市赋值为 1，一般城市赋值为 0；设置城市等级虚拟变量与创新型城市试点政策虚拟变量的交乘项，并带入式（5—7）进行回归，结果如表 5—14 中回归（5—1）所示。从中可以看出，创新型城市试点政策虚拟变量的回归系数在 1% 的水平下显著为正，并且创新型城市试点政策变量与城市等级变量的交乘项回归系数在 5% 的水平下显著为负，说明创新型城市试点政策对重点城市创新水平的提升作用弱于对一般城市创新水平的提升作用。之所以如此，可能是由于当前，重点城市集聚了大量创新资源，并且在完善的市场机制调节以及政府高效的宏观治理条件下，城市创新走在了全国前列。此时创新型城市试点政策对城市创新水平的边际提升作用较小；与此相反，一般城市创新水平普遍低于重点城市，城市科技创新具有后发优势，而创新型城市试点政策能够较充分地挖掘城市创新潜能，提高城市创新水平。

2. 城市区位异质性

东部地区凭借其沿海、交通便利的区位优势，通过贸易等方式

---

① 赵玉林、贺丹：《智力密集型城市科技创新资源利用效率实证分析》，《中国软科学》2009 年第 10 期。

引进国外先进技术，加之国家不断加强沿海地区对外开放的政策红利，使其开放型创新具有一定的区位优势；而囿于交通基础设施相对落后、科技与经济基础较弱等原因，中西部地区创新型经济发展滞后于东部地区。而这种区位优势差异可能会导致创新型城市试点政策效果在东部地区和中西部地区之间产生显著的区域差异。为了验证区位异质性存在与否，本章构建了区位特征虚拟变量，即东部地区城市赋值为1，中西部地区城市赋值为0，并与创新型城市试点政策虚拟变量相乘，带入式（5—7）进行回归，结果如表5—14中回归（2）所示。从中可以看出，创新型城市试点政策虚拟变量的回归系数在1%的水平下显著为正，交乘项回归系数虽然为正，但并不显著，说明创新型城市试点政策对城市创新的促进作用在东部地区与中西部地区之间并不存在显著差异。之所以如此，可能是由于2000年开始，国家制定并实施西部大开发战略，2004年国务院总理温家宝提出中部地区崛起计划，上述战略和政策在一定程度上弥补了中西部地区创新驱动发展的区位劣势，并缩小甚至消除了创新型城市试点政策效果的区位异质性。

3. 科教资源异质性

高等学校是人才培养和科研活动的重要基地，能够为科技创新提供良好的科教资源，是中国创新型经济发展的关键主体之一。1995年国家启动"211工程"，是为了提高中国科教水平而在高等教育领域进行的一项重大工程，重点在于支持高校学科建设，提高高校科研水平。经过多年发展，是否入选"211工程"已经成为衡量高校科教发展质量的重要标准。基于此，本章依据城市是否具有"211工程"高校，设置城市科教资源质量虚拟变量，即将城市分为科教发展水平较高的城市和科教发展水平较低的城市，并将前者赋值为1，后者赋值为0。将科教资源质量虚拟变量与创新型城市试点政策虚拟变量相乘，带入式（5—7）进行回归，结果如表5—14中回归（3）所示。从中可以看出，创新型城市试点政策虚拟变量回归系数仍旧在1%的水平下显著为正，并且创新型城市试点政策与科教资源交乘项回归系数在5%的水平下显著为负，说明创新型城市试点政策对城市创新水平的提升作用在科教发展水平较高城市要显著弱于科教发展水平较低的城市。这可能是由于，科教发展水平较高的城市，其本身具有较高的创新水平，城市创新潜力得到较为充分的挖掘，此时创新型城市试点政策对城市创新水平提升的促进作用较小；而科教发展水平较低的城市，其创新型经济发展具有后发优势，创新潜力大，此时创新型城市试点政策以及与之伴生的创新要素投入能够较好地挖掘城市创新潜能，提高城市创新活力，促进城市创新水平提升。

4. 创新水平异质性

上述异质性考察结果表明，创新型城市试点政策对城市创新水平的影响存在着城市等级异质性和科教资源异质性，之所以如此，很有可能是因为重点城市和科教发展水平较高的城市，其科技创新处于前沿阶段，创新水平高于一般城市和科技发展水平较低的城市，导致创新型城市试点政策对城市创新的边际作用在一般城市和科技发展水平较低的城市要高于重点城市和科教发展水平较高的城市。为了证实这一猜测，本章选择25%、50%和75%三个分位点，运用面板分位数回归模型对式（5—7）进行估计，结果如表5—14中回归（4）至回归（6）所示。从中可以看出，在三个分位点上，创新型城市试点政策的回归系数始终在1%的水平下显著为正，说明在不同创新水平的城市中，创新型城市试点均能够有效促进城市创新水平提升。随着分位点的逐渐提高，创新型城市试点政策的回归系数逐渐降低；此外，检验三个分位点上的估计系数是否相等，结果显示，P（q25 = q50 = q75）= 0.0013，拒绝了三个分位点上创新型城市试点政策回归系数相等的原假设。依据上述结果可以初步判断，随着城市创新水平的提升，创新型城市试点政策对城市创新水平的边际作用呈现出逐渐减弱的趋势。

表5—14   城市等级异质性检验

分析视角	(1)	(2)	(3)	(4)	(5)	(6)
	城市等级	城市区位	科教资源	创新水平		
分位点	—	—	—	25%	50%	75%
test	0.430***	0.324***	0.433***	0.362***	0.318***	0.176***
	(0.047)	(0.039)	(0.047)	(0.054)	(0.041)	(0.034)
test × level	−0.130**					
	(0.060)					
test × region		0.093				
		(0.061)				
test × edu			−0.136**			
			(0.060)			
constant	−3.638***	−3.633***	−3.635***	1.480***	1.239***	2.521***
	(0.208)	(0.209)	(0.208)	(0.460)	(0.506)	(0.428)
控制变量	YES	YES	YES	YES	YES	YES
个体固定	YES	YES	YES	YES	YES	YES
时间固定	YES	YES	YES	YES	YES	YES
N	3763	3763	3763	3763		
R^2	0.899	0.899	0.899	0.834	0.834	0.863

注：**、*** 分别表示回归系数在5%和1%的水平下显著。

此外，为了更加直观地观察不同分位点上创新型城市试点政策对城市创新水平的影响，本章进一步绘制了所有分位点上创新型城市试点政策的回归系数图，结果如图5—6所示。从中可以看出，随着城市创新水平的提升，创新型城市试点政策对城市创新水平的促进作用呈现出先增强、后减弱的非对称倒"V"形变化特征，即当城市创新水平较低时，创新型城市试点政策效果随着城市创新水平的提升而逐渐增强，这可能是由于创新型城市试点政策以及与之伴生的政策优势、资源与要素集聚使得城市创新的规模经济效应逐渐形成，创新型城市试点政策对城市创新水平的提升作用逐渐增强；而当城市创新水平达到一定程度时，其创新潜力得到较为充分的挖掘，创新活力逐渐增强，城市创新对政府力量的依赖逐渐降低，此时创新型城市试点政策对城市创新水平的影响效果逐渐减弱。

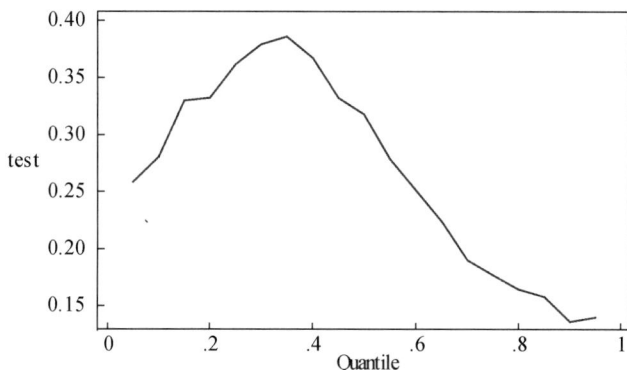

图5—6　创新型城市试点政策分位数回归系数图示

三　作用机制检验

前述结果均表明，创新型城市试点政策能够显著提升试点城市创新水平。那么创新型城市试点政策如何提升城市创新水平？为了检验创新型城市试点政策对城市创新水平的作用机制，本章借鉴Baron 和 Kenny（1986）等中介效应模型的分析思路，[①]构建如式（5—10）至式（5—12）所示中介效应模型：

$$\text{ln}inno_{it} = \beta_0 + \beta_1\,test_{it} + \sum \delta_k\,year_k + \mu_{city} + \varepsilon_{it} \quad (5\text{—}10)$$

$$M_{it} = \lambda_0 + \lambda_1\,test_{it} + \sum \delta_k\,year_k + \mu_{city} + \varepsilon_{it} \quad (5\text{—}11)$$

$$\text{ln}inno_{it} = \varphi_0 + \varphi_1\,test_{it} + \varphi_2\,M_{it} + \sum \delta_k\,year_k + \mu_{city} + \varepsilon_{it}$$
$$(5\text{—}12)$$

其中，M 表示中介变量，本章从政府战略引领、要素集聚、企

---

①　Baron R. M., Kenny D. A., "The moderator-mediator variable distinction in social psychological research: conceptual, strategic, and statistical considerations", *Journal of Personality and Social Psychology*, Vol. 51, No. 6, 1986, pp. 1173 – 1182.

业投资和创新环境四个方面加以考虑。对于政府战略的量化，Lee（2011）、李政等（2018）等研究认为，财政科技支出是政府参与创新活动的基本手段，也是政府实施创新战略的基本载体。[①] 因此，本章用政府财政支出中科技支出所占比重来反映政府对城市创新的引领程度。人是科技创新活动中最基础、最活跃的要素，本章用城市人口集聚程度来反映创新要素集聚程度，用年末总人口数与城市面积的比值加以衡量（单位：万人/平方公里）。企业是创新活动的主体，2017 年中国企业研发经费支出占全国研发经费支出的 77.6%，遗憾的是，城市层面的企业科技支出占比数据难以获得。固定资产投资是企业进行固定资产再生产的重要方式，对先进技术装备的安装、使用以及新兴产业部门的出现具有重要的促进作用。为此，本章以全社会固定资产投资集聚程度作为企业创新投资的替代指标，用城市全社会固定资产投资与城市总面积的比值测度（单位：亿元/平方公里）。城市创新环境包括软环境和硬环境，受限于数据可得性，本章仅从地区信息化发展水平这一角度来考察城市创新环境。这是由于当前，依托于互联网建设的信息化发展逐渐成为知识交流和传播最重要的媒介，是城市开展科技创新活动必不可少的环境依托。因此，本章用城市每万人中国际互联网用户数来反映城市信息化发展水平（单位：户/万人）。上述数据皆来源于 EPS 数据平台。

对上述中介效应模型进行回归，并基于 Boostrap 方法检验其作用机制显著性，结果如表 5—15 所示。从回归（1）可以看出，创新型城市试点政策对城市创新水平的总效应为 0.357，且在 1% 的水平下显著为正，可见创新型城市试点政策显著提升了城市创新水平，与前述结论一致。这可能是由于创新型城市试点政策通过加强创新战略引领、促进城市创新要素集聚、激励企业开展研发创新和培育

---

① Lee G., "The effectiveness of international knowledge spillover channels", *European Economic Review*, Vol. 50, 2006, pp. 2075 – 2088；李政、杨思莹：《财政分权体制下的城市创新水平提升——基于时空异质性的分析》，《产业经济研究》2018 年第 6 期。

表5-15

作用机制检验

被解释变量	(1) lninno	(2) g_tec	(3) lninno	(4) pop	(5) lninno	(6) inv	(7) lninno	(8) ie	(9) lninno
test	0.357*** (0.033)	0.008*** (0.001)	0.238*** (0.032)	0.002*** (0.000)	0.318*** (0.033)	0.129*** (0.006)	0.171*** (0.034)	0.026*** (0.008)	0.347*** (0.032)
g_tec			15.34*** (0.826)						
pop					14.69*** (2.092)				
inv							1.448*** (0.090)		
ie									0.372*** (0.070)
constant	1.181*** (0.297)	0.044*** (0.006)	0.503*** (0.285)	0.072*** (0.003)	0.263 (0.333)	0.445*** (0.054)	0.506*** (0.290)	0.562*** (0.071)	0.972*** (0.289)
Sobel 检验	—	0.119 (z=10.14, p=0.000)		0.031 (z=5.19, p=0.000)		0.187 (z=12.91, p=0.000)		0.010 (z=2.79, p=0.005)	

续表

	(1)	(2)	(3)	(4)	(5)	(6)	(7)	(8)	(9)
Bootstrap 检验（间接效应）	—	0.119 (z=3.55, p=0.000)		0.031 (z=3.05, p=0.002)		0.187 (z=9.71, p=0.000)		0.010 (z=1.99, p=0.046)	
Bootstrap 检验（直接效应）	—	0.238 (z=5.78, p=0.000)		0.318 (z=11.20, p=0.000)		0.171 (z=5.22, p=0.000)		0.347 (z=10.80, p=0.000)	
间接效应占比	—	33.27%		8.92%		52.24%		2.69%	
N	3763	3763	3763	3492	3492	3759	3759	3763	3763
R^2	0.968	0.674	0.971	0.993	0.970	0.847	0.970	0.716	0.968

注：*** 表示回归系数在 1% 的水平下显著。

有利于科技创新的环境等方式，间接促进了城市创新水平提升。

　　首先，回归（2）和回归（3）分别给出了创新型城市试点政策对政府科技支出的回归结果以及创新型城市试点政策、政府科技支出对城市创新水平的回归结果。其中，回归（2）显示，创新型城市试点政策对政府科技支出占比的回归系数在1%的水平下显著为正，说明创新型城市试点政策有利于强化地方政府对城市创新活动的战略性引导；回归（3）中，政府科技支出对城市创新水平的回归系数同样在1%的水平下显著为正，说明政府创新战略能够有效促进城市创新水平提升。综合上述结果可见，创新型城市试点政策能够强化政府对城市创新活动的战略性引导，进而促进城市创新水平提升，其中介效应为0.119，占总效应的34.29%。Sobel 检验以及 Bootstrap 检验结果均在1%的水平下证实了政府科技支出中介效应的存在。

　　其次，回归（4）和回归（5）分别给出了创新型城市试点政策对城市人口集聚的回归结果以及试点政策、人口密集度对城市创新水平的回归结果。从回归（4）可以看出，创新型城市试点政策对城市人口密集度的回归系数在1%的水平下显著为正，说明创新型城市试点政策有利于促进人口集聚；回归（5）中，城市人口密集度对城市创新水平的回归系数在1%的水平下显著为正，说明人口集聚能够有效促进城市创新水平提升。结合回归（4）中结果可见，创新型城市试点政策能够有效促进城市人口集聚，为城市创新奠定了良好的人力资本基础，促进了城市创新水平提升。人口要素集聚的中介效应为0.031，占总效应的8.93%。Sobel 检验和 Bootstrap 检验结果均证实，人口集聚的中介效应存在。

　　再次，回归（6）和回归（7）分别给出了创新型城市试点政策对城市全社会固定资产投资集聚程度的回归结果和创新型城市试点政策、全社会固定资产投资程度对城市创新水平的回归结果。从回归（6）可以看出，创新型城市试点政策对城市全社会固定资产投资集聚程度的回归系数在1%的水平下显著为正，说明创新型城市试点政策有利于促进城市投资集聚；回归（7）中，投资集聚对城市创新水平的回归系数在1%的水平下显著为正，说明城市全社会固定资产投资集聚程度的提高带动了城市创新水平提升。结合回归（6）中结果可以看出，创新型城市试点政策能够激励企业加强投资，促进新技术、新产业的出现，进而推动城市创新水平提升。并且城市投资集聚的中介效应为0.187，占总效应的53.89%。此外，Sobel 检验和 Bootstrap 检验结果均表明投资集聚中介效应显著存在。

最后，回归（8）和回归（9）分别给出了创新型城市试点政策对城市信息化水平的回归结果以及试点政策、信息化水平对城市创新水平的回归结果。其中，回归（8）显示，创新型城市试点政策变量对城市信息化水平的回归系数在1%的水平下显著为正，说明创新型城市试点政策带动了城市信息化建设；回归（9）中，城市信息化水平对创新水平的回归系数同样在1%的水平下显著为正，说明城市信息化发展为城市创新提供了良好的信息环境，促进了城市创新水平提升。结合回归（8）中结果可见，创新型城市试点政策能够促进城市信息化水平提升，有利于优化城市创新环境，对城市创新水平提升起到了显著的促进作用。城市信息化的中介效应为0.010，占总效应的2.89%，并且 Sobel 检验和 Bootstrap 检验结果均在较高的水平下肯定了城市信息化变量中介效应的存在。

四　结论与启示

（一）简要结论

创新是经济发展的长期动力，而城市是科技创新的空间载体，是创新活动开展和创新产出商业化的重要基地。提高城市创新水平对中国创新型国家建设具有重要的基础性作用，为此，国家出台了一系列措施，提高城市创新水平。其中，作为创新型国家建设目标和创新驱动发展战略的推广，创新型城市试点政策是政府推动城市创新、为创新型国家建设提供有效支撑的重要措施。那么在实践中，创新型城市试点政策能否有效提升城市创新水平？对这一问题的回答，能够在一定程度上澄清当前研究关于政府创新政策效果的争论，为政府制定合理的支持政策提供理论指导与实践指南。

本章在理论分析的基础上，通过双重差分模型等方法，实证检验了创新型城市试点政策对城市创新水平的影响，主要结论如下：（1）整体来看，创新型城市试点政策能够有效提升城市创新水平，该结论印证了政府支持有效论的观点，说明应当积极发挥政府在城市科技创新中的引领和保障作用。（2）创新型城市试点政策对城市创新水平的影响在不同城市之间存在着差异，创新型城市试点政策对重点城市创新水平的提升作用弱于一般城市；对科教资源质量较高城市创新水平的提升作用弱于科教资源质量较低的城市；并且随着城市创新水平提升，创新型城市试点政策对城市创新水平的促进作用呈现出一种先增强后减弱的非对称倒"V"形变化特征，但是研究也发现，创新型城市试点政策效果的区位异质性并不显著。（3）创新型城市试点政策能够通过加强政府对城市创新活动的战略引领、促进城市人才集聚、激励企业加大投资力度和优化城市创新环境等方式，对城市创新产生间接的促进作用；并且创新型城市试点政策对企业投资的激励效应是其推动城市创新水平提升的重要原因。

（二）实践启示

基于上述结论，本章主要实践启示如下：

第一，总结创新型城市试点经验，有序扩大创新型城市试点政策范围，推动城市创新水平的普遍提升。研究发现，创新型城市试点政策能够有效提升城市创新水平，因此加快完善"地方试点—中央总结—地方推广"试点制度，明晰创新型国家建设中中央与地方政府间的责任关系，加快形成中央向地方提供创新战略指导与制度激励、地方向中央贡献创新实践经验与智慧储备的互动关系。当前，中国创新型城市试点政策取得了阶段性成功，并于2018年4月进一步扩大了试点范围，在未来，应当进一步加快创新型城市试点经验的总结，尽快形成一般性规律与多样化经验，并上升为中央政策，加快在全国范围内推广的步伐。

第二，推动创新型城市试点应当坚持因地制宜、一地一策的原则，提高国家创新体系的包容性与灵活性，并加快建立有效的试点政策效果跟踪评价与监测机制。由于经济发展水平、资源集聚能力和政策环境等经济制度环境差异，创新型城市试点政策对不同城市创新水平的影响也存在着差异化特征。因此在创新型城市建设试点经验推广的过程中，应当避免单一化、一概而论的一元化做法，倡导多元化发展战略，因地制宜地借鉴和汲取试点经验，构建具有地方特色的城市创新体系，使得中国创新体系建设更具多元化、包容性。同时，应当加强对创新型城市试点政策效果的跟踪评价与监测，及时调整试点措施；必要时可以采取退出机制，将试点效果不佳的城市不再纳入试点范围。

第三，探索创新型城市试点政策推动城市创新水平提升的多维路径，完善城市创新体系，多举措提升城市创新水平。研究发现，创新型城市试点政策能够通过加强政府对城市创新活动的战略性引导，促进人口集聚、激励企业投资以及优化创新环境等方式间接促进城市创新水平提升。因此，应当进一步强化政府对城市创新的战略引领，加大政府科技支出，提高政府科技支出对城市创新活动的促进作用；制定更加宽松的人才引进政策，为城市创新奠定良好的人力资本基础；激励企业加大研发支出，强化企业在城市创新体系中的主体地位；优化城市软硬件基础设施环境，为城市创新创造良好的环境保障。

第六章

政府补贴对企业创新发展
影响的实证研究

第一节 政府补贴对企业全要素生产率的作用机制分析

一 问题的提出

制造业是创新活动较为密集的产业。一直以来，制造业粗放型发展模式在推动中国经济总量高速扩张的同时，也使宏观经济发展面临着越来越严峻的资源与环境双重约束。从国际形势来看，中国制造业仍处在全球产业链的中低端，在国际竞争格局中具有规模优势和劳动力成本优势，而无质量优势、科技优势和效率优势。中国虽然是制造业大国，却不是制造业强国。摆脱制造业发展"有数量、没质量"的"规模陷阱"和虚假繁荣，改变科技含量与生产效率的"双低"格局，实现中国从制造业大国向制造业强国转型，必须变革当前制造业企业发展模式，即由要素驱动向创新驱动、效率驱动转变，提高企业全要素生产率，深挖制造业发展的效率红利和创新红利。①

---

① 李政、杨思莹、路京京：《政府补贴对制造业企业全要素生产率的异质性影响》，《经济管理》2019 年第 3 期。

当前，中国全要素生产率仍旧处在较低水平，对经济发展的贡献较小，不仅低于美国、日本等发达国家，更是低于印度、巴西等发展中国家，提高全要素生产率迫在眉睫。[①] 企业是经济发展的微观基础，提高经济发展质量和效率，必须从基础入手，努力提高企业全要素生产率。[②] 近年来，中国经济体制改革的深化释放了企业发展活动力，企业全要素生产率明显提高。[③] 企业全要素生产率的提升离不开企业自身对管理模式的变革以及新技术开发与应用的努力，也同样离不开政府等外部力量的支持。本章将考察政府补贴对企业研发投资偏好与企业全要素生产率的影响效果。为此，本章以2008—2017年中国制造业上市公司为研究样本，在理论分析的基础上，实证检验了政府补贴对企业全要素生产率的影响及其作用机制，研究结论对于中国制造业上市公司补贴政策的制定具有重要的指导意义。

本章在以下两个方面有所创新。第一，在研究对象上，不同于以往多数基于工业企业数据库进行的研究，本章以中国制造业上市公司为样本，使得分析结论和相关对策更具有针对性。以往文献所使用的工业企业数据库具有样本量庞大等优点，但也存在测量误差明显、指标大小异常和样本匹配混乱等诸多问题。[④] 另外，工业企业数据库包含的企业诸多，不同企业在规模、经营绩效、获取政府补贴能力等方面存在明显差异，如果缺乏足够细致的异质性考察，所得出的一般性结论对一些特定性质企业补贴政策的制定并不具有太强的参考意义。为此，本章基于制造业上市公司数据进行研究，其结论为中国制造业上市公司补贴政策的制定提供了一定的理论依据

---

① 杨汝岱：《中国制造业企业全要素生产率研究》，《经济研究》2015年第2期。

② 蔡昉：《中国经济增长如何转向全要素生产率驱动型》，《中国社会科学》2013年第1期。

③ Brandt L., Biesebroeck J. V., Wang L., Zhang Y., "WTO accession and performance of Chinese manufacturing firms", *American Economic Review*, Vol. 107, No. 9, 2017, pp. 2784–2820.

④ 聂辉华、江艇、杨汝岱：《中国工业企业数据库的使用现状和潜在问题》，《世界经济》2012年第5期。

与参考价值。第二，在研究内容上，考虑到企业研发与全要素生产率的密切关联，本章引入了企业研发投入对政府补贴作用效果的调节作用，并从所有权性质差异、企业全要素生产率差异等角度出发，考察了政府补贴对企业全要素生产率作用效果的差异化特征，细化了这一主题研究。研究政府补贴效果的一般性结论固然重要，进一步考察不同条件下政府补贴对企业全要素生产率影响效果的差异性及原因，才能为政府制定合理的补贴方案提供依据。为此，本章通过运用分位数回归模型、加入企业研发投入和企业所有权性质等因素的调节作用等方法，分析不同条件下政府补贴对企业全要素生产率的作用效果，细化了补贴对企业全要素生产率影响相关研究。

二　政府补贴对企业全要素生产率的影响分析

从理论上讲，政府补贴是为了激励企业从事外部性较强的生产和经营活动，以弥补企业活动私人成本高于社会成本的部分，或私人收益低于社会收益的部分。制造业是中国实体经济发展的重要主体，在对外参与国际市场竞争、对内保障宏观经济稳定发展和稳定就业、改善民生等方面具有不可替代的作用。为了支持制造业实现高质量发展，除了创造良好的制度环境等间接支持外，政府往往需要以补贴等形式对企业进行支持，并会对企业效率产生重要影响。首先，政府补贴作为一种直接注资行为，会直接缓解企业融资约束，促进企业规模经济形成和全要素生产率提升。[1] 融资约束是制约企业经营发展的重要瓶颈，会限制企业做出最优的资本配置决策，抑制企业规模扩张和规模效率提升。而政府补贴是政府为了支持企业发展而给予企业的直接资金支持，能够降低企业融资压力，弥补企业生产经营过程中的资金缺口，并在一定程度上满足企业投资和规模

---

[1]　Benito A., Hernando I., "Firm behaviour and financial pressure: evidence from Spanish panel data", *Bulletin of Economic Research*, Vol. 59, No. 4, 2007, pp. 283 – 311.

扩张的资金需求，促进企业全要素生产率提升。[1] 其次，政府补贴作为一种经济信号，相当于为企业进行外部融资提供了一种隐性担保，能够缓解企业外部融资约束。[2] 金融市场上信息不对称问题既增加了金融机构放贷风险，又提高了金融机构信息搜集和处理的时间和经济成本。一般来讲，政府往往会对研发创新水平高、经营绩效好、发展前景广阔的企业予以补贴，这就相当于向银行等金融机构释放一种经济信号，即政府在对企业进行补贴的过程中，也帮助金融机构在短时间内准确识别出经营效率高、发展潜力大的企业，使得金融机构敢于向受补贴企业给予一定的金融支持；这也会在一定程度上缩短受补贴企业进行外部融资的时间，有利于提高企业投资效率和全要素生产率。此外，由于金融机构与政府部门往往具有密切联系，国有金融机构的高管一般由政府部门任命。因此，银行等金融部门往往会迎合政府支出偏好，即帮助政府支持和补贴的企业进行融资，降低对受补贴企业的信贷门槛。可见，补贴在一定程度上相当于政府部门为企业提供的一种隐性担保，能够缓解企业外部融资约束，提高全要素生产率。最后，政府部门往往具有总量信息优势，能够依据所掌握的各种信息，较为准确地识别出具有市场前景的产业，并通过补贴的方式引导企业优化自身投资结构，提高企业投资效率和全要素生产率。基于"产业甄别与因势利导"的理论框架，[3]政府以补贴的形式激励先行者进行前沿技术研发和产业投资，引导企业优化内部资源配置，提高企业投资和经营效率。此外，政府引

---

[1]　Chen V. Z., Li J., Shapiro D. M., Zhang X., "Ownership structure and innovation: an emerging market perspective", *Asia Pacific Journal of Management*, Vol. 31, 2012, pp. 1 – 24.

[2]　Meuleman M., Maeseneire W. D., "Do R&D subsidies affect SMEs' access to external financing?", *Research Policy*, Vol. 41, 2012, pp. 580 – 591; Cerqua A., Pellegrini G., "Do subsidies to private capital boost firms' growth? a multiple regression discontinuity design approach", *Journal of Public Economics*, Vol. 109, 2014, pp. 114 – 126.

[3]　林毅夫：《新结构经济学的理论基础和发展方向》，《经济评论》2017 年第 3期。

导还有利于减少企业市场信息收集、处理的经济成本和时间成本，降低经营决策失误风险，提高企业投资的时效性和准确性。综上分析，本章提出如下假说。

假说6.1a：政府补贴会促进企业全要素生产率提升。

然而，也应当看到，企业与政府之间信息不对称、投资偏好不一致等问题也会影响政府补贴效率，甚至出现政府补贴抑制企业全要素生产率提升的困境。其原因可以从政府、补贴政策本身与企业三个角度进行分析。第一，从补贴主体即政府的角度来看，作为主导政府补贴行为的政府官员，其兼具政治人和经济人双重属性。一方面，以GDP和财政为主的政绩考核机制下，政治人属性使得地方官员过度追求经济短期的迅速增长，即相对于地方经济规模扩张和税收的增加，企业全要素生产率提升并非政府补贴行为的主要目标。[1] 另一方面，经济人属性使得地方官员追求经济利益，在补贴过程中产生寻租和腐败行为，抑制了政府补贴效果；补贴一定程度上也会扭曲企业投资行为，使企业为了获得政府补贴而寻租，增加了企业非生产性支出负担，[2] 不利于企业自有资金的集约化利用，降低企业经营效率和全要素生产率。第二，从补贴政策本身来看，政府补贴在一定程度上具有公有产权性质，企业抱着一种有比没有强的心态申请和使用政府补贴，会降低政府补贴效率，出现政府补贴越多、企业全要素生产率越低的补贴困境。[3] 此外，政府对某些弱势企业进行扶持会直接影响企业退出决策。如由于过分眷恋弱势企业发展过程中所形成的沉淀成本，政府往往会以补贴的形式"打捞"企业沉淀成本，如政府对即将退出的弱势企业进行补贴，使得企业患

① 徐保昌、谢建国：《政府质量、政府补贴与企业全要素生产率》，《经济评论》2015年第4期。

② Gwartney J., Lawson R., Holcombe R., *The size and functions of government and economic growth*, Prepared for the Joint Economic Committee, 1998.

③ 唐书林、肖振红、苑婧婷：《上市公司自主创新的国家激励扭曲之困——是政府补贴还是税收递延？》，《科学学研究》2016年第5期。

上补贴依赖症，出现越补越弱、越弱越补的恶性循环。① 有了政府补贴，该退出的企业不退出，该破产的企业不破产，甚至产生越来越多的僵尸企业，导致政府补贴的无效率甚至负效用。此外，政府补贴存在着逆向选择和道德风险等问题，需要政府建立一套严格的跟踪评价与监督机制来保障补贴政策的高效实施。而当前监督机制缺失会直接抑制补贴效果。第三，从企业角度来看，政府补贴容易扭曲企业行为，导致企业全要素生产率损失。当政府补贴较高时，企业为了获取政府补贴，不惜向政府部门寻租，或者隐藏不利信息，骗取政府补贴；而在信息不对称前提下进行的补贴很难真正提高企业全要素生产率。与政府补贴相伴随的一系列制度约束和无效率管制会在一定程度上限制企业决策，甚至会导致企业产生"突击花钱"等行为，抑制补贴效果。此外，政府补贴会在一定程度上导致企业"过度购买"行为，甚至一些企业高管挪用、占用或侵吞政府补贴，导致补贴不但没能提升企业全要素生产率，反而抑制企业全要素生产率提升。基于此，本章提出与假说6.1a相对立的假说。

假说6.1b：政府补贴对企业全要素生产率影响不显著，甚至会抑制企业全要素生产率提升。

三　企业研发投入的调节效应分析

研发与创新对企业全要素生产率的影响已经得到广泛证实。② 那么企业研发水平是否会调节政府补贴对企业全要素生产率的作用效果？一般来讲，企业可以通过延长产业链、扩大企业经营范围等方式降低交易成本，提高企业全要素生产率；或者通过加大研发支出、

---

① 李政、杨思莹：《东北地区潜在红利开发与系统性振兴策略》，《社会科学辑刊》2018年第1期。

② Bloch C., "R&D spillovers and productivity: an analysis of geographical and technological dimensions", *Economics of Innovation and New Technology*, Vol. 22, No. 5, 2013, pp. 447 – 460；程晨：《技术创新溢出与企业全要素生产率——基于上市公司的实证研究》，《经济科学》2017年第6期。

提高科技创新水平等方式推动企业全要素生产率提升。而前者主要通过加大投资，追求企业规模效率；后者是通过研发与创新驱动的全要素生产率提升。当企业属于资本密集型或劳动密集型企业时，企业研发支出往往比较低，企业全要素生产率的提升多依靠规模经济，即增加投资和扩大企业规模。此时，企业对资金需求比较大，政府补贴能够较好地弥补企业扩大经营规模的资金缺口，提高企业全要素生产率。而对于大多数技术密集型企业而言，其全要素生产率提升更多地依赖于企业研发和创新活动，并且这类企业往往具有较高的研发投入，但其规模一般比资本密集型和劳动密集型企业要小；政府补贴难以从规模经济上挖掘该类企业效率潜能，因此对企业效率提升的边际作用较小。此外，以往研究结果表明，政府补贴对企业研发投入会产生一定的挤出作用，[①] 抑制企业研发激励，不利于企业全要素生产率提升。如刘虹等（2014）基于上市公司样本研究发现，过高的政府补贴会挤出企业研发支出；[②] 周海涛和张振刚（2015）同样研究发现，政府直接资助对企业研发产生了挤出效应。[③] 由此可见，对于研发投入较高的知识与技术密集型企业，补贴可能会抑制企业创新激励，导致政府补贴对全要素生产率提升的边际作用要小于对研发投入较低的资本密集型和劳动密集型企业。综上分析，本章提出如下假说。

假说6.2：企业研发投入会负向调节政府补贴对企业全要素生产率的作用效果，即研发投入越高的企业，政府补贴对企业全要素生产率提升的促进作用越小。

---

① Guellec D. , "The impact of public R&D expenditure on business R&D", *Economics of Innovation and New Technology*, Vol. 12, No. 3, 2000, pp. 225 – 243.

② 刘虹、肖美凤、唐清泉：《R&D 补贴对企业 R&D 支出的激励与挤出效应》，《经济管理》2012 年第 4 期。

③ 周海涛、张振刚：《政府研发资助方式对企业创新投入与创新绩效的影响研究》，《管理学报》2015 年第 12 期。

四　企业研发投入的中介效应分析

技术进步是企业全要素生产率提升最重要的驱动力，而研发和技术创新是推动企业技术进步的核心因素。以往文献关于企业研发投入对全要素生产率的影响进行了深入研究，并广泛认同了研发推动企业全要素生产率提升的结论。[①] 政府补贴可能还会通过影响企业研发决策间接促进企业全要素生产率提升。[②] 所谓企业研发决策，是指企业经营过程中，对涉及技术、工艺、标准等的研发活动经费投入的决策，主要体现在企业研发经费投入强度的变化。企业研发投入的中介效应就是政府补贴对企业研发投入强度产生显著影响，并间接影响企业全要素生产率。从理论上讲，研发决策的中介效应主要体现在以下几个方面。第一，研发补贴是政府补贴的重要组成部分，能够缓解企业研发所面临的资金约束，提高企业研发投入能力。政府研发补贴是企业研发支出的直接组成部分，一定程度上充实了企业研发所需资金，并且政府补贴作为一种隐性担保，向市场传递一种利好信号，能够引导外部资本向受补贴企业集中，提高企业研发能力和水平，促进企业生产率提升。[③] 第二，政府补贴不仅直接提高了企业研发规模，而且能够有效激励企业开展创新活动，对企业研发投入具有挤入效应。由于企业研发活动具有外部性问题，而市场机制在处理外部性问题方面存在天然弱势，因此市场机制调节下企业往往难以达到研发投入的最优规模。政府补贴能够很好地解决外部性所导致的企业创新惰性，有效降低企业研发活动成本，

---

① 程晨：《技术创新溢出与企业全要素生产率：基于上市公司的实证研究》，《经济科学》2017 年第 6 期。

② Dong W., Seo B., "Government policy and technological innovation: a suggested typology", *Technovation*, Vol. 33, No. 6 – 7, 2013, pp. 173 – 179.

③ 任曙明、吕镯：《融资约束、政府补贴与全要素生产率——来自中国装备制造企业的实证研究》，《管理世界》2014 年第 11 期。

激励企业提高研发投入水平,[①] 增强企业创新能力，促进企业全要素生产率提升。[②] 第三，政府补贴能够引导企业研发投入方向，降低企业研发决策时的市场信息搜集成本和风险，缩短企业研发投入决策时间，提高研发投入效率，进而促进企业全要素生产率提升。[③] 如前所述，政府具有总量信息优势，能够高效率识别具有发展潜力的研发领域，并以补贴的形式引导企业向该领域汇聚研发资源，提高企业研发活动的针对性和前瞻性，促进企业研发质量提升，并对全要素生产率产生积极影响。[④] 基于上述分析，本章做出如下假说。

假说6.3：政府补贴会促进企业研发规模扩张，间接推动全要素生产率提升。

第二节　研究设计

一　模型设定

首先，本章要解决的核心问题是政府补贴能否促进企业全要素生产率提升，即验证假说6.1a与假说6.1b何者成立的问题。为此，本章设立如式（6—1）所示回归模型：

$$\ln TFP_{it} = \alpha_0 + \alpha_1 \ln Subsidy_{it} + \sum_{j=1}^{8} \beta_j X_{jit} + \mu_t + v_i + \varepsilon_{it}$$

$$(6—1)$$

[①] 林毅夫：《新结构经济学的理论基础和发展方向》，《经济评论》2017年第3期。

[②] 任曙明、吕镯：《融资约束、政府补贴与全要素生产率——来自中国装备制造企业的实证研究》，《管理世界》2014年第11期。

[③] Radas S., Anić I., Tafro A., Wagner V., "The effects of public support schemes on small and medium enterprises", *Technovation*, Vol. 38, 2015, pp. 15–30.

[④] 李政、杨思莹、路京京：《政府参与能否提升区域创新效率？》，《经济评论》2018年第6期。

其中，lnTFP 表示企业全要素生产率的对数值，lnSubsidy 表示企业获得政府补贴额度的对数值，X 表示控制变量的集合，包括企业所有权性质（Soe）等影响企业全要生产率的企业其他特征因素，μ_t 代表控制了模型的时间固定效应，v_i 代表控制模型的个体固定效应，ε 为误差项。

上述回归模型考察了政府补贴对企业全要素生产率条件均值的影响，在一般情况下，条件均值模型对样本分布和模型设定具有较为严格的假设要求，当这些前提假设不满足时，普通最小二乘回归结果不具有有效性。此外，均值回归的最小化目标函数为残差平方和，容易受到极端值的影响。而分位数回归模型最小化目标函数为残差绝对值的加权平均，不易受极端值干扰。因此，本章进一步设定如式（6—2）所示分位数回归模型进行回归，并从中观测不同企业全要素生产率条件下，政府补贴对于企业全要素生产率的边际效果。

$$Quant_\tau(\ln TFP_{it}) = \beta_0 + \beta_1 \ln Subsidy_{it}$$
$$+ \sum_{j=1}^{8} \beta_j X_{jit} + \mu_t + u_{ind} + \varepsilon_{it}$$

（6—2）

其中，$Quant_\tau(\ln TFP_{it})$ 表示与分位点 τ 对应的分位数，β_1 表示 τ 分位点下政府补贴对企业全要素生产率的边际影响，u_{ind} 表示控制行业特征差异。

其次，为了检验企业研发投入对政府补贴作用效果的调节作用，本章在式（6—1）设定的基础上，进一步加入了企业研发投入以及企业研发投入与政府补贴的交互项，具体如式（6—3）所示。

$$\ln TFP_{it} = \alpha_0 + \alpha_1 \ln Subsidy_{it} + \alpha_2 \ln R\&D_{it} + \alpha_3 \ln Subsidy_{it}$$
$$\times \ln R\&D_{it} + \sum_{j=1}^{8} \beta_j X_{jit} + \mu_t + u_{ind} + \varepsilon_{it}$$

（6—3）

其中，$\ln R\&D$ 表示企业研发投入的对数值，α_3 的回归结果反映出企业研发投入对政府补贴效果的调节效应。

最后，为了考察企业所有权性质差异如何影响政府补贴效果，本章进一步在式（6—1）的基础上加入了企业研发投入、企业所有权性质与政府补贴的交互项，具体如式（6—4）所示。

$$\ln TFP_{it} = \alpha_0 + \alpha_1 \ln Subsidy_{it} + \alpha_2 \ln R\&D_{it} + \alpha_3 \ln Subsidy_{it}$$

$$\times Soe_{it} + \sum_{j=1}^{8} \beta_j X_{jit} + \mu_t + u_{ind} + \varepsilon_{it} \qquad (6—4)$$

其中，α_3 的回归结果反映出不同所有制条件下政府补贴对企业全要素生产率影响的异质性特征。

此外，本章还试图探究政府补贴对企业全要素生产率的影响及企业研发投入的中介效应。为此，本章构建如式（6—5）至式（6—7）所示中介效应模型。

$$\ln TFP_{it} = \alpha_0 + \alpha_1 \ln Subsidy_{it} + \alpha_2 Age_{it} + \alpha_3 Soe_{it} + \alpha_4 Mtb_{it}$$

$$+ \alpha_5 Lev_{it} + \alpha_6 Man_{it} + \alpha_7 Sca_{it} + \alpha_8 Cf_{it} + \alpha_9 Own_{it}$$

$$+ \mu_{year} + \mu_{industry} + \varepsilon_{it} \qquad (6—5)$$

$$\ln R\&D_{it} = \beta_0 + \beta_1 \ln Subsidy_{it} + \beta_2 Age_{it} + \beta_3 Soe_{it} + \beta_4 Mtb_{it}$$

$$+ \beta_5 Lev_{it} + \beta_6 Man_{it} + \beta_7 Sca_{it} + \beta_8 Cf_{it} + \beta_9 Own_{it}$$

$$+ \mu_{year} + \mu_{industry} + \varepsilon_{it} \qquad (6—6)$$

$$\ln TFP_{it} = \gamma_0 + \gamma_1 \ln Subsidy_{it} + \gamma_2 \ln R\&D_{it} + \gamma_3 Age_{it} + \gamma_4 Soe_{it}$$

$$+ \gamma_5 Mtb_{it} + \gamma_6 Lev_{it} + \gamma_7 Man_{it} + \gamma_8 Sca_{it} + \gamma_9 Cf_{it}$$

$$+ \gamma_{10} Own_{it} + \mu_{year} + \mu_{industry} + \varepsilon_{it} \qquad (6—7)$$

式（6—5）检验了政府补贴对企业全要素生产率的作用效果，在 α_1 显著的前提下，为了检验假设6.2，即检验企业研发投入的中介效应是否存在，本章进一步构造如式（6—6）和式（6—7）所示多元回归模型。式（6—6）检验了政府补贴对企业研发投入的影响，其中，$\ln R\&D$ 代表企业研发投入，为被解释变量。相比式（6—5），式（6—7）加入了企业研发投入这一中介变量。从式（6—6）政府补贴和式（6—7）企业研发投入两个变量的回归系数可以判断企业研发投入的中介效应是否存在。如果 β_1 和 γ_2 的回归系数均显著，则存在政府补贴通过影响企业研发投入进而影响全要素生产率的中介效应，其作用效果为 $\beta_1 \times \gamma_2$。此时，若式（6—7）中回归系数 γ_1 仍旧显著，则企业研发投入为部分中介变量，即政府补贴在直接影响企业全要素生产率的同时，还会通过影响政府研发投入进而对全要素生产率产生间接影响；若式（6—7）中 γ_1 不显著，则企业研发投入为完全中介变量，说明政府补贴对企业全要素生产率不存在直接影响，而仅仅通过影响企业研发投入间接影响全要素生产率。

二　变量设定

对于被解释变量的设定，以往文献认为，在进行全要素生产率的测算时，方法和指标的选择至关重要。[1] 程晨（2017）等研究指出，相对于传统的普通最小二乘回归方法，OP 回归能够较好地解决模型存在的同时性偏误和选择性偏差以及内生性问题，并且优于选择中间变量作为工具变量进行回归的 LP 方法。[2] 因此，为了更为准确地估算企业全要素生产率，本章选择 OP 方法进行回归。在指标选择方面，借鉴程晨（2017）[3] 等研究成果，本章选择企业主营业务收入作为经营活动的产出指标，选择企业员工数量和企业资本性支出作为经营活动的投入指标。

政府补贴是本章的核心解释变量，借鉴以往研究，本章使用企业非经常性损益中的政府补助金额取对数值来表示政府补贴水平。企业研发支出是本章的调节变量，本章用企业研发支出额取对数值

---

① 李政、杨思莹、何彬：《FDI 抑制还是提升了中国区域创新效率？——基于省际空间面板模型的分析》，《经济管理》2017 年第 4 期。

② 程晨：《技术创新溢出与企业全要素生产率——基于上市公司的实证研究》，《经济科学》2017 年第 6 期。

③ 程晨：《技术创新溢出与企业全要素生产率——基于上市公司的实证研究》，《经济科学》2017 年第 6 期。

来测算企业研发投入水平。

借鉴任曙明和吕镯（2014）及 Shang 等（2018）相关研究,[①]本章控制变量选择如下：（1）企业年龄（*Age*），用各年份与企业成立年份的差值测算；（2）企业所有权性质（*Soe*），用虚拟变量的形式加以控制，当企业属于国有企业时，赋值为 1，否则为 0；（3）企业成长性（*Mtb*），用企业当期净资产同比增长率表示；（4）企业财务杠杆（*Lev*），用企业总负债与企业总资产的比值来衡量；（5）管理成本（*Man*），用企业管理费用占企业营业总收入的比重表示；（6）企业规模（*Sca*），用企业总资产取对数值来测度；（7）企业现金流（*Cf*），用企业经营活动产生的现金流量净额与其营业收入之比来测度；（8）股权集中度（*Own*），用前十大股东持股比例合计值表示。

三　数据来源与特征

本章样本包含了中国制造业上市公司 2008—2017 年的样本，数据来源于 Wind 数据库。为消除极端值的影响，本章对数据做了 winsorize 处理，以减少数据 1% 极端值对估计结果造成的偏差，各指标统计特征如表 6—1 所示。其中，最后一列给出了各变量与企业全要素生产率的相关系数，从中可以看出，除财务杠杆与企业全要素生产率的相关系数不显著外，其他变量与企业全要素生产率均在 5% 的水平下显著相关。其中，政府补贴、企业研发支出与全要素生产率的相关系数均为正，表明政府补贴、企业研发支出与全要素生产率具有正相关关系。

---

① 任曙明、吕镯：《融资约束、政府补贴与全要素生产率——来自中国装备制造企业的实证研究》，《管理世界》2014 年第 11 期；Shang H., Zhang T., Ouyang P., "Credit allocation and firm Productivity under financial imperfection: evidence from Chinese manufacturing firms", *Emerging Markets Finance and Trade*, Vol. 54, No. 5, 2018, pp. 992 – 1010.

表6—1　　　　　　　　　变量的描述性统计

	样本量	均值	标准差	最小值	最大值	相关系数
ln*TFP*	18，039	7.0826	1.1968	4.2898	10.3318	1
ln*Subsidy*	17，071	1.9531	1.5977	-6.2146	7.9944	0.6192*
ln*R&D*	16，767	17.2042	1.4763	4.7449	23.2853	0.6076*
Age	22，638	14.0167	5.8952	0.0000	58.0000	0.2002*
Soe	22，720	0.2267	0.4187	0.0000	1.0000	0.3643*
Mtb	22，720	0.2591	2.0099	-188.2250	84.4445	-0.0248*
Lev	22，720	0.3778	1.1338	0.0000	96.9593	0.0028
Man	22，720	0.0987	0.7203	0.0000	65.6063	-0.1253*
Sca	18，788	2.8995	1.3583	-4.0570	8.8867	0.8593*
Cf	22，720	0.0652	0.4171	-24.8835	10.4891	0.0167*
Own	22，720	0.3588	0.3113	0.0000	1.0116	0.3257*

注：*表示相关系数在5%的水平下显著。

　　为了直观地观察政府补贴与企业全要素生产率之间的关系，本章绘制了两者之间的散点图及其拟合曲线，如图6—1所示，其中横坐标为政府补贴程度，纵坐标为企业全要素生产率。从图6—1可以看出，政府补贴与企业全要素生产率之间呈现出一种正相关关系，

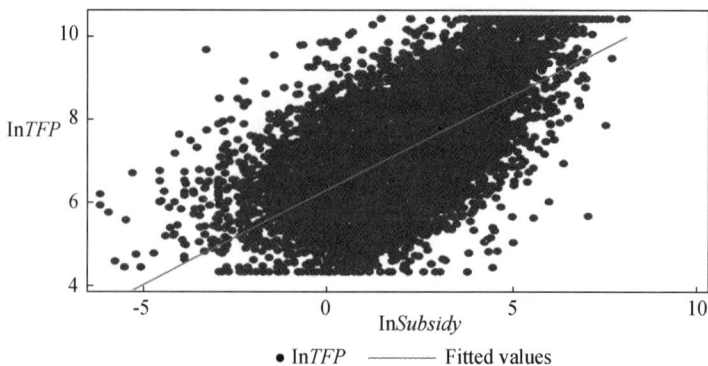

图6—1　政府补贴与企业全要素生产率散点

初步证实了假说6.1a的论断，即政府补贴能够提升企业全要素生产率。但这一结论仍需要进一步实证检验。

此外，为了进一步观察政府补贴与企业全要素生产率的动态变化特征，本章逐年给出了2008—2017年政府补贴与企业全要素生产率的均值，如图6—2所示。其中，纵坐标表示企业全要素生产率和政府补贴数值，横坐标表示年份。从中可以看出，政府补贴与企业全要素生产率具有相同的变动趋势：2008—2011年，或许是出于应对国际金融危机冲击的目的，政府部门逐渐加大了对制造业上市公司的补贴力度，在这一阶段企业全要素生产率也有所提高，但其幅度小于政府补贴的提升幅度；2011—2014年，国际金融危机的外部冲击逐渐消散，经济发展趋于平稳，政府补贴与企业全要素生产率变化幅度均非常小；而在2014—2017年，随着中国经济发展进入新常态和供给侧结构性改革的逐渐深化，政府逐渐加大了对制造业上市公司的补贴力度，这一阶段企业全要素生产率也有所提升。因此，从数据表面来看，政府补贴能够带动制造业企业全要素生产率提升，当然，这也仅是基于数据表面得出的初步结论，同样需要进一步实证检验。

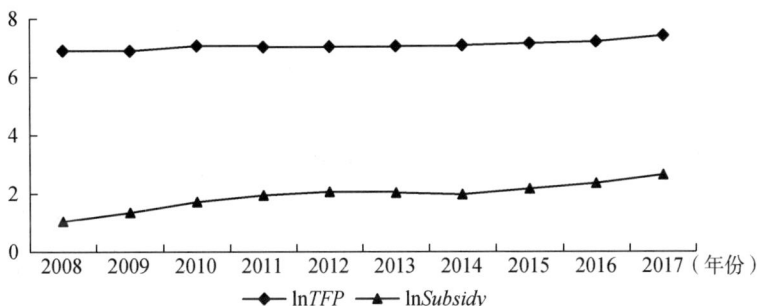

图6—2　政府补贴与企业全要素生产率的年度均值变化特征

第三节　实证结果与分析

一　政府补贴对企业全要素生产率的作用效果检验

（一）基准回归

为了检验政府补贴对企业全要素生产率的影响效果，本章对式（6—1）进行估计，结果如表6—2中第（1）列至第（4）列所示。第（1）列给出了普通最小二乘方法的回归结果，并且在估计过程中加入行业虚拟变量和时间虚拟变量，结果显示，政府补贴对企业全要素生产率的回归系数在1%的水平下显著为正；第（2）列给出了基于时间与企业双向固定效应模型的政府补贴对企业全要素生产率的回归结果，结果依旧显示，政府补贴对企业全要素生产率的回归系数在1%的水平下显著为正，上述结果表明，政府补贴能够显著提升企业全要素生产率。相对于第（1）列和第（2）列，本章在第（3）列与第（4）列的回归中均加入影响企业全要素生产率的控制变量，结果依旧表明，政府补贴对企业全要素生产率具有显著的促进作用，假说6.1a得以证实。

如前所述，上述回归结果仅给出了企业全要素生产率期望值受政府补贴影响的效果，为了进一步考察不同企业全要素生产率条件下，政府补贴对企业全要素生产率的边际影响，本章进一步选择了10%、30%、50%、70%和90%五个分位点，对式（6—2）所示分位数回归模型进行估计，结果如表6—2中第（5）列至第（9）列所示。从中可以看出，在不同分位点上，政府补贴对企业全要素生产率的回归系数均在1%的水平下显著为正，说明政府补贴能够显著提升企业全要素生产率，与前述估计结果一致。从不同分位点上政府补贴的系数值大小可以看出，随着分位点逐渐提高，政府补贴对企业全要素生产率的回归系数逐渐变小。进一步检验五个分位点上政府补贴回归系数值是否相等，结果显示，$P_{(q10 = q30 = q50 = q70 = q90)}$ =

0.000，拒绝了五个分位点上政府补贴回归系数相等的假设。综上可以判断，随着企业全要素生产率的逐渐提升，政府补贴对企业全要素生产率提升的边际作用逐渐减弱。这可能是由于当企业全要素生产率处于较低水平时，其规模经济尚未形成，投资、生产等经营发展过程中的资金缺口较大，此时企业迫切需要政府在资金、投资决策等方面予以资金支持与市场信息等方面的指导。而政府补贴能够缓解企业发展的融资约束，引导企业优化投资结构，提高企业全要素生产率。但是随着企业全要素生产率提升，企业发展的规模经济逐渐形成，此时政府补贴对企业全要素生产率提升的边际作用逐渐减弱。

从控制变量的回归结果可以看出，企业成立时间越久，其全要素生产率越低，这可能是由于企业成立时间越久，其体制机制和生产机械设备越陈旧，在很大程度上制约了企业生产和经营效率的提升，表现为企业年龄对全要素生产率产生了负向影响。企业所有权性质对全要素生产率的回归系数多不显著，可能是由于国有企业与非国有企业效率差异不明显。企业成长性对全要素生产率的回归系数在回归（3）和回归（4）中均在1%的水平下显著为负，说明成长性越高的企业，其全要素生产率越低。这看似奇怪，实际不难理解。现实中，一些企业过分追求规模扩张、提高企业发展速度，忽视了企业内涵式发展，导致企业规模扩张的同时伴随着全要素生产率的走低。企业财务杠杆对全要素生产率的回归系数在各组回归中均显著为正，说明负债率越高的企业，其全要素生产率也越高。这可能是由于企业负债率越高，意味着其融资能力越强，在经营发展过程中面临的融资约束越小。而融资约束较小的企业，往往具有更高的全要素生产率。[①] 管理成本对企业全要素生产率的回归系数在多

---

① Ayyagari M., Demirgüç-Kunt A., Maksimovic V., "Formal versus informal finance: evidence from China", *Review of Financial Studies*, Vol. 23, No. 8, 2010, pp. 3048–3097.

表6—2　政府补贴对企业全要素生产率影响的基准回归与分位数回归结果

	(1)	(2)	(3)	(4)	(5)	(6)	(7)	(8)	(9)
	OLS	FE	OLS	FE	10%	30%	50%	70%	90%
lnSubsidy	0.444***	0.113***	0.072***	0.019***	0.098***	0.076***	0.069***	0.062***	0.048***
	(0.004)	(0.003)	(0.004)	(0.003)	(0.010)	(0.006)	(0.006)	(0.005)	(0.007)
Age			-0.006***	-0.045***	-0.006***	-0.005***	-0.004***	-0.003***	-0.004***
			(0.001)	(0.002)	(0.001)	(0.001)	(0.001)	(0.001)	(0.001)
Soe			0.014		-0.011	0.009	0.030*	0.020*	-0.013
			(0.011)		(0.017)	(0.014)	(0.016)	(0.011)	(0.016)
Mtb			-0.008***	-0.005***	-0.008	-0.023	-0.017	-0.016	-0.016***
			(0.002)	(0.001)	(0.010)	(0.014)	(0.017)	(0.014)	(0.005)
Lev			0.274***	0.181***	0.288***	0.251***	0.270***	0.260***	0.286***
			(0.023)	(0.022)	(0.041)	(0.032)	(0.038)	(0.035)	(0.040)
lnMan			-0.108***	-0.037**	-0.769***	-0.486**	-0.542	-0.205	-0.091
			(0.024)	(0.016)	(0.201)	(0.191)	(0.237)	(0.174)	(0.097)
lnSca			0.730***	0.719***	0.689***	0.727***	0.730***	0.739***	0.762***
			(0.005)	(0.007)	(0.016)	(0.010)	(0.010)	(0.008)	(0.009)

续表

	(1)	(2)	(3)	(4)	(5)	(6)	(7)	(8)	(9)
	OLS	FE	OLS	FE	10%	30%	50%	70%	90%
Cf			0.146***	0.041***	0.181***	0.157***	0.139***	0.022	0.032
			(0.024)	(0.016)	(0.046)	(0.036)	(0.051)	(0.061)	(0.044)
Own			-0.170***	-0.151***	-0.158***	-0.160***	-0.159***	-0.152***	-0.161***
			(0.018)	(0.014)	(0.046)	(0.030)	(0.028)	(0.028)	(0.024)
$Constant$	6.513***	6.645***	5.529***	5.582***	5.350***	5.522***	5.573***	5.650***	5.650***
	(0.352)	(0.013)	(0.221)	(0.027)	(0.107)	(0.072)	(0.077)	(0.090)	(0.089)
企业固定	NO	YES	NO	YES	NO	NO	NO	NO	NO
行业固定	YES	NO	YES	NO	YES	YES	YES	YES	YES
年份固定	YES	YES	YES	YES	YES	YES	YES	YES	YES
样本量	16541	16541	16537	16537			16537		
R^2	0.455	0.257	0.785	0.590	0.458	0.518	0.551	0.583	0.618

注：***、**、*分别表示回归系数在1%、5%和10%的水平下显著。

数回归结果中显著为负，说明较高的管理成本抑制了企业全要素生产提升。这可能是过高的管理成本挤出了企业用于研发与投资的资金，不利于企业效率提升。企业规模对全要素生产率的回归系数在所有回归中均在1%的水平下显著为正，说明当前制造业上市公司在发展过程中的规模经济效应凸显，应当适度扩大企业规模，挖掘企业规模经济。企业现金流对全要素生产率的回归系数在多数模型中显著为正，说明企业保持一定的现金持有量有利于缓解企业在经营发展过程中由于其他因素导致的资金短缺问题，满足了企业的资金需求，有利于企业效率提升。股权集中度对企业全要素生产率的回归系数在所有回归结果中均在1%的水平下显著为负，说明企业股权越集中，全要素生产率越低。这可能是由于企业股权集中导致少数大股东依据自身利益制定决策，更容易出现决策失误，并抑制企业效率提升。此外，也有研究发现，过高的股权集中度导致企业股东之间难以相互制衡，在实际决策过程中产生研发和创新惰性，不利于企业内涵式发展和全要素生产率提升。[①]

（二）稳健性检验

1. 分样本回归

为了检验上述估计结果是否具有稳健性，本章进行分样本回归。不同所有权性质的企业在政府补贴获取能力、企业经营管理模式和全要素生产率等方面存在较大差异，因此，有必要基于企业所有权性质进行分类讨论，以检验"政府补贴能够推动企业全要素生产率提升"的结论是否在不同所有权性质企业中具有一般性。为此，本章将所有样本依据所有权性质差异分为非国有企业、中央国有企业和地方国有企业三大类，并分别带入式（6—1）进行回归，结果如表6—3中回归（1）至回归（3）所示。从中可以看出，无论是非国有企业，还是在国有企业中的中央国有企业和地方国有企业，政

---

① 陈志军、赵月皎、刘洋：《不同制衡股东类型下股权制衡与研发投入：基于双重代理成本视角的分析》，《经济管理》2016 年第 3 期。

府补贴的回归系数始终在1%的水平下显著为正，说明政府补贴能够显著促进制造业企业全要素生产率提升，前述估计结果具有稳健型。

2. 变换核心解释变量的衡量方式

如前文所述，本章用企业非经常性损益中的政府补助金额取对数值来表示企业获得政府补贴的程度。但是在稳健性检验中，本章以虚拟变量的方式衡量政府补贴，即如果企业某一年份受到了政府补贴，则当年补贴项设定为1，否则为0。将企业是否接受政府补贴指标带入式（6—1）中进行回归，结果如表6—3中回归（4）和回归（5）所示。其中，回归（4）基于普通最小二乘方法进行估计，并控制了行业特征和时间效应；回归（5）基于时间和企业个体双向固定效应模型进行估计，结果显示，两组回归中政府补贴的回归系数皆显著为正，与前述估计结果一致。

3. 对内生性问题的处理

考虑到影响企业全要素生产率的因素诸多，并可能会受到一些非观测因素的影响，因此在模型设定中不可避免地会出现遗漏变量问题，并导致模型的内生性问题。此外，政府补贴并非是一个随机选择的过程，政府往往会依据企业全要素生产率高低等情况制定差异化的补贴政策，因此，模型中企业全要素生产率与政府补贴可能存在着双向因果关系，并导致内生性问题。为了尽可能克服内生性问题，本章引入了年份—行业固定效应以降低可能存在的遗漏变量问题，估计结果如表6—3中回归（6）和回归（7）所示。其中，回归（6）基于普通最小二乘法进行估计，并控制了时间与行业特征；回归（7）基于时间与个体双向固定效应模型进行估计，从中可以看出，政府补贴对企业全要素生产率的回归系数依旧在1%的水平下显著为正，说明政府补贴显著提升了企业全要素生产率，与前述估计结果一致。

此外，本章还进一步运用工具变量法，采用两阶段最小二乘法进行估计。一个理想的工具变量不但要与内生变量具有较强的相关性，而且要满足外生性要求，与扰动项不相关。一般来讲，政府对

表6—3

稳健性检验

	(1) 非国企	(2) 中央国企	(3) 地方国企	(4) 全样本	(5) 全样本	(6) 全样本	(7) 全样本	(8) 全样本	(9) 全样本
ln*Subsidy*	0.093*** (0.004)	0.056*** (0.010)	0.022*** (0.008)	0.056*** (0.006)	0.014** (0.006)	0.022*** (0.002)	0.010*** (0.002)	0.106* (0.061)	0.037*** (0.008)
Constant	5.468*** (0.223)	5.218*** (0.195)	5.346*** (0.105)	0.661*** (0.158)	1.103*** (0.048)	1.058*** (0.379)	2.088*** (0.490)	0.974*** (0.247)	0.693*** (0.213)
控制变量	YES	YES	YES	YES	YES	YES	YES	YES	YES
企业固定	NO	NO	NO	NO	YES	NO	YES	NO	NO
行业固定	YES	YES	YES	YES	NO	YES	NO	YES	YES
时间固定	YES	YES	YES	YES	YES	YES	YES	YES	YES
行业—时间固定	NO	NO	NO	NO	NO	YES	YES	NO	NO
Anderson LM Stats								12.364 [0.0004]	662.692 [0.0000]
Cragg-Donald Wald F Stats								12.297 {8.96}	756.467 {8.96}
样本量	11983	1795	2759	16537	16537	16537	16537	11496	9955
R²	0.740	0.811	0.799	0.783	0.589	0.787	0.602	0.786	0.785

注：***、**、*分别表示回归系数在1%、5%和10%的水平下显著，[ ]内为Anderson canon LM统计量所对应的P值，{ }内为Stock-Yogo检验
在15%的水平下的临界值。

企业进行补贴需要量力而行，即依据自身财政收入状况决定对企业的补贴；因此，一个城市的财政收入水平与政府对企业的财政补贴密切相关，财政收入水平越高，政府对企业进行财政补贴的能力越强。而一个城市的财政收入水平与城市内部某一企业的全要素生产率并不相关。可见，用企业所在城市财政收入状况作为政府补贴的工具变量具有一定的合理性。因此，本章运用城市当年财政收入的中观数据作为工具变量进行两阶段最小二乘估计，结果如表6—3中回归（8）所示。从中可以看出，政府补贴的回归系数仍旧显著为正，表明政府补贴促进了企业全要素生产率提升。此外，本章还运用城市当年财政收入与企业上一年度是否接受政府补贴虚拟变量的交乘项作为工具变量，并进行两阶段最小二乘估计，结果如回归（9）所示。从中可以看出，政府补贴对企业全要素生产率的回归系数同样在1%的水平下显著为正，说明控制了模型的内生性问题后，政府补贴依旧能够显著提升企业全要素生产率，前述结论具有稳健型。对上述两组回归进行不可识别检验和弱工具变量检验，结果发现，Anderson LM 统计量在较高的水平下拒绝了不可识别的原假设，并且 Wald 检验在15%的水平下认为不存在弱识别问题，本章工具变量的选择具有合理性。

（三）异质性分析

1. 国有企业与非国有企业的异质性分析

前述结果表明，无论是在国有企业还是在非国有企业，政府补贴都能够有效促进企业全要素生产率提升，其作用方向具有一致性。为了进一步考察政府补贴对不同所有制企业全要素生产率促进作用大小的差异化特征，本章对式（6—4）进行回归，结果如表6—4中回归（1）和回归（2）所示。在回归（1）中，本章首先将政府补贴、企业所有权性质以及两者交乘项带入估计，回归（2）在回归（1）的基础上加入了影响企业全要素生产率的控制变量。从回归（1）与回归（2）可以看出，政府补贴与企业所有权性质交乘项的回归系数显著为负，说明政府补贴对非国有企业全要素生产率的提升作用要高于对国有企业全要素生产率的提升作用。这可能是由于三个方面的原因。第一，相对于非国有企业，国有企业面临着更小的融资约束，而非国有企业则面临着相对较大的融资约束，因此，政府补贴更能够缓解非国有企业融资约束，进而对非国有企业全要素生产率提升具有更强的促进作用。第二，囿于国有企业产权不清晰、委托代理问题严重等原因，国有企业对政府补贴的利用可能更为粗放和低效，而非国有企业能够更加集约和高效地使用政府补贴，并能够有效促进企业经营效率提升。第三，出于国有企业自身所承担的社会责任等原因，政府往往倾向于向国有企业给予更多的补贴。而政府官员与国有企业高管从而有可能两者之间相对更容易形成一种勾结和相互寻租的默契，扭曲政府补贴行为，弱化政府补贴效果。

2. 中央国有企业与地方国有企业的异质性分析

前述结果考察了政府补贴对企业全要素生产率作用效果及其在国有企业与非国有企业间的异质性问题，但是在国有企业内部，中央国有企业与地方国有企业由于其属地关系不同，导致其在产业发展中的战略地位与作用、政商关联、政府补贴额度以及全要素生产率方面可能也会存在较大差异，并可能进一步导致政府补贴效果的差异。为此，本章进一步将国有企业样本带入式（6—4）进行回归，结果如表6—4中回归（3）与回归（4）所示。其中，对表示企业性质虚拟变量，若该企业为地方国有企业，则赋值为1，否则为0。回归（3）仅将政府补贴、企业所有权属性以及两者交乘项带入回归模型中进行估计，回归（4）在此基础上进一步加入影响企业全要素生产率的控制变量进行回归。从回归结果可以看出，政府补贴与企业所有权性质交乘项的估计系数均显著为负，说明政府补贴对地方国有企业全要素生产率的提升作用弱于中央国有企业，其原因可能包括以下两个方面。第一，出于地方保护主义与带动地方制造业创新与转型发展等动机，地方政府更倾向于向地方国有企业给予补贴。但是由于地方政府对补贴缺乏有效的监督机制，导致地方国有企业对政府补贴的使用效率不高，而中央国有企业接受和使用政府补贴往往受到中央多个部门和全社会监督，因此政府补贴对地方国有企业全要素生产的促进作用低于中央国有企业。第二，相对于中央国有企业，地方国有企业高管更容易与地方政府官员产生勾结和相互寻租等抑制补贴效果的行为，影响补贴对企业全要素生产率的作用效果。

表6—4　　　　　　　　　　基于企业所有权性质的异质性分析

	（1）	（2）		（3）	（4）
ln$Subsidy$	0.414 ***	0.026 ***	ln$Subsidy$	0.440 ***	0.053 ***
	（0.005）	（0.002）		（0.012）	（0.009）
Soe	0.578 ***	− 0.017	Soe_df	0.226 ***	0.113 ***
	（0.026）	（0.010）		（0.049）	（0.030）
ln$Subsidy \times Soe$	− 0.022 **	− 0.013 ***	ln$Subsidy \times Soe\_df$	− 0.069 ***	− 0.033 ***
	（0.009）	（0.003）		（0.015）	（0.009）
$Constant$	6.417 ***	0.686 ***	$Constant$	0.440 ***	0.053 ***
	（0.340）	（0.158）		（0.012）	（0.009）
控制变量	NO	YES	控制变量	NO	YES
行业固定	YES	YES	行业固定	YES	YES
时间固定	YES	YES	时间固定	YES	YES
样本量	16541	16537	样本量	4554	4554
R^2	0.490	0.786	R^2	0.452	0.799

注：*** 、** 分别表示回归系数在1%、5%的水平下显著。

二　企业研发投入的调节效应检验

为了检验假说6.2，即考察企业研发投入水平是否会影响政府补贴对企业全要素生产率的作用效果，本章进一步对式（6—3）进行估计，结果如表6—5所示。回归（1）至回归（3）分别给出了全样本、非国有企业样本和国有企业样本回归结果。其中，政府补贴与企业研发投入的回归系数皆在1%的水平下显著为正，而补贴与研发投入交乘项的系数在三次估计中均在1%的水平下显著为负，说明企业研发投入会负向调节政府补贴对企业全要素生产率的作用效果，当企业研发投入处于较低水平时，政府补贴对企业全要素生产率的促进作用较高，而随着而企业研发投入的提高，政府补贴对企业全要素生产率的促进作用会随之降低。此外，本章进一步将国有企业样本细分为中央国有企业和地方国有企业两组样本分别进行估计，以考察不同类型国有企业中研发投入对政府补贴作用效果的调节作用，结果如回归（4）和回归（5）所示。从中可以看出，政府补贴与企业研发投入的回归系数仍旧在1%的水平下显著为正，而两者交乘项的回归系数在1%的水平下显著为负，说明在国有企业内部同样存在着企业研发投入负向调节政府补贴对企业全要素生产率作用效果的现象，假说6.2得以证实。

表6—5　　　　　　　　　　企业研发投入的调节作用回归结果

	（1）	（2）	（3）	（4）	（5）
	全样本	非国有企业	国有企业	地方国有企业	中央国有企业
ln$Subsidy$	0.200 ***	0.183 ***	0.203 ***	0.172 ***	0.229 ***
	（0.015）	（0.019）	（0.027）	（0.033）	（0.045）
ln$R\&D$	0.048 ***	0.052 ***	0.0460 ***	0.048 ***	0.037 ***
	（0.003）	（0.004）	（0.006）	（0.007）	（0.011）
ln$Subsidy$ × ln$R\&D$	− 0.011 ***	− 0.010 ***	− 0.011 ***	− 0.010 ***	− 0.011 ***
	（0.001）	（0.001）	（0.001）	（0.002）	（0.003）
$Constant$	− 0.027	− 0.112	− 0.138	0.069	0.026
	（0.160）	（0.162）	（0.142）	（0.156）	（0.220）
控制变量	YES	YES	YES	YES	YES
行业固定	YES	YES	YES	YES	YES
时间固定	YES	YES	YES	YES	YES
样本量	14848	11075	3773	2201	1572
R^2	0.802	0.767	0.810	0.808	0.825

注：*** 表示回归系数在1%的水平下显著。

三 企业研发投入的中介效应检验

为了检验政府补贴是否会通过影响企业研发投入进而影响全要素生产率，本章在对式（6—5）回归的基础上进一步对式（6—6）和式（6—7）进行回归，结果如表6—6所示。其中，模型1至模型3分别对应式（6—5）至式（6—7）。从模型2可以看出，政府补贴对企业研发投入的回归系数在1%的水平下显著为正，说明政府补贴显著提升了企业研发投入，补贴对企业研发具有激励效应。相对于模型1，模型3中加入了企业研发投入变量，其回归系数在1%的水平下显著为正，说明企业研发投入对企业全要素生产率具有较为显著的提升作用；而政府补贴对企业全要素生产率的回归系数仍旧在1%的水平下显著为正。因此判断，政府补贴在直接提升企业全要素生产率的同时，还会激励企业加大研发投入，提高企业创新水平，间接推动企业全要素生产率提升，假说6.3得到证实。

表6—6　　　　　　　　企业研发投入的中介效应检验

模型	模型1	模型2	模型3	模型4	模型5	模型6
回归方法	OLS			2SLS		
因变量	$\ln TFP$	$\ln R\&D$	$\ln TFP$	$\ln TFP$	$\ln R\&D$	$\ln TFP$
$\ln Subsidy$	0.0720***	0.145***	0.0541***	0.107***	0.229***	0.0798***
	(0.0036)	(0.0072)	(0.0038)	(0.0073)	(0.0144)	(0.0078)
$\ln R\&D$			0.0970***			0.0971***
			(0.0043)			(0.0046)
Age	−0.0056***	−0.0208***	−0.0001	−0.0041***	−0.0187***	0.0005
	(0.0009)	(0.0017)	(0.0009)	(0.0010)	(0.0019)	(0.0010)
Soe	0.0141	−0.137***	0.0129	0.0082	−0.110***	0.0108
	(0.0109)	(0.0214)	(0.0112)	(0.0114)	(0.0224)	(0.0116)
Mtb	−0.0081***	−0.0067*	−0.0087***	−0.0078***	−0.0104*	−0.0087***
	(0.0020)	(0.0040)	(0.0022)	(0.0020)	(0.0041)	(0.0023)

续表

模型	模型 1	模型 2	模型 3	模型 4	模型 5	模型 6
回归方法	OLS			2SLS		
因变量	ln*TFP*	ln*R&D*	ln*TFP*	ln*TFP*	ln*R&D*	ln*TFP*
Lev	0. 273 ***	− 0. 780 ***	0. 399 ***	0. 291 ***	− 0. 868 ***	0. 411 ***
	(0. 0234)	(0. 0496)	(0. 0262)	(0. 0258)	(0. 0530)	(0. 0278)
Man	− 0. 108 ***	0. 205 *	− 0. 810 ***	− 0. 180 ***	0. 0737	− 0. 828 ***
	(0. 0235)	(0. 1100)	(0. 0573)	(0. 0271)	(0. 1160)	(0. 0599)
Sca	0. 730 ***	0. 728 ***	0. 645 ***	0. 694 ***	0. 671 ***	0. 618 ***
	(0. 0054)	(0. 0107)	(0. 0064)	(0. 0078)	(0. 0155)	(0. 0082)
Cf	0. 147 ***	0. 358 ***	0. 0319	0. 120 ***	0. 323 ***	0. 0425
	(0. 0238)	(0. 0540)	(0. 0282)	(0. 0272)	(0. 0567)	(0. 0294)
Own	− 0. 170 ***	− 0. 525 ***	− 0. 101 ***	− 0. 130 ***	− 0. 403 ***	− 0. 0822 ***
	(0. 0180)	(0. 0342)	(0. 0182)	(0. 0198)	(0. 0378)	(0. 0198)
行业	YES	YES	YES	YES	YES	YES
时间	YES	YES	YES	YES	YES	YES
常数项	5. 527 ***	15. 52 ***	4. 079 ***	5. 171 ***	16. 13 ***	3. 644 ***
	(0. 2210)	(0. 4060)	(0. 2200)	(0. 2670)	(0. 4960)	(0. 2670)
样本量	16541	15264	14852	14440	13472	13312
R^2	0. 785	0. 548	0. 802	0. 782	0. 542	0. 796

注:*** 、* 分别表示回归系数在 1% 和 10% 的水平下显著。

变量间内生依赖关系可能会对本章估计结果产生影响。本章中，一方面政府选择补贴企业的一个重要依据是企业运行效率，即企业全要素生产率，政府往往依据企业全要素生产率状况有目的地选择企业予以补贴；另一方面政府补贴会对企业全要素生产率产生显著影响。可见，政府补贴与企业全要素生产率之间存在着双向影响关系。为了控制双向影响所导致的内生性问题，借鉴闫志俊、于津平（2017）的研究，[①] 本章选择政府补贴的滞后一期作为工具变量，运

① 闫志俊、于津平：《政府补贴与企业全要素生产率——基于新兴产业和传统制造业的对比分析》，《产业经济研究》2017 年第 1 期。

表6—7　企业研发投入中介效应的分样本检验

样本	地方国有企业			中央国有企业			非国有企业		
模型	模型1	模型2	模型3	模型4	模型5	模型6	模型7	模型8	模型9
因变量	$\ln TFP$	$\ln R\&D$	$\ln TFP$	$\ln TFP$	$\ln R\&D$	$\ln TFP$	$\ln TFP$	$\ln R\&D$	$\ln TFP$
$\ln Subsidy$	0.0220***	0.132***	0.0107	0.0561***	0.117***	0.0492***	0.0930***	0.151***	0.0625***
	(0.0081)	(0.0228)	(0.0090)	(0.0104)	(0.0226)	(0.0110)	(0.0044)	(0.0076)	(0.0046)
$\ln R\&D$			0.0225***			0.0839***			0.140***
			(0.0083)			(0.0123)			(0.0054)
控制变量	YES	YES	YES	YES	YES	YES	YES	YES	YES
行业	YES	YES	YES	YES	YES	YES	YES	YES	YES
时间	YES	YES	YES	YES	YES	YES	YES	YES	YES
常数项	5.346***	12.82***	5.287***	5.218***	14.73***	4.002***	5.466***	15.55***	3.332***
	(0.1050)	(0.3270)	(0.1680)	(0.1950)	(0.4000)	(0.2650)	(0.2230)	(0.3650)	(0.2260)
样本量	2759	2233	2201	1795	1587	1572	11987	11444	11079
R^2	0.799	0.585	0.808	0.811	0.66	0.825	0.740	0.523	0.767

注：*** 表示回归系数在 1% 的水平下显著。

用两阶段最小二乘法进行估计，结果如表6—6中模型4到模型6所示。在控制了内生性问题后，政府补贴在模型4和模型6中依旧在1%的水平下显著为正，即政府补贴能够推动企业全要素生产率提升。同时模型5也显示，补贴也会激励企业加大研发投入，模型6中，企业研发投入也在1%的水平下显著为正，即研发投入推动企业全要素生产率提升。因此总体来看，政府补贴在直接推动企业全要素生产率提升的同时，也会促进企业研发，间接提升全要素生产率，再一次证实了假说6.3。

此外，为了检验政府补贴对企业全要素生产率的影响以及企业研发投入的中介效应在不同所有制企业之间是否具有差异性，本章进一步将所有样本分为地方国有企业、中央国有企业以及非国有企业三个子样本分别进行回归，结果如表6—7所示。首先，从政府补贴对企业研发投入的影响来看，在三组样本中，政府补贴对企业研发投入均具有挤入效应，能够激励企业增加研发支出。从作用大小来看，政府补贴对非国有企业研发激励效应更强，而对地方国有企业、中央国有企业研发激励效应相对较小。原因可能是由于相对于国有企业，非国有企业具有更高的创新偏好，更容易受政府补贴激励作用的影响。[1] 其次，从研发投入对企业全要素生产率的影响来看，非国有企业研发投入对企业全要素生产率的提升作用远远高于中央国有企业，地方国有企业研发投入对全要素生产率的影响最低，这说明非国有企业研发创新活动更具有集约性和高效率，更能够推动企业全要素生产率提升。可以从两个角度分析这一问题，一方面国有企业承担了更多的社会责任，其研发创新活动更加贴近政府创新偏好，即追求创新活动的整体社会价值和长远战略意义，而非短期经济利益，表现为国有企业研发活动的短期低效率和对企业全要

---

[1] Luo Y. , Zhao H. , Wang Y. , Xi Y. , "Venturing abroad by emerging market enterprises", *Management International Review*, Vol. 51, 2011, pp. 433 – 459.；杨洋、魏江、罗来军：《谁在利用政府补贴进行创新？——所有制和要素市场扭曲的联合调节效应》，《管理世界》2015 年第 1 期。

素生产率推动作用的乏力；另一方面，相对于非国有企业，由于存在多重委托代理问题，以及国有企业高管的"体制内特征"和"政治人属性"，国有企业研发活动对企业全要素生产率的提升作用明显小于非国有企业。[①] 最后，从研发决策的中介效应来看，如模型 3 所示，地方国有企业在加入了企业研发投入变量后，政府补贴对企业全要素生产率的回归系数不再显著，说明政府补贴对企业全要素生产率的促进作用是通过激励企业加大研发投入来实现的，补贴对于企业全要素生产并无直接影响。而在中央国有企业和非国有企业，政府补贴既直接提升了企业全要素生产率，又通过激励企业加大研发投入间接推动企业全要素生产率提升。

基于上述结果，表 6—8 总结了不同样本中政府补贴对企业全要素生产率影响及企业研发投入的中介效应。从中可以看出，无论是总效应，还是直接效应或间接效应，政府补贴对非国有企业全要素生产率的提升作用始终大于国有企业；在国有企业内部，中央国有企业始终大于地方国有企业。因此，政府应当坚持分类抉择的原则，合理配置政府财政资源，提高政府补贴效果；应当加强对国有企业尤其是地方国有企业补贴的跟踪评价与监督机制，提高国有企业利用政府补贴的效率和水平。

表 6—8　　　　　　政府补贴对企业全要素生产率影响的总体效果

	总效应	直接效应	间接效应 $\beta_1 \times \gamma_2$	中介效应类型
总样本	0.0682	0.0541	0.0141	部分中介效应
地方国有企业	0.0030	—	0.0030	完全中介效应
中央国有企业	0.0590	0.0492	0.0098	部分中介效应
非国有企业	0.0836	0.0625	0.0211	部分中介效应

---

① 杨洋、魏江、罗来军：《谁在利用政府补贴进行创新？——所有制和要素市场扭曲的联合调节效应》，《管理世界》2015 年第 1 期。

四 结论与启示

（一） 主要结论

本章基于2008—2017年制造业上市公司数据，运用固定效应模型、分位数回归模型以及中介效应模型等方法，实证分析了政府补贴对企业全要素生产率的影响及企业研发投入的调节效应和中介效应，主要结论如下：第一，政府补贴推动了企业全要素生产率提升，但是由于企业发展基础、生产经营效率、管理能力等差异，政府补贴对全要素生产率的边际提升效应在效率较低的企业要高于效率较高的企业。第二，政府补贴对企业全要素生产率的提升作用受到企业研发投入的调节，企业研发投入越高，政府补贴对企业全要素生产率的提升作用越低。这可能是由于规模驱动和研发驱动是企业全要素生产率提升的两种主要驱动力，政府补贴能够促进企业规模经济的形成，研发投入越高的企业，其全要素生产率对规模经济的依赖越弱，此时政府补贴对企业全要素生产率的作用效果越小。第三，政府补贴不仅直接推动企业全要素生产率提升，而且会激励企业加大研发支出，增强企业创新能力，间接提升企业全要素生产率。第四，政府补贴对企业全要素生产率的影响在不同所有制企业之间存在着差异。补贴对非国有企业全要素生产率提升作用更强；就中介效应而言，在地方国有企业，政府补贴对企业全要素生产率的促进作用是通过激励企业加大研发支出来实现的，补贴对于全要素生产并无直接影响。而在中央国有企业和非国有企业，政府补贴既直接提升了企业全要素生产率，又通过激励企业加大研发支出间接推动全要素生产率提升。此外，企业研发投入的中介效应国有企业也要低于非国有企业，地方国有企业要低于中央国有企业。

（二） 实践启示

基于上述研究结论，本章认为，提升企业全要素生产率，应当发挥政府的积极作用，具体而言，应当做到：

第一，优化政府财政资源配置，合理分配政府补贴。研究表明，政府补贴对全要素生产率较低企业的边际作用高于全要素生产率较高企业，说明政府对低效率企业补贴效果优于高效率企业，雪中送炭优于锦上添花。因此，在实施补贴政策的过程中，政府应当在一定程度上向具有发展潜力的低效率企业倾斜，引导低效率企业合理规划投资，推动企业规模合理扩张，促进企业全要素生产率提升。但是在对全要素生产率较低企业给予补贴的过程中，应当避免企业患上"补贴依赖症"，防止僵尸企业的形成。同时，对于高效率企业，应当加强对政府补贴的跟踪评价与监督，提高政府补贴对全要素生产率较高企业的边际效应。

第二，提高政府补贴对企业研发投入的激励效应，鼓励企业开展研发活动。研发是企业全要素生产率提升的直接驱动力量，应当通过补贴缓解企业研发活动所面临的资金约束，对具有市场前景和发展潜力的研发领域给予更高额度的研发补贴，引导企业研发投资方向。要提高政府补贴政策的透明度，降低补贴过程中的信息不对称，警惕企业在申请补贴过程中的虚假行为和投机行为，有效约束和防止补贴过程中的寻租和腐败行为，切实提高政府补贴对企业研发活动的激励和引导作用。

第三，充分考虑政府补贴对不同所有制企业全要素生产率影响效果的差异性，引导政府补贴在不同所有制企业之间合理、优化配置。应当重点考虑三个方面的问题：首先，要避免国有企业产生"补贴依赖症"；其次，也要避免过分依据经济指标制定国有企业补贴政策，应当合理评估国有企业在国民经济发展中的社会责任和外部性作用，综合考量其在经济社会发展中的战略性地位及其经济价值，实施相应的补贴措施；最后，关注非国有企业发展的现实需要，对非国有企业给予合理补贴，保障政府补贴更好地发挥经济效益和社会效益。

第 七 章

主要结论及对策建议

第一节 主要结论

政府是推动中国创新型经济发展的重要力量，无论是西方经济学中的外部性与市场失灵理论，还是中国特色社会主义政治经济学中的政府宏观调控理论等，都要求政府在实施创新驱动发展战略中有所作为。从实践方面来看，不仅是中国，较为发达的西方国家也同样经历了政府为主导的区域创新体系建设历程，[①] 以政府补助为主要形式的企业扶持计划和科技项目在欧美等产业发展水平较高的西方国家也是广泛存在的。[②] 政府应当为区域创新构建良好的生态系统，概括起来讲，政府在区域创新发展过程中的角色与职能定位可以概括为六个方面，即守夜人、引路人、资助人、铺路人、协调人和服务人。具体来讲，政府要在创新系统中做到维护创新竞争秩序，保障创新主体合法权益；制定区域创新发展战略，引领区域创新发

---

① 余泳泽：《政府支持、制度环境、FDI 与我国区域创新体系建设》，《产业经济研究》2011 年第 1 期。

② Cerqua A. , Pellegrini G. , "Do subsidies to private capital boost firms' growth? a multiple regression discontinuity design approach", *Journal of Public Economics*, Vol. 109, 2014, pp. 114 – 126.

展方向；弥补市场机制内在缺陷，激发企业创新活力；强化区域创新基础设施建设，为科技创新提供良好的软硬件基础设施条件；协调创新主体间利益关系，推动产学研协同创新体系建设；提高公共服务质量，为创新活动提供良好的公共服务。

对于政府在区域创新系统中的基础性作用，以往研究并未有太多分歧。然而，在政府如何参与区域创新系统建设以及政府参与创新系统建设效果方面，现有研究仍存在不同观点。对于政府行为对区域创新活动的影响效果，现有研究主要形成了促进和抑制两种主要观点。那么为什么会存在上述分歧？应当如何评价政府支持创新活动效果？政府支持效果究竟如何？后续政策制定中政府应当如何有效参与创新活动？本书就上述问题展开了系统研究，并基于省级、城市与企业三个层面的面板数据，运用面板固定效应模型、空间面板计量模型、面板门限模型、分位数回归模型、双重差分模型等实证分析方法，检验了政府参与创新活动效果及其内在机制。具体来说，科技支出是政府参与创新活动的基本手段，本书首先检验了政府科技支出规模和支出结构对区域创新效率的作用效果，并且检验了政府科技支出对创新活动影响的非线性特征。考虑到官员是驱动政府行为最关键的因素，本书又进一步考察了不同官员激励条件下，政府科技支出对创新活动的影响效果。为了更为全面地分析政府参与创新活动的有效性问题，本书还将研究视角下沉到城市层面和企业层面，综合考察了政府支持城市创新发展的政策（本书主要以国家级高新区设立与创新型城市试点政策为例）对城市创新水平的影响，以及政府支持企业创新发展的政策效果及其作用机制。通过实证分析，本书主要得出了以下观点与结论。

首先，财政支出是政府支持创新活动最直接的方式，为此，需要考察政府财政科技创新相关支出对创新活动的影响。基于省级面板数据的研究发现，政府财政科技支出显著促进了区域创新效率提升，证实了"政府促进论"的观点。将政府支持对象分为企业、高校和科研机构，分别讨论政府支持效果发现，政府对企业创新活动的支持更能有效提升区域创新效率，而对高校、科研机构的支持对区域创新效率的促进作用并不显著。此外，本书还考察了政府科技支出规模对区域创新效率影响的非线性特征，结果发现，当政府科技支出占财政总支出的比重介于 0.02 至 0.04 区间时，政府科技支出对区域创新效率的促进作用最强。

　　官员是驱动政府行为的主体，考察政府科技支出对创新效率的影响效果，决不能避开政府官员这一驱动政府行为的关键因素。而官员所面临的各种激励与约束机制会直接影响官员行为，进而影响政府科技支出效果。为此，本书考察了官员所面临的激励对区域创新效率的影响效果及其作用机制。研究发现，当晋升激励较强时，政府科技支出更能够促进区域创新效率提升，而当财政权力激励程度介于 0.793 至 0.832 之间时，以及经济利益激励程度介于 0.226 至 0.316 之间时，政府对区域创新效率的提升作用最大且显著。此外，地方官员晋升激励和经济权力激励能够显著提升区域创新效率，而寻租激励导致的腐败行为对区域创新效率具有显著的抑制作用；官员晋升激励和经济权力激励也会降低政府创新偏好，抑制政府财政科技支出占比，导致区域创新效率损失。而寻租激励则会提升政府科技支出占比，促进区域创新效率提升。从净效应来看，晋升激励和经济权力激励对创新效率的净效应为正，寻租激励的净效应为负。

　　其次，本书将研究视角下沉到城市层面，基于政府推动城市创新驱动发展的两项具体政策来考察政府参与城市创新活动的有效性问题。本书运用 2003—2016 年中国 215 个城市面板数据，实证检验了国家高新区设立对城市创新水平的影响及其空间异质性特征。研究发现，国家高新区设立显著提升了城市创新水平，并且国家高新区设立主要通过带动城市投资集聚来推动城市创新水平提升，但这并不意味着国家高新区设立对城市创新水平的提升作用源于其对周边城市创新资源的掠夺，相反国家高新区设立对周边城市和省内城市均产生了显著的溢出效应，提升了周边与省内城市创新水平。此外，国家高新区设立对城市创新水平的影响具有空间异质性特征，在省会城市、直辖市和副省级城市，国家高新区设立对城市创新水平的影响并不显著，而能够显著提升一般地级市创新水平；随着城市创新水平的提升，国家高新区设立对城市创新水平的促进作用呈现出先增强、后减弱直至不再显著的非对称倒"V"形变化特征。研究也发现，国家高新区设立对城市创新水平影响的区位异质性并不显著，国家高新区设立对东部地区和中西部地区创新水平提升均具有显著的促进作用。

此外，为了探索具有中国特色的城市创新发展道路，提高城市创新水平，2008 年中国开始实施创新型城市试点政策，并不断扩大试点范围。本书在机制分析的基础上，基于 2003—2016 年 269 个城市面板数据，实证检验了创新型城市试点政策对城市创新水平的作用效果。研究发现，创新型城市试点政策显著提升了城市创新水平；异质性分析发现，创新型城市试点政策对直辖市、省会城市和副省级城市创新水平的提升作用弱于一般城市，对科教资源质量较高城市创新水平的提升作用弱于科教资源质量较低的城市，并且随着城市创新水平提升，创新型城市试点政策对城市创新水平的促进作用呈现出一种先增强后减弱的非对称倒"V"形变化特征。研究也发现，创新型城市试点政策促进城市创新水平提升的区位异质性不显著。就其作用机制而言，创新型城市试点政策能够加强政府战略引领、促进人才集聚、激励企业投资和优化创新环境，进而对城市创新产生积极影响；并且对企业投资的激励效应是创新型城市试点政策推动城市创新水平提升的重要原因。

最后，本书将研究视角进一步下沉到企业层面，基于我国 2008—2017 年制造业上市公司面板数据，实证分析了政府补贴对企业全要素生产率的影响效果及其作用机制。研究发现，政府补贴推动了企业全要素生产率提升，但是由于企业发展基础、生产经营效率、管理能力等差异，政府补贴对全要素生产率较低企业的效率提升效应显著高于全要素生产率较高的企业。政府补贴不仅直接推动企业全要素生产率提升，而且会激励企业加大研发支出，增强企业创新能力，间接提升企业全要素生产率。政府补贴对企业全要素生产率的影响在不同所有制企业之间存在着差异，补贴对非国有企业全要素生产率提升作用更强；就中介效应而言，在地方国有企业，政府补贴对企业全要素生产率的促进作用是通过激励企业加大研发投入来实现的，政府补贴对于企业全要素生产率并无直接影响。而对于中央国有企业和非国有企业，政府补贴既直接提升了企业全要素生产率，又通过激励企业加大研发投入间接推动全要素生产率提升。在作用效果方面，企业研发投入的中介效应国有企业也要低于非国有企业，地方国有企业要低于中央国有企业。此外，企业研发投入会负向调节政府补贴的作用效果，即企业研发投入越高，政府补贴对企业全要素生产率的提升作用越低。因此，应当重视政府补贴对企业经营发展的重要作用，依据不同企业特征采取多样化的补贴方案和措施，推动企业全要素生产率提升。

第二节　对策建议

一　明确政府在创新活动中的角色定位

创新不仅是市场选择的结果，也是政府推动的结果。无论是在科技和高新技术产业发展水平较高的发达国家，还是科技和高新技术产业发展较为滞后的发展中国家，支持科技创新和高技术产业发展的政府政策都是广泛存在的。就中国而言，应当发挥中国特色社会主义制度的优越性，发挥中国集中力量办大事的制度优势，认识政府在创新驱动发展战略中的重要作用，提高政府参与创新活动的效果。在这一过程中，应当特别重视中国政府在创新活动中的角色与职能定位：重视政府在创新系统建设中的主体作用，维护良好的创新竞争秩序，发挥政府在区域创新发展中的守夜人职能；重视政府在区域创新活动中的战略引领作用，发挥政府增长甄别、因势利导的职能；重视政府在弥补市场机制调节不足过程中的重要作用，通过财政补贴、税收优惠等方式激励企业等创新主体开展创新活动，发挥政府对基础研究与共性技术研发的资助功能；重视政府的创新基础设施建设职能，发挥政府在科技市场建设、高新技术产业园区规划与建设等创新基础设施建设领域的职能；重视政府在创新系统内部产学研协同创新体系建设中的重要职能，发挥政府在创新体系内部协调不同创新主体间利益关系的职能；重视政府在创新系统建设中的公共服务职能，保障创新主体享受高质量、高效率的公共服务，提高创新主体创新激励和创新热情。

二 加强政府对创新活动的支持和引领

第一，加大政府科技支出，发挥政府科技支出的"乘数效应"。政府科技支出是政府参与和支持创新活动的基本手段，也是政府推动实施创新战略的基本载体。为此，应当适度加大政府科技支出规模，合理规划政府科技支出结构，尤其加大对企业创新活动的支持力度，带动创新主体创新水平提升。政府对企业进行创新支持更能够促进区域创新效率提升，因此应当适度加大政府补贴，发挥政府科技支出对创新主体研发支出的挤入效应，促进创新主体研发水平提升。应当加大政府科技支出，提高政府在创新驱动发展战略中的引领和保障作用。应当重视政府基础设施环境建设职能，加大政府对科技基础设施建设的投资力度，为科技创新活动提供良好的基础设施条件。应当加强政府公共服务质量，提供政府公共服务效率，减少对科技创新活动的无序干预，降低创新活动所面临的制度性摩擦，提高创新活动效率和水平。

第二，要依据中央创新驱动发展战略，制定推动区域创新发展的地方政策，为创新型国家建设构建良好的区域创新体系支撑。要推进创新型城市建设，加快创新型城市试点政策推广和经验总结，有序扩大创新型城市试点范围，推动城市创新水平的普遍提升。要完善"地方试点—中央总结—地方推广"试点制度，明晰创新型国家建设中中央与地方政府间的权责关系，加快形成中央向地方提供创新战略指导与制度激励、地方向中央贡献创新实践经验与智慧储备的互动关系。在建设创新型城市的过程中，应当坚持因地制宜、一地一策的原则，提高国家创新体系的包容性与灵活性，并加快建立有效的试点效果跟踪评价与监测机制，提高试点政策的有效性。

第三，加快国家高新区设立，发挥国家高新区在城市创新系统建设中的带动性作用。依据研究结论，国家高新区设立对城市创新水平产生了显著的促进作用，因此应当总结国家高新区设立经验，有序扩大国家高新区设立范围。同时，由于经济发展水平、资源集聚能力和政策环境等经济制度环境差异，国家高新区设立对不同城市创新水平的影响也存在着差异化特征；推动国家高新区设立应当充分考虑地方科技与经济发展差异，避免单一化、一概而论的一元化做法，倡导多元化发展战略，坚持因地制宜、一地一策的原则，提高国家高新区设立模式的包容性与灵活性。此外，在重点城市和创新水平较高的城市，国家高新区设立对城市创新水平的影响不显著，应当对这类城市国家高新区设立进行有效的跟踪评价与监测，及时调整园区建设方案、功能定位与配套措施，发挥国家高新区设立对城市创新的带动作用。

第四，加强对企业创新活动的引领和支持，激励企业积极开展研发创新活动。首先，在实施补贴政策的过程中，政府应当在一定程度上向具有发展潜力的低效率企业倾斜，引导低效率企业合理规划投资，推动企业规模合理扩张，促进企业全要素生产率提升。但在这一过程中要合理判别企业发展潜力，避免对僵尸企业沉淀成本的打捞。其次，研发是企业全要素生产率提升的直接驱动力量，应当通过补贴缓解企业研发活动所面临的资金约束，对具有市场前景和发展潜力的研发领域给予更高额度的研发补贴，引导企业研发投资方向。要提高政府补贴政策的透明度，降低补贴过程中的信息不对称，警惕企业在申请补贴过程中的弄虚作假和投机行为，有效约束和防止补贴过程中的寻租和腐败行为，切实提高政府补贴对企业研发活动的激励和引导作用。最后，要避免国有企业产生"补贴依赖症";也要避免过分依据经济指标制定国有企业补贴政策的行为倾向,应当合理评估国有企业在推动宏观经济创新发展中的责任和外部性作用,综合考量其在经济社会发展中的战略性地位及其经济价值,科学制定和实施相应的补贴措施。

三　规范政府参与创新活动行为

第一,完善政府官员激励与约束机制,应当加强对地方官员发展观念的引导,树立创新发展理念。地方官员是主导地方政府行为的核心主体,而其所面临的激励与约束机制一定程度上决定了其行为,并进一步影响政府在创新活动中的职能发挥。以 GDP 和财政为主的政绩考核机制下,地方官员过度重视经济规模,忽视经济发展质量、效率和水平。因此,应当树立地方官员创新发展理念,培育正确的政绩观念,使得地方官员在思想上重视创新、在行动上着力推动创新;要完善地方政府推动科技创新的绩效考核机制,将地方创新发展水平、创新发展质量和效率纳入地方官员绩效考核标准,对于创新驱动发展战略实施有力的地区官员予以适当表彰与提拔,提高地方官员参与和支持创新活动的积极性;要加强对地方官员参与创新活动行为的监督,对于地方官员"重生产、轻创新""重数量、轻质量""重规模、轻效率"的错误政绩观和经济治理观念予以批评和纠正,对于创新发展战略执行不力的地方官员予以约谈甚至处分。

第二,提高政府官员专业素养,促进政府行政效率和水平提升,提高政府创新政策的科学性和合理性。科学合理的创新政策和高效的公共服务是高效发挥政府作用、推动地方经济实现创新发展的重要保障。而地方官员重创新、懂创新,才能够有效地推创新、促创新。因此,加强地方官员专业素养是提高创新政策科学性和合理性以及政府公共服务质量和效率的重要前提。应当提高官员,尤其是科技部门官员的专业素养,定期组织国家创新政策学习班,加强专业培训和技能考核,提高官员科技素养;要加强地方政府之间科技创新政策的经验交流与分享，借鉴和推广成功做法与典型经验，在不确定性较高的政策实施前，要坚持试点先行，做到逐步完善和有序推广；要逐步推行轮岗制度，保障政府科技部门官员具有更加宏观的视野，培养全能型科技官员，提高地方创新政策的高度和水平。

第三，应当加强对政府创新支出行为的监督，降低寻租和腐败对财政支出行为的扭曲。寻租和腐败是创新系统运行的"绊脚石"，会扭曲政府财政支出行为，抑制政府参与区域创新系统建设效果，不利于区域创新系统建设和创新水平提升。因此，应当进一步加强反腐力度，警惕企业寻租和官员腐败对区域创新系统运行的破坏性作用，加强对政府财政支出过程的审计与监督，提高政府在配置创新资源行为方面的透明度，对科技创新过程中的寻租和腐败行为采取零容忍的态度，加大科技领域腐败惩戒力度，深挖创新驱动发展战略背景下的"反腐红利"。要加强对政府科研项目设立过程和审批过程的监管和审查力度，提高项目审批过程透明度，进一步规范化、制度化科研项目设立、申报、审批和结项流程，防止项目滥设、虚设，提高科技项目承担方落实政府项目的积极性和主动性，严把项目质量关，减少甚至杜绝"突击花钱"等抑制创新资源使用效率的行为，提高政府科技项目质量和效率。应当努力构建良好的政商关系，保障政府创新资源配置的合理性，警惕地方官员与企业高管之间勾结和相互寻租行为，降低甚至杜绝不正当的政商关联对政府科技支出行为的影响。

参考文献

《马克思恩格斯选集》（第一卷），人民出版社 2012 年版。

《马克思恩格斯选集》（第二卷），人民出版社 2012 年版。

陈劲、柳卸林：《自主创新与国家强盛——建设中国特色的创新型国家中的若干问题与对策研究》，科学出版社 2008 年版。

［英］G. M. 彼得·斯旺：《创新经济学》，韦倩译，格致出版社 2013 年版。

李东华：《韩国科技发展模式与经验》，社会科学文献出版社 2009 年版。

［英］琳达·岳：《中国的增长：中国经济的前 30 年与后 30 年》，鲁冬旭译，中信出版社 2015 年版。

吕薇：《区域创新驱动发展战略：制度与政策》，中国发展出版社 2014 年版。

安同良、周绍东、皮建才：《R&D 补贴对中国企业自主创新的激励效应》，《经济研究》2009 年第 10 期。

白俊红、卞元超：《政府支持是否促进了产学研协同创新》，《统计研究》2015 年第 11 期。

蔡昉：《中国经济增长如何转向全要素生产率驱动型》，《中国社会科学》2013 年第 1 期。

陈丽丽：《中国出口产品的国际竞争力和竞争路径：演进和国际比较》，《国际贸易问题》2013 年第 7 期。

陈庆江:《政府科技投入能否提高企业技术创新效率?》,《经济管理》2017年第2期。

陈艳莹、王二龙:《要素市场扭曲、双重抑制与中国生产性服务业全要素生产率:基于中介效应模型的实证研究》,《南开经济研究》2013年第5期。

程晨:《技术创新溢出与企业全要素生产率——基于上市公司的实证研究》,《经济科学》2017年第6期。

程惠芳、陆嘉俊:《知识资本对工业企业全要素生产率影响的实证分析》,《经济研究》2014年第5期。

程强、尹志锋、叶静怡:《国有企业与区域创新效率——基于外部性的分析视角》,《产业经济研究》2015年第4期。

程郁、陈雪:《创新驱动的经济增长——高新区全要素生产率增长的分解》,《中国软科学》2013年第11期。

崔和瑞、武瑞梅:《基于三螺旋理论的低碳技术创新研究》,《中国管理科学》2012年第11期。

董艳梅、朱英明:《高铁建设的就业效应研究——基于中国285个城市倾向匹配倍差法的证据》,《经济管理》2016年第11期。

方在农:《从熊彼特的创新理论说起》,《自然杂志》2006年第2期。

冯宗宪、王青、侯晓辉:《政府投入、市场化程度与中国工业企业的技术创新效率》,《数量经济技术经济研究》2011年第4期。

高翔:《城市规模、人力资本与中国城市创新能力》,《社会科学》2015年第3期。

葛丰:《中国研发经费增速升至10%以上 要加大研发投入,更要提升创新效率》,《中国经济周刊》2017年第49期。

郭研、郭迪、姜坤:《市场失灵、政府干预与创新激励——对科技型中小企业创新基金的实证检验》,《经济科学》2016年第3期。

洪银兴:《科技创新与创新型经济》,《管理世界》2011年第7期。

洪银兴:《论创新驱动经济发展战略》,《经济学家》2013年第1期。

贾根良:《开创大变革时代国家经济作用大讨论的新纲领——评马祖

卡托的〈企业家型国家：破除公共与私人部门的神话〉》，《政治经济学报》2017 年第 1 期。

蒋殿春、夏良科：《外商直接投资对中国高技术产业技术创新作用的经验分析》，《世界经济》2005 年第 8 期。

蒋绚：《制度、政策与创新体系建构：韩国政府主导型发展模式与启示》，《公共行政评论》2017 年第 12 期。

黎文靖、郑曼妮：《实质性创新还是策略性创新？——宏观产业政策对微观企业创新的影响》，《经济研究》2016 年第 4 期。

李骏、刘洪伟、万君宝：《产业政策对全要素生产率的影响研究——基于竞争性与公平性视角》，《产业经济研究》2017 年第 4 期。

李凯、任晓艳、向涛：《产业集群效应对技术创新能力的贡献——基于国家高新区的实证研究》，《科学学研究》2007 年第 3 期。

李猛、沈坤荣：《地方政府行为对中国经济波动的影响》，《经济研究》2010 年第 12 期。

李晓钟、吴振雄、张小蒂：《政府补贴对物联网企业生产效率的影响研究——基于沪深两市 2010—2013 年公司数据的实证检验》，《中国软科学》2016 年第 2 期。

李政、杨思莹：《财政分权体制下的城市创新水平提升——基于时空异质性的分析》，《产业经济研究》2018 年第 6 期。

李政、杨思莹：《财政分权、政府创新偏好与区域创新效率》，《管理世界》2018 年第 12 期。

李政、杨思莹：《创新活动中的政府支持悖论：理论分析与实证检验》，《经济科学》2018 年第 2 期。

李政、杨思莹：《东北地区潜在红利开发与系统性振兴策略》，《社会科学辑刊》2018 年第 1 期。

李政、杨思莹：《官员激励和政府创新偏好对工业创新效率的影响》，《北京师范大学学报（社会科学版）》2019 年第 1 期。

李政、杨思莹：《科技创新、产业升级与经济增长：互动机理与实证检验》，《吉林大学社会科学学报》2017 年第 3 期。

李政、杨思莹:《十年创新型国家建设:成就、经验与问题》,《学习与探索》2017 年第 1 期。

李政、杨思莹:《行业差异、所有权性质与创新效率:兼论国有企业创新资源配置》,《中国科技论坛》2016 年第 9 期。

李政、杨思莹、何彬:《FDI 抑制还是提升了中国区域创新效率?——基于省际空间面板模型的分析》,《经济管理》2017 年第 4 期。

李政、杨思莹、路京京:《政府补贴对制造业企业全要素生产率的异质性影响》,《经济管理》2019 年第 3 期。

李政、杨思莹、路京京:《政府参与能否提升区域创新效率?》,《经济评论》2018 年第 6 期。

林毅夫:《新结构经济学的理论基础和发展方向》,《经济评论》2017 年第 3 期。

刘贯春:《金融结构影响城乡收入差距的传导机制——基于经济增长和城市化双重视角的研究》,《财贸经济》2017 年第 6 期。

刘红玉、彭福扬:《马克思关于创新的思想》,《自然辩证法研究》2009 年第 7 期。

刘满凤、李圣宏:《国家级高新技术开发区的创新效率比较研究》,《江西财经大学学报》2012 年第 3 期。

刘瑞明、赵仁杰:《国家高新区推动了地区经济发展吗?——基于双重差分方法的验证》,《管理世界》2015 年第 8 期。

刘小元、林嵩:《地方政府行为对创业企业技术创新的影响——基于技术创新资源配置与创新产出的双重视角》,《研究与发展管理》2013 年第 5 期。

刘志彪:《从后发到先发:关于实施创新驱动战略的理论思考》,《产业经济研究》2011 年第 4 期。

鲁晓东、连玉君:《中国工业企业全要素生产率估计:1999—2007》,《经济学》(季刊)2012 年第 2 期。

陆国庆、王舟、张春宇:《中国战略性新兴产业政府创新补贴的绩效研究》，《经济研究》2014 年第 7 期。

吕薇：《营造环境 转变方式 推进创新驱动战略实施》，《国家行政学院学报》2013 年第 6 期。

吕政、张克俊：《国家高新区阶段转换的界面障碍及破解思路》，《中国工业经济》2006 年第 2 期。

毛其淋、许家云：《政府补贴对企业新产品创新的影响——基于补贴强度"适度区间"的视角》，《中国工业经济》2016 年第 6 期。

聂辉华：《腐败对效率的影响：一个文献综述》，《金融评论》2014 年第 1 期。

聂辉华、江艇、杨汝岱：《中国工业企业数据库的使用现状和潜在问题》，《世界经济》2012 年第 5 期。

任曙明、吕镯：《融资约束、政府补贴与全要素生产率——来自中国装备制造企业的实证研究》，《管理世界》2014 年第 11 期。

申香华：《银行风险识别、政府财政补贴与企业债务融资成本——基于沪深两市 2007—2012 年公司数据的实证检验》，《财贸经济》2014 年第 9 期。

沈沁、游士兵：《集聚效应、内生增长与创新型城市建设》，《江汉论坛》2017 年第 4 期。

史冬波：《企业家型国家：国家在促进创新中的新角色？——评 The Entrepreneurial State：Debunking Public vs Private Sector Myths》，《公共管理评论》2014 年第 1 期。

谭静、张建华：《国家高新区推动城市全要素生产率增长了吗？——基于 277 个城市的"准自然实验"分析》，《经济与管理研究》2018 年第 9 期。

唐书林、肖振红、苑婧婷：《上市公司自主创新的国家激励扭曲之困——是政府补贴还是税收递延？》，《科学学研究》2016 年第 5 期。

田新豹：《我国高新区经济发展影响因素的实证分析》，《宏观经济研究》2013 年第 6 期。

童玉芬：《人口老龄化过程中我国劳动力供给变化特点及面临的挑战》，《人口研究》2014年第2期。

万道侠、胡彬：《产业集聚、金融发展与企业的"创新惰性"》，《产业经济研究》2018年第1期。

汪澄清：《马克思与熊彼特创新思想之比较》，《马克思主义与现实》2011年第3期。

王海兵、杨蕙馨：《创新驱动与现代产业发展体系——基于我国省际面板数据的实证分析》，《经济学》（季刊）2016年第4期。

王宏伟、李平：《深化科技体制改革与创新驱动发展》，《求是学刊》2015年第5期。

王俊：《R&D补贴对企业R&D投入及创新产出影响的实证研究》，《科学学研究》2010年第9期。

王胜光、程郁、刘会武：《高新区创新中国——对20年国家高新区发展的总结评价及对未来发展的思考》，《中国科学院院刊》2012年第6期。

王彦皓：《政企合谋、环境规制与企业全要素生产率》，《经济理论与经济管理》2017年第11期。

魏江、李拓宇、赵雨菡：《创新驱动发展的总体格局、现实困境与政策走向》，《中国软科学》2015年第5期。

巫强、刘蓓：《政府研发补贴方式对战略性新兴产业创新的影响机制研究》，《产业经济研究》2014年第6期。

吴晓飞、李长英：《国家级区域发展战略是否促进了地区创新？——以"黄三角"战略为例》，《科学学与科学技术管理》2016年第1期。

吴延兵：《中国式分权下的偏向性投资》，《经济研究》2017年第6期。

肖文、林高榜：《政府支持、研发管理与技术创新效率——基于中国工业行业的实证分析》，《管理世界》2014年第4期。

徐保昌、谢建国：《政府质量、政府补贴与企业全要素生产率》，

《经济评论》2015 年第 4 期。

闫国庆、孙琪、陈超、仲鸿生、任建雄：《国家高新技术产业开发区创新水平测度指标体系研究》，《中国软科学》2008 年第 4 期。

闫志俊、于津平：《政府补贴与企业全要素生产率——基于新兴产业和传统制造业的对比分析》，《产业经济研究》2017 年第 1 期。

颜莉：《我国区域创新效率评价指标体系实证研究》，《管理世界》2012 年第 5 期。

杨国忠：《论国家级高新区多元技术创新扩散路径——以长沙高新区为例》，《科技管理研究》2016 年第 14 期。

杨璐瑶、张向前：《我国"十三五"适应创新驱动的科技人才发展机制的制度分析》，《科技管理研究》2016 年第 7 期。

杨汝岱：《中国制造业企业全要素生产率研究》，《经济研究》2015 年第 2 期。

杨思莹：《政府推动关键核心技术创新：理论基础与实践依据》，《经济学家》2020 年第 9 期。

杨思莹、李政：《高铁开通与城市创新》，《财经科学》2019 年第 1 期。

杨思莹、李政、孙广召：《产业发展、城市扩张与创新型城市建设——基于产城融合的视角》，《江西财经大学学报》2019 年第 1 期。

杨洋、魏江、罗来军：《谁在利用政府补贴进行创新？——所有制和要素市场扭曲的联合调节效应》，《管理世界》2015 年第 1 期。

余东华、吕逸楠：《政府不当干预与战略性新兴产业产能过剩——以中国光伏产业为例》，《中国工业经济》2015 年第 10 期。

余泳泽：《创新要素集聚、政府支持与科技创新效率——基于省域数据的空间面板计量分析》，《经济评论》2011 年第 2 期。

余泳泽：《我国高技术产业技术创新效率及其影响因素研究——基于价值链视角下的两阶段分析》，《经济科学》2009 年第 4 期。

余泳泽：《政府支持、制度环境、FDI 与我国区域创新体系建设》，《产业经济研究》2011 年第 1 期。

袁航、朱承亮：《国家高新区推动了中国产业结构转型升级吗?》，《中国工业经济》2018 年第 8 期。

曾萍、邬绮虹：《政府支持与企业创新：研究述评与未来展望》，《研究与发展管理》2014 年第 2 期。

张杰、陈志远、杨连星、新夫：《中国创新补贴政策的绩效评估：理论与证据》，《经济研究》2015 年第 10 期。

张军、高远、傅勇、张弘：《中国为什么拥有了良好的基础设施?》，《经济研究》2007 年第 3 期。

张莉、王贤彬、徐现祥：《财政激励、晋升激励与地方官员的土地出让行为》，《中国工业经济》2011 年第 4 期。

张秀萍、卢小君、黄晓颖：《基于三螺旋理论的区域协同创新机制研究》，《管理现代化》2015 年第 3 期。

张亚斌、朱虹、范子杰：《地方补贴性竞争对我国产能过剩的影响——基于倾向匹配倍差法的经验分析》，《财经研究》2018 年第 5 期。

张昭、王爱萍：《金融发展对收入不平等影响的再考察——理论分析与经验数据解释》，《经济科学》2016 年第 5 期。

赵玉林、贺丹：《智力密集型城市科技创新资源利用效率实证分析》，《中国软科学》2009 年第 10 期。

赵中华、鞠晓峰：《技术溢出、政府补贴对军工企业技术创新活动的影响研究——基于我国上市军工企业的实证分析》，《中国软科学》2013 年第 10 期。

周黎安、李宏彬、陈烨：《相对绩效考核：关于中国地方官员晋升机制的一项经验研究》，《经济学报》2005 年第 1 期。

第一财经研究院：《中国城市和产业创新力报告 2017》，https：//www. sphu. com/a/215831750_ 463913。

李政：《走中国特色创新发展道路》，《中国社会科学报》2017 年 7 月 5 日。

Acemoglu D. , Akcigit U. , Bloom N. , Kerr W. R. , *Innovation, reallocation and growth*, NBER Working Paper, No. w18993, 2013.

Aerts K. , Schmidt T. , "Two for the price of one? on additionality effects of R&D subsidies: a comparison between Flanders and Germany", *Research Policy*, Vol. 37, No. 5, 2008, pp. 806 – 822.

Arrow K. J. , "Economic welfare and the allocation of resources for invention", in: Richard Nelson, eds. *The Rate and Direction of Inventive Activity*, Princeton, Princeton University Press, 1972.

Autor D. H. , "Outsourcing at will: The contribution of unjust dismissal doctrine to the growth of employment outsourcing", *Journal of Labor Economics*, Vol. 21, No. 1, 2003, pp. 1 – 23.

Ayyagari M. , Demirgüç-Kunt A. , Maksimovic V. , "Formal versus informal finance: evidence from China", *Review of Financial Studies*, Vol. 23, No. 8, 2010, pp. 3048 – 3097.

Badia M. , Slootmaekers V. , *The missing link between financial constraints and productivity*, IMF Working Paper, No. WP/09/72, 2007.

Barbaroux P. , "Identifying collaborative innovation capabilities within knowledge-intensive environments: insights from the ARPANET project", *European Journal of Innovation Management*, Vol. 15, No. 2, 2012, pp. 232 – 258.

Bardhan P. , "Corruption and development: a review of issues", *Journal of Economic Literature*, Vol. 35, 1997, pp. 1320 – 1346.

Baron R. M. , Kenny D. A. , "The moderator-mediator variable distinction in social psychological research: conceptual, strategic, and statistical considerations", *Journal of Personality and Social Psychology*, Vol. 51, No. 6, 1986, pp. 1173 – 1182.

Benito A. , Hernando I. , "Firm behaviour and financial pressure: evidence from Spanish panel data", *Bulletin of Economic Research*, Vol. 59, No. 4, 2007, pp. 283 – 311.

Bernini C. , Cerqua A. , Pellegrini G. , "Public subsidies, TFP and efficiency: A tale of complex relationships", *Research Policy*, Vol. 46,

2017, pp. 751 – 767.

Bertrand M. , Mullainathan S. , "Enjoying the quiet life? corporate governance and managerial preferences", *Journal of Political Economy*, Vol. 111, No. 5, 2003, pp. 1043 – 1075.

Blanchard O. , Shleifer A. , *Federalism with and without political centralization*: *China Versus Russia*, NBER Working Paper, No. 7616, 2000.

Bloch C. , "R&D spillovers and productivity: an analysis of geographical and technological dimensions", *Economics of Innovation and New Technology*, Vol. 22, No. 5, 2013, pp. 447 – 460.

Boeing P. , "The allocation and effectiveness of China's R&D subsidies: evidence from listed firms", *Research Policy*, Vol. 45, 2016, pp. 1774 – 1789.

Brandt L. , Biesebroeck J. V. , Wang L. , Zhang Y. , "WTO accession and performance of Chinese manufacturing firms", *American Economic Review*, Vol. 107, No. 9, 2017, pp. 2784 – 2820.

Buesa M. , Heijs J. , Baumert T. , "The determinants of regional innovation in Europe: a combined factorial and regression knowledge production function approach", *Research Policy*, Vol. 39, No. 6, 2010, pp. 722 – 735.

Cao C. , "Zhongguancun and China's High-Tech Parks in transition 'Growing Pains' or 'Premature Senility'", *Asian Survey*, Vol. 44, No. 5, 2004, pp. 647 – 668.

Carboni O. A. , "R&D subsidies and private R&D expenditures: evidence from Italian manufacturing data", International Review of Applied Economics, Vol. 25, No. 4, 2011, pp. 419 – 439.

Catozzella A. , *Vivarelli M.* , *Beyond additionality*: *are innovation subsidies counterproductive?* IZA Discussion Paper, No. 5746, 2011.

Cerqua A. , Pellegrini G. , "Do subsidies to private capital boost firms' growth? a multiple regression discontinuity design approach", *Journal of Public Economics*, Vol. 109, 2014, pp. 114 – 126.

Chames A. , Coope W. W. , "Rhodes E. measuring the efficiency of decision making units", *European Journal of Operational Research*, Vol. 2, No. 6, 1978, pp. 429 – 444.

Chen V. Z. , Li J. , Shapiro D. M. , Zhang X. , "Ownership structure and innovation: an emerging market perspective", *Asia Pacific Journal of Management*, Vol. 31, 2012, pp. 1 – 24.

Claessens S. , Laeven L. , "Financial development, property rights, and growth", *The Journal of Finance*, Vol. 58, No. 6, 2003, pp. 2401 – 2436.

Criscuolo C. , Martin R. , Overman H. , Van Reenen J. , "The causal effects of an industrial policy", CEP Discussion Paper, No. 1113, 2016.

Czarnitzki D. , Hussinger K. , *The link between R&D subsidies, R&D spending and technological performance*, ZEW-Centre for European Economic Research Discussion Paper, No. 04 – 056, 2004.

Czarnitzki D. , Lopes-Bento C. , "Value for money? new microeconometric: evidence on public R&D grants in Flanders", *Research Policy*, Vol. 42, 2013, pp. 76 – 89.

David P. A. , Hall B. H. , Toole A. A. , "Is public R&D a complement or substitute for private R&D? a review of the econometric evidence", *Research Policy*, Vol. 29, 2000, pp. 497 – 529.

Delgado M. S. , Florax R. , "Difference-in-differences techniques for spatial data: local autocorrelation and spatial interaction", *Economics Letters*, Vol. 137, 2015, pp. 123 – 126.

Dipietro W. , *Why corruption is likely to stifle creativity and innovation*, Academy of Business Disciplines 2001 Proceedings Paper, 2001.

Doh S. , Kim B. , "Government support for SME innovations in the regional industries: the case of government financial support program in South Korea", *Research Policy*, Vol. 43, 2014, pp. 1557 – 1569.

Dong B., Torgler B., "Causes of corruption: evidence from China", *China Economic Review*, Vol. 26, 2013, pp. 152 – 169.

Dong W., Seo B., "Government policy and technological innovation: a suggested typology", *Technovation*, Vol. 33, No. 6 – 7, 2013, pp. 173 – 179.

Engel J. S., Del-Palacio I., "Global clusters of innovation: the case of Israel and silicon Valley", *California Management Review*, Vol. 53, No. 2, 2011, pp. 27 – 49.

Etzkonwitz H., Leydesdorff L., "The triple helix of university-industry-government relations: a laboratory for knowledge-based economic development", *EAST Review*, Vol. 14, No. 1, 1995, pp. 14 – 19.

Filip D. B., Beveren I. V., "Does firm agglomeration drive product innovation and renewal? an application for Belgium", *Tijdschrift Voor Economische En Sociale Geografie*, Vol. 103, No. 4, 2012, pp. 457 – 472.

Godinho M. M., Mendonça S. F., Pereira T. S., *Towards a taxonomy of innovation systems*, http: //lib. jlu. edu. cn/database ＿ ww. asp, 2005.

Greco M., Grimaldi M., Cricelli L., "Hitting the nail on the head: exploring the relationship between public subsidies and open innovation efficiency", *Technological Forecasting and Social Change*, Vol. 118, 2017, pp. 213 – 225.

Görg H., Henry M., Strobl E., "Grant support and exporting activity", *Review of Economics and Statistics*, Vol. 90, No. 1, 2008, pp. 168 – 174.

Griliches Z., "Patent statistics as economic indicators: a survey", *Journal of Economic Literature*, Vol. 12, 1990, pp. 16 – 61.

Guan J. C. , Yam M, "Effects of government financial incentives on firms' innovation performance in China: evidences from Beijing in the 1990s", *Research Policy*, Vol. 44, No. 1, 2015, pp. 273 – 282.

Guellec D. , "The impact of public R&D expenditure on business R&D", *Economics of Innovation and New Technology*, Vol. 12, No. 3, 2000, pp. 225 – 243.

Guo D. , Guo Y. , Jiang K. , "Government-subsidized R&D and firm innovation: evidence from China", *Research Policy*, Vol. 45, 2016, pp. 129 – 1144.

Gwartney J. , Lawson R. , Holcombe R. , *The size and functions of government and economic growth*, Prepared for the Joint Economic Committee, 1998.

Heckman J. J. , Ichimura H. , Todd P. E. , "Matching as an econometric evaluation estimator: evidence from evaluating a job training programme", *Review of Economic Studies*, Vol. 64, No. 4, 1997, pp. 605 – 654.

Henderson R. M. , Jaffe A. , Trajtenberg M. , "Geographic localization of knowledge spillovers as evidenced by patent citations", *Quarterly Journal of Economics*, Vol. 108, No. 3, 1993, pp. 577 – 598.

Hessami Z. , "Political corruption, public procurement, and budget composition: theory and evidence from OECD countries", *European Journal of Political Economy*, Vol. 34 No. 6, 2014, pp. 372 – 389.

Hong J. , Feng B. , Wu Y. , Wang L. , "Do government grants promote innovation efficiency in China's high-tech industries?", *Technovation*, Vol. 57, 2016, pp. 4 – 13.

Hottenrott H. , Lopes Bento C. , Veugelers R. , *Direct and cross-scheme effects in a research and development subsidy program*, DICE Discussion Paper No. 152, 2014.

Howell A. , "Picking 'winners' in China: do subsidies matter for indigenous innovation and firm productivity?", *China Economic Review*, Vol. 44, pp. 154 – 165.

Howells J. , "Rethinking the market-technology relationship for innovation", *Research Policy*, Vol. 25, No. 8, 1997, pp. 1209 – 1219.

Hussinger K. , "R&D and subsidies at the firm level: an application of-parametric and semi-parametric two-step selection models", *Journal of Apply Economics*, Vol. 23, No. 6, 2008, pp. 729 – 747.

Isenberg D. , *The entrepreneurship ecosystem strategy as a new paradigm for economy policy: principles for cultivating entrepreneurship*, Babson Entrepreneurship Ecosystem Project, Babson College, Babson park: MA, 2011a.

Isenberg D. , *When big companies fall*, *entrepreneurship rises*, Harvard Business Review, http://blogs. hbr. org/2013/03/when-big-companies-fall-entrep/, 2011b.

Jin H. , Qian Y. , Weingast B. R. , "Regional decentralization and fiscal incentives: Federalism, Chinese Style", *Journal of Public Economics*, Vol. 89, No. 9, 2005, pp. 1719 – 1742.

Ke X. , Chen H. , Hong Y. , Hsiao C. , "Do China's high-speed-rail projects promote local economy? new evidence from a panel data approach", *China Economic Review*, Vol. 44, 2017, pp. 203 – 226.

Kleer R. , "Government R&D subsidies as a signal for private investors", *Research Policy*, Vol. 39, 2010, pp. 1361 – 1374.

Kneip A. , Park B. , Simar L. , "A note on the convergence of nonparametric DEA estimators for production efficiency scores", *Econometric Theory*, Vol. 14, 1998, pp. 783 – 793.

Lee G. , "The effectiveness of international knowledge spillover channels", *European Economic Review*, Vol. 50, 2006, pp. 2075 – 2088.

Levy D. , "Price adjustment under the table: evidence on efficiency-enhancing corruption", *European Journal of Political Economy*, Vol. 23,

No. 2, 2007, pp. 423 – 447.

Lööf H., Hesmati A., *The impact of public funding on private R&D investment: new evidence from a firm level innovation study*, CESIS Electronic Working Paper Series, 2005.

Liang X., Liu A. M., "The evolution of government sponsored collaboration network and its impact on innovation: a bibliometric analysis in the Chinese solar PV sector", *Research Policy*, Vol. 47, 2018, pp. 1295 – 1308.

Lin J., Monga C., "Growth identification and facilitation: the role of the state in the dynamics of structural change", *Development Policy Review*, Vol. 29, No. 3, 2011, pp. 264 – 290.

Liu D., Chen T., Liu X., Yu Y., "Do more subsidies promote greater innovation? evidence from the Chinese electronic manufacturing industry", *Economic Modelling*, Vol. 80, 2019, pp. 441 – 452.

Lui F. T., "An equilibrium queuing model of bribery", *Journal of Political Economy*, Vol. 93, No. 4, pp. 760 – 781.

Luo Y., Zhao H., Wang Y., Xi Y., "Venturing abroad by emerging market enterprises", *Management International Review*, Vol. 51, 2011, pp. 433 – 459.

Mason C., Brown R., *Entrepreneurial ecosystem and growth oriented entrepreneurship*, OECD, Hague, 2014.

Mazzucato M., *The entrepreneurial state: debunking public vs. private sector myths*, London: Anthem Press, 2013.

Meuleman M., Maeseneire W. D., "Do R&D subsidies affect SMEs' access to external financing?", *Research Policy*, Vol. 41, 2012, pp. 580 – 591.

Moffat J., "Regional selective assistance in Scotland: does it make a difference to plant productivity?", *Urban Studies*, Vol. 51, No. 12, 2014, pp. 2555 – 2571.

Ning L. , Wang F. , Li J. , "Urban innovation, regional externalities of foreign direct investment and industrial agglomeration: evidence from Chinese cities", *Research Policy*, 2016, pp. 368 – 379.

Paliska D. , Fabjan D. , Vodopivec R. , Drobne S. , "The impact of the construction of motorways and expressways on housing prices in Northeast Slovenia", *Geodetski Vestnik*,, Vol. 62, No. 2, 2018, pp. 218 – 234.

Panne G. V. D. , "Agglomeration externalities: Marshall versus Jacobs", *Journal of Evolutionary Economics*, Vol. 14, No. 5, 2004, pp. 593 – 604.

Patanakul P. , Pinto J. K. , "Examining the roles of government policy on innovation", *Journal of High Technology Management Research*, Vol. 25, 2014, pp. 97 – 107.

Radas S. , Anić I. , Tafro A. , Wagner V. , "The effects of public support schemes on small and medium enterprises", *Technovation*, Vol. 38, 2015, pp. 15 – 30.

Roa, *John: statement of some new principles on the subject of political economy, exposing the fallacies of the system of free trade, and of some other doctrines maintained in the wealth of nation*, Boston, 1834.

Shaw S. L. , Fang Z. , Lu S. , "Impacts of high speed rail on railroad network accessibility in China", *Journal of Transport Geography*, Vol. 40, 2014, pp. 112 – 122.

Skuras D. , Tsekouras K. , Dimara E. , Tzelepi D. , "The effects of regional capital subsidies on productivity growth: a case study of the greek food and beverage manufacturing industry", *Journal of Regional Science*, Vol. 46, No. 2, 2006, pp. 355 – 381.

Smarzynska B. , Wei S. J. , *Corruption and composition of foreign direct investment: firm-level evidence*, NBER Working Paper, No. 7969, 2000.

Szczygielski K. , Grabowski W. , Pamukcu M. T. , Tandogan V. S. , "Does government support for private innovation matter? firm-level evidence from two catching-up countries", *Research Policy*, Vol. 46, No. 1, 2017, pp. 219 – 237.

Tanzi V. , "Corruption around the world: causes, consequences, scope, and cures", *Staff Papers*, Vol. 45, No. 4, 1998, pp. 559 – 594.

Wang Y. , Li J. , Furman J. L. , "Firm performance and state innovation funding: Evidence from China's Innofund program", *Research Policy*, Vol. 46, No. 2, 2017, pp. 1142 – 1161.

Weingast B. R. , "Second generation fiscal federalism: the implications of fiscal incentives", *Journal of Urban Economics*, Vol. 65, No. 3, 2009, pp. 279 – 293.

Whittington K. B. , Owen-Smith J. , Powell W. , "Networks, propinquity, and innovation in knowledge-intensive industries", *Administrative Science Quarterly*, Vol. 54, No. 1, 2009, pp. 90 – 122.

Wieser R. , "Research and development productivity and spillovers: empirical evidence at the firm level", *Journal of Economic Survey*, Vol. 19, No. 4, 2005, pp. 587 – 621.

Zhang T. , Zou H. F. , "Fiscal decentralization, public spending, and economic growth in China", *Journal of Public Economics*, Vol. 67, No. 2, 1998, pp. 221 – 240.

Zhang W. , "Decision rights, residual claim and performance: a theory of how the Chinese state enterprise reform works", *China Economic Review*, Vol. 8, 1997, pp. 67 – 82.

索　引

后　记

从 2010 年初次踏入这片白山黑土至今，我在吉林大学学习工作了十二年有余。回首这十多年的生活，一路跌跌撞撞，历经成败得失，方知一分耕耘一分收获。在这十多年时间里，我戒掉了任性，戒掉了慵懒，戒掉了自卑，戒掉了怯懦。十多年的学习，使我从经济学小白成长为经济学博士，有了自己的研究兴趣与研究方向；十多年的历练，使我从台下走到台前，大胆地讲述自己所思所想。感谢这十多年时光，感谢十多年里坚持努力的我，更要感谢这十多年里给予我支持和帮助的所有人。

感谢我的恩师李政教授。能够拜在李老师的门下，是我一生的荣幸；从李老师那里所学、所悟、所得，是我一生的财富。对于李老师，我有说不尽的感激。但似乎也不需要我说，我跟李老师之间早已形成了一种心照不宣的默契。硕博五年，李老师对我的帮助无微不至。在生活方面，知道我家里经济条件不好，李老师便在经济上默默帮助我；2017 年我父亲脑出血，那段时间李老师多次给我帮助，并且不许我推辞。在科研方面，李老师给了我充分的学术自由，让我依据自己兴趣确定研究方向，并不断教导我细致严谨。研究生期间，与李老师合作了十余篇文章，他对选题的斟酌、对文字的把握，都让我从中获益匪浅，李老师的每一次点拨都让我豁然开朗。当然，跟李老师学习五年多，难免会受到李老师批评。但是李老师是典型的"刀子嘴豆腐心"。很多次被老师批评后，都能够收到李老师安慰的微信："话说的有些重，能接受吧"，抑或是师母安慰的电话："李政说他批评你了，让我来安慰一下你"。但我从来没有感觉李老师说的哪句话过了、重了。从生活的点滴中都能感受到老师的慈爱。除了李老师，还要感谢我的师母孙舒杨老师。孙老师对于我们的关心更多地体现在生活上，每当自己沮丧或彷徨的时候，都能够接到孙老师开导、宽慰的电话。两位恩师的帮助使我在硕博五年时间里可以心无旁骛的做自己喜欢的研究，如果说这五年我有些许成绩，与老师和师母的帮助密不可分。在此我要真心地感谢两位老师，祝两位老师健康幸福、工作顺心。

感谢宋冬林教授、马春文教授、丁一兵教授、魏益华教授、赵新宇教授和何彬副教授，感谢他们在我读书期间以及博士开题时给予的指导与帮助。论文完成后，马老师仔细阅读了全文，大到行文思路与结构设计，小到语言文字，都给出了非常细致明确的修改建议。何彬老师是我的科研启蒙老师，在读博期间一有问题就向何老师请教，何老师总是耐心地予以解答。感谢博士论文答辩时辽宁大学林木西教授、东北师范大学金兆怀教授对论文思路、内容给予的宝贵建议。还要感谢张倩老师、高杉老师、冯舒老师，在我读博期间给我提供了各种帮助。感谢薛营师姐、孙哲师姐、宋洋师姐、王婷师姐、丁涛师哥、延伟师哥、慧永大哥、丰硕师弟、国梁师弟以及师门兄弟姐妹给予我生活和学习上的帮助。感谢我的同学和挚友尹希文、戚振宇、张赛赛、姚常成，是你们的陪伴让我的博士研究生生活更加精彩。

感谢一直默默支持和鼓励我的父母、爱人和姐姐，感谢你们对我无私的爱。一直以来，我都在从你们那里索取，而没能给你们任何回报，是你们的支持和帮助支撑我走到今天。今后我将努力承担起家里的担子，为你们分忧。

感谢在我求学和人生道路上给予我关心与帮助的所有人。山高水远，来日可期！

杨思莹

2021 年 8 月